국가에서 마을로

국가에서 마을로 From the State to the Village

지은이 전명산

펴낸이 조정환
책임운영 신은주
편집부 김정연·오정민
홍보 김하은
프리뷰어 권범철·김영철

펴낸곳 도서출판 갈무리 등록일 1994. 3. 3. 등록번호 제17-0161호
초판 1쇄 2012년 10월 13일
초판 2쇄 2014년 2월 13일
종이 화인페이퍼 인쇄 중앙피앤엘 제본 일진제책

주소 서울 마포구 서교동 375-13호 성지빌딩 101호
전화 02-325-1485 팩스 02-325-1407
website http://galmuri.co.kr e-mail galmuri@galmuri.co.kr

ISBN 978-89-6195-056-5 04300 / 978-89-6195-035-0 (세트)
도서분류 1. 사회과학 2. 사회학 3. 문화연구 4. 언론정보학 5. 정치학 6. 인류학
          7. 사회운동

값 15,000원

이 도서의 국립중앙도서관 출판시도서목록(CIP)은 e-CIP홈페이지(http://www.nl.go.kr/ecip)와 국가자료공동목록시스템
(http://www. nl.go.kr/kolisnet)에서 이용하실 수 있습니다.(CIP제어번호 : CIP2012004607)

국가에서 마을로

21세기 대한민국의
커뮤니케이션 구조 변화에 대하여

전명산 지음

차례

서문 7

1장 하울의 움직이는 성 20

2장 인터넷, 인터넷, 인터넷!! 29

    1. 한국만의 현상이 아니다 31

    2. 익명성 vs 사생활 침해 33

    3. 빅 브라더인가? 빅 에브리바디인가? 38

    4. 그리 낯설지 않다 46

3장 마을 커뮤니케이션의 구조 49

    1. 오래된 미래 : 라다크에서 배운다 50

    2. 소국과민(小國寡民) 57

    3. 던바의 수와 〈AI〉 65

    4. 입말언어의 미디어적 특징 70

    5. 마을 커뮤니케이션 구조의 특징들 76

    6. 인터넷 마을 103

    7. 마을의 귀환 121

4장 정보, 속도 그리고 미디어 125

    1. 1919 vs 2002 125

2. 속도와 정치 133

3. 문자의 도입 138

4. 문자 계급 vs 입말언어 계급 143

5. 인쇄기술, 대중사회를 만들다 146

6. 인터넷 : 절대속도의 일반화 155

5장 홀롭티시즘 : 개인이 전체를 보다 163

1. 네트워크화된 개인들의 출현 163

2. 더 이상 통제할 수 없다 170

3. 판옵티콘을 넘어 홀롭티시즘으로 175

6장 집합지능과 사회적 정보 180

1. 웹 2.0 : 협력의 새로운 방법 182

2. 홀롭티시즘적 지식 만들기 189

3. Government 2.0 208

4. 커뮤니케이션을 디자인하라 210

후주 215

참고문헌 237

인명 찾아보기 242

용어 찾아보기 244

서문

커뮤니케이션 혹은 사회 네트워크의 관점에서 역사를 다시 해석하는 것이 가능할까? 역사란 어차피 후대에 의해 반복적으로 재해석될 운명을 가진 존재다. 동시대의 사건에 대한 분석조차도 사람 수만큼이나 많은 입장과 해석이 존재하는데, 지나간 사건과 기억들이 단편적인 조각들로만 남아 있는 역사는 오죽할까? 아마도 역사는 과거 어떤 시대의 어떤 측면을 어떤 잣대로 들여다보느냐에 따라, 그리고 새로운 기술과 새로운 방법론으로 새롭게 발굴되는 새로운 증거들에 의해 반복적으로 파헤쳐지고 분해되고 재조합될 운명일 것이다. 또한 이전 사회에서는 너무도 당연한 것이어서 중요한 것으로 인식되지 않았던 사회의 구성요소가 바로 지금의 시대에 이르러 중요한 것으로 재발견되면서, 바로 그 새로운 요소를 축으로 과거의 역사 전체가 재해석될 수도 있다. 칼 맑스의 작업이 바로 그런 사례다. 맑스는 인간 사회에서 '노동'이 대단히 중요한 요소로 부각되는 시점에 '노동'이라는 개념을 철학적 담론의 수준에서부터 구체적인 사회경제 체제의 분석 단위에까지 적용함으로써 자신이 살고 있는 그 시대 그리고 그 이전의 시대들을 하나의 관점으로 해석하는 패러다임을 만들어냈다.

이전 사회와 비교했을 때, 우리가 사는 21세기에 가장 두드러지게 부각되는 사회의 구성요소는 무엇일까? 아마도 인터넷의 도입으로 그 중요성을 매일 매일 체험하고 있는 '커뮤니케이션과 커뮤니케이션 기술들' 아닐까? 새로운 커뮤니케이션 환경에서 발생하는 미증유의 사회 현상들을 매일 경험하면서, 우리는 커뮤니케이션이 인간사회의 근간을 이루는 여러 가지 요소 중 한 가지라는 것을 새롭게 인식하게 되었다. 그렇다면 인류가 지내왔던 역사 전체를 커뮤니케이션의 관점에서 재해석하는 것도 가능하지 않을까?

어떤 공동체를 하나 상상해보자. 그 공동체는 원시부족 마을일 수도 있고, 고대 그리스의 도시국가일 수도 있고 조선왕조일 수도 있고 지금의 대한민국일 수도 있다. 어떤 시점 어떤 공간에 살아가는 저마다의 공동체들은 그 공동체 내부를 관통하는 고유한 정보유통시스템과 정보처리시스템을 가지고 있다. 이 시스템을 통해 유통되고 처리되는 정보들은 공동체 전체 재화의 분배에 관한 것일 수도 있고, 고대 중국의 운하건설에서 볼 수 있듯이 공동체 내부의 당면과제 혹은 공동의 이익을 위해 공동체 전체의 자원(노동력)을 할당하는 의사결정에 관한 것일 수도 있으며, 임진왜란 때처럼 외부의 침략에 맞서 관련된 정보를 공유하고 공동체 전체가 이에 대응하는 방법에 관한 것일 수도 있다. 우리가 주목해야 할 점은 원시부족이든 왕조체계이든 혹은 지금과 같은 근대 민주주의 체계이든, 각각의 단위 공동체들은 그 내부에 공동체에 필요한 어떤 정보들을 유통시키고 처리하기 위한 고유의 정보유통시스템과 정보처리시스템을 가지고 있다는 사실이다. 아니 반대로 하나의 단위 공동체란 그 공동체 전체를 관통하는 어떤 정보유통시스템과 정보처리시스템이 존재하는가에 따라 구분하는 것이 더 타당할지도 모른다.

이 책을 관통하는 필자의 전제는, 각 시대마다 그 시대에 고유한 정보유통시스템과 정보처리시스템이 존재하고, 이 두 가지 시스템의 성격과 특징에 따라서 한 공동체의 의사결정구조가 틀 지워진다는 사실이다. 그리고 각각의 단위 공동체에 내재하는 정보유통시스템과 정보처리시스템의 구체적인 양식은 그 시대 그 공간의 지배적인 커뮤니케이션 기술에 의해 결정된다. 뒤에서 보겠지만 입말언어(구어)[1]는 몇 십 명에서 몇 백 명이 하나의 공동체를 이루는 마을 규모의 공동체를 가능하게 했으며, 또한 딱 그 정도 규모의 공동체만을 가능하도록 하는 결정요소로 작용했다. 공동체의 규모가 그 이상으로 확대되었을 때, 확대된 공동체 규모를 유지하기 위해서는 '문자'라는 새로운 커뮤니케이션 도구가 필수적이었다. 혹은 반대로 문자가 사회에 정착하면서부터 필연적으로 공동체의 규모가 비약적으로 확대되었을 수도 있다. 아직까지 문자의 도입이 공동체의 규모를 확대했는지 공동체 규모의 확대가 문자를 도입시켰는지는 명확하지 않지만, 공동체의 범위가 성공적으로 확대되는 데에 문자가 큰 기능을 한 것은 명백한 사실이다. 인간 사회에 문자가 도입되면서부터 왕조체계나 로마제국과 같은 거대 공동체들이 나타나기 시작하고, 문자는 그렇게 확대된 공동체가 유지될 수 있는 중추적인 커뮤니케이션 도구로 작용했기 때문이다.[2] 나아가 근대적인 민주주의와 근대국가 체제가 형성되는 데에는 인쇄기술이 결정적인 역할을 했다. 실제로 중세 유럽에서 근대적인 민족국가의 경계가 형성되는 과정은 인쇄된 신문이나 책이 일상적으로 유통되었던 범위와 밀접한 연관성을 가지고 있다. 이것은 곧 입말언어, 문자, 인쇄기술 그리고 인터넷 기술 등 각각의 커뮤니케이션 기술들이 제공하는 정보유통시스템과 정보처리시스템의 유형에 따라 공동체 자체의 규모나 공동체 내부의 커뮤니케이션 양식 그리고 나아가 공동체 내부의 의사결정구조가 결정된다는 것을 의미한다.

만약 각각의 공동체에 내재한 정보유통시스템이나 정보처리시스템이 원활하게 작동한다면 그 공동체는 비교적 원만하게 굴러갈 것이다. 공동체 전체를 관통하는 어떤 정보유통시스템이나 정보처리시스템이 존재하지 않을 경우 혹은 제대로 작동하지 않을 경우 공동체는 제대로 굴러가지 않거나 분열되거나 심하면 멸망할 수도 있다. 그래서 각각의 공동체들은 주어진 미디어 환경을 바탕으로 그 공동체 전체를 관통하는 정보유통시스템, 정보처리시스템을 구성하기 위해 많은 노력을 들었다. 조선왕조의 경우를 한번 살펴보자. 대부분의 왕조체제가 그렇듯이 조선왕조는 피라미드와 같은 수직적인 정보처리시스템을 가지고 있던 사회였다. 변방의 끝 마을에서부터 한양까지 주기적으로 정보를 전달할 수 있는 파발 시스템이 구축되어 있었고, 왜구의 침략이나 극심한 기근 혹은 전염병 등과 같이 변방에서 자율적으로 해결하지 못하는 사건사고들에 대한 정보는 '장계'라는 이름으로 수시로 임금에게 전달된다. (이러한 장계는 멀리까지 정보를 원형 그대로 전달할 수 있는 '문자'라는 커뮤니케이션 기술에 기반을 두고 있었다는 사실을 기억하자.) 임금은 관료들의 도움을 받아 이러한 정보들을 취합하고 분류하고 최종적으로 어떻게 대응할지 의사 결정한다. 그런데 여기서 의사결정이란 단순한 결정이 아니라 공동체의 자원을 분배하고 활용하는 구체적 방안에 대한 것들이다. 외적의 침략이 심각한 경우엔 공동체 전체에서 인력을 차출하여 대규모 군사조직을 동원하기도 하고, 어느 한 지방에 기근이 심한 경우에는 저장해 두었던 국가의 곳간을 열어 그 지방으로 곡식을 내려 보내기도 한다. 전염병이 심각하게 돌 경우에는 왕이 직접 의료단 파견을 지시하기도 한다. 우리가 살고 있는 지금의 민주주의 체제에 비추어 왕조체제가 비민주적이었다거나 혹은 엄청난 착취체제였을 것이라는 지배적인 통념을 조금 옆으로 치워두고 본다면, 조선 시대에 왕이란 그 사회 내에 구축된 커뮤니케이션 구조의 정점에 서서 공동체 전체와 관련된 정보를 수집하고 분류하고 평가한 후 이에 대처하기 위한 의사결정 집행자라고 볼 수 있다. 또한 왕조체제라는 것은 다른 그 무엇이 아니라 그 당시의 커뮤니케이션 환경에서 그 공동체 내부에서 필요한 정보를 처리하는 일련의 정보처리시스템이라고 볼 수 있다.

그렇다면 우리 시대의 정보유통시스템과 정보처리시스템은 어떤 성격을 가지고 있는 것일까? 정보를 대량생산해서 단지 일방향으로 내보내기만 하던 매스미디어 시대를 지나 쌍방향 커뮤니케이션이 가능한 인터넷 시대에 살고 있는 우리는 어떤 정보유통시스템과 정보처리시스템을 가지고 있는 것일까? 이 책은 바로 그 질문에 대한 필자의 고민을 담고 있다. 그리고 이에 대한 필자의 결론은 우리 시대의 커뮤니케이션 구조, 우리 시대의 정보유통시스템과 정보처리시스템은 점점 마을 커뮤니케이션의 그것에 근접해 가고 있다는 것이다.

아마도 이 책의 독자들에게는 여기서 사용되는 '마을'이라는 개념이 생소하게 느껴질 것이다. 필자 역시 이 평범하고 익숙하고 한편으로 고루하기까지 한 단어를 우리 사회의 특징을 요약하는 단어로 사용할 수 있는 것인지 수없이 되물었다. 그러나 필자는 '마을'이라는 단어를 사용했을 때 독자들 개개인이 상상할 수많은 이미지들, 목가적이라거나 촌스럽다거나 정겹다거나 이웃에 대한 지나친 관심으로 답답하다거나 하는 여러 가지 이미지들에도 불구하고 우리가 사는 사회가 가지고 있는 커뮤니케이션 구조의 특징을 표현하는 데 있어서, '마을'보다 더 적당한 표현을 찾기 어렵다는 결론에 이르렀다. 다만 혼란스러운 독자들을 위해 여기서 사용하는 '마을'의 개념을 조금 더 한정하자면, 각각의 마을들이 독립적인 경제공동체를 형성했던 근대화 이전의 마을이나 혹은 마을 하나하나가 독립된 공동체를 형성했던 원시부족의 마을을 상상해 주기를 바란다. 즉 각각의 마을들이 자신들만의 정보유통시스템과 정보처리시스템을 가지고 자립적으로 존재했던 그런 마을들 말이다. 이 책에 쓰인 '마을'이라는 단어의 의미를 이렇게 한정해 놓고 이 책을 읽는다면 아마도 독자들은 '우리가 사는 이 시대는 정말로 하나의 마을이구나!'하는 것을 실감하게 되지 않을까 예상해 본다.

아마도 어떤 분들은 이미 지구 전체가 하나의 공동체인데 마을이란 개념을 국가 단위로 상정한 것에 의문을 제기할 것 같다. 사실 국가 단위를 넘어 지구 전체를 하나의 마을로 보는 '지구촌'이라는 컨셉은 이미 맥루한이 1950년대에 제안한 것이다. 더 거슬러 올라가면 지구 전체를 하나의 커뮤니케이션 공간으로 만들자는 상상력은 전 세계 언어의 공통 언어인 '에스페란토어'를 제안한 19세기까지도 거슬러 올라갈 수 있다. 그런데 21세기에 이르러 인류 전체가 보다 더 긴밀하게 연결된 하나의 공동체로 나아가는 것은 분명하지만, 현실적으로 지금의 지구는 지역별로 그리고 각 언어 단위별로 공동체가 분리되어 존재한다는 사실은 인정해야 한다. 아마도 언어 자동번역 기술이 일상 언어 영역까지 무리 없이 사용될 수 있을 정도로 기술이 발전하지 않는 한, 언어권 그리고 지리적 환경에 따른 국가 혹은 공동체 단위의 분리는 오랫동안 지속되지 않을까 싶다. 특히 그 공동체 고유의 정보유통시스템과 정보처리시스템이 존재하는가라는 측면에서 보자면, 아직 지구 전체를 하나의 공동체라고 말하기는 이른 감이 있을 것 같다.

필자는 2003년 초 『딴지일보』에 '네티즌의 정치학'이라는 주제로 연재글을 쓴 적이 있다. 그 글은 원래 3부까지 쓰기로 계획되었는데, 끝내 마지막 주제였던 '네티즌들의 새로운 행동 양식'에 대한 글을 완성하지 못했다. 그때는 피에르 레비의 『집단지성』이란 책도 몰랐고, 하워드 라인골드의 『스마트몹』이란 책도 스티븐 존슨의 『이머전스』란 책도 알지 못했다. 새로운 정보유통 방식이 등장하고 이에 따른 새로운 행동유형이 발생하고 있음을 감지했지만 그것을 해석하고 정리할 만한 지식과 사고의 깊이를 가지지 못했던 것이다. 그 이후로 10년의 시간 동안 인터넷에 기반을 둔 다양한 행동양식들이 표출되었고 또한 인터넷과 네티즌들의 행동과 관련된 많은 책들이 발간되었다. 이런 자료들을 살펴보면서 10년이란 시간이 지난 지금에서야 그것에 대한 생각을 정리할 수 있게 된 것이다. 이 책의 5장 전체는 이미 마감 기한을 한참 넘겨버린 '네티즌의 정치학' 3부로 보아도 될 것이다.

그런데 이 책의 첫 구상은 네티즌의 정치학과는 약간 동떨어진 주제로부터 시작되었다. 필자가 SK커뮤니케이션즈 R&D 연구소 팀장으로 재직하던 2005년 여름쯤, 정부와 학계에서는 인터넷에서 붉어지는 사생활 노출 이슈가 인터넷의 익명성 때문이라고 진단하고 인터넷 실명제 도입을 본격적으로 검토하고 있었다. 그런데 필자는 아무리 생각해봐도 사생활 노출 문제의 원인을 '익명성' 때문이라고 진단하는 것은 잘못된 판단이라는 생각이 들었다. 오히려 '이 현상은 익명성 때문에 발생하는 문제가 아니라 오히려 개인의 익명성이 보장되지 않기 때문에 생기는 문제 아닐까?' 그리고 나아가 '이런 현상은 이미 개인의 신상정보가 공중에 노출될 충분한 사회적·기술적 환경이 존재하기 때문에, 즉 그것은 이미 그러한 환경이기에 피할 수 없는 것 아닐까?' 그렇다면 '우리는 우리 사회는 우리가 통념적으로 생각하던 그런 사회가 아니라 전혀 다른 세계로 향하고 있는 것은 아닐까? ······' 이런 생각을 하던 어느 날 문득 우리가 사는 사회는 무정형의 대중들이 살아가는 대중사회, 익명성이 넘쳐나는 도시문화가 아니라 정반대로 익명성도 사생활도 존재하지 않는 ‘마을’공동체에 가깝다는 생각이 들었다. 그리고 이 아이디어를 확인해 보기 위해 관련 자료를 찾아보며 생각을 가다듬었다. 2007년부터 글을 쓰다가 중단하고 또 쓰다가 중단하기를 몇 년, 그리고 2012년이 되어서야 마침내 이 책을 세상에 선보인다.

중간 중간 쓰다가 중단할 때도 그랬지만, 책을 다 써놓고 보아도 여전히 빈 구석이 많이 보인다. 분명히 어딘가에는 훨씬 더 정교하게 다듬어진 자료들이 있을 것인데, 아쉽게도 필자의 한계로 그런 자료들을 많이 찾아보지 못했다. 특히 마을 커뮤니케이션 구조를 실증적으로 분석한 자료나 인류학적인 연구 자료들을 풍부하게 참고하지 못한 것은 적지 않은 아쉬움으로 남는다. 필자가 학문을 업으로 하는 사람이 아니라 산업 현장에서 서비스 기획자로 살고 있기에 자료 접근이나 최근의 학문적 트렌드를 반영하는 작업에서도 많은 한계를 느낄 수밖에 없다. 물론 이 과정에서 필자의 게으름도 큰 역할을 했음을 부정할 수 없다. 이 책이 훨씬 더 정교하고 풍부해질 수 있었음에도 불구하고 그렇지 못한 것은 전적으로 필자의 책임이다. 그렇지만 필자는 오랫동안 IT 산업 현장에서 서비스를 기획하고 만드는 일을 해 왔기에, 인터넷 기술과 문화 그리고 인터넷 서비스에 대해서는 현실성 있고 신뢰성 있는 이야기를 하고 있다고 자부할 수 있다.

이 책이 완성되기까지 꽤 많은 사람들에게 빚을 졌다. 이 책의 아이디어를 들어주고 의견을 제시해 주었던 KTH의 조태종 팀장, 『딴지일보』 필진 라이프펜(김상훈), 〈스피쿠스〉의 김종현 본부장에게 감사의 말씀을 전한다. 이분들은 현업에서 필자와 함께 일을 하면서 업계의 현황과 트렌드를 함께 토론했던 분들이다. 열린 정부를 만들기 위한 〈코드나무〉(http://www.codenamu.org) 모임을 이끌어가는 윤종수 판사님과 강현숙 님 그리고 코업의 이장(양석원)님에게도 감사의 뜻을 전한다. 이분들을 통해 필자는 지금 한국에서 진행되고 있는 Government 2.0의 흐름을 몸으로 체험하고 있다. 필자의 작업을 독려했던 오랜 공부친구 정훈과 유정 그리고 김백영 선배, 권혜원 선배에게도 감사의 뜻을 전한다. 또한 지금은 해체되어버린 〈서울사회과학연구소〉에서 함께 공부했던 많은 동료들에게도 감사의 뜻을 전한다. 공부에 대한 뜻이 달라 연구소가 해체되긴 했지만 그 때 공부하고 고민했던 내용들은 이 책의 가장 저변에 깔려 있다. 블로그 기반 미디어 서비스 〈미디어몹〉을 함께 만들고 운영했던 〈미디어몹〉의 편집진, 기획자, 개발자들에게도 감사의 말씀을 빼놓을 수 없다. 특히 아이디어뿐이었던 〈미디어몹〉을 현실화시킬 수 있는 기회를 주었던 전 딴지일보 최내현 편집장에게 특별한 감사의 말씀을 전한다. 비록 〈미디어몹〉의 실험이 실패하긴 했지만, 집합지능에 기반을 둔 어떤 서비스를 만드는 것이 불가능하지 않다는 것을 확인할 수 있는 기회였다. 더불어 '대한민국실록'이라는 설익은 아이디어를 프로토타입으로 구현해보자는 제안을 흔쾌히 받아들여 같이 고민하고 고생했던 멋진 개발자 평수에게 고맙다는 말을 전하고 싶다. 필자의 부족함으로 개발자의 노력을 땅에

묻어버렸기에, 평수에게는 늘 미안한 마음을 가지고 있다.

뜻하지 않게 만나게 된 이진순 선배님에게도 감사의 뜻을 전한다. 이 책에서 핵심 개념으로 사용된 홀롭티시즘Holopticism은 이진순 선배로부터 알게 된 것이다. 비록 우리에게 아직 익숙지 않은 개념이지만, 홀롭티시즘이란 단어는 바로 필자가 작금의 시대적 변화를 한 마디로 표현할 수 있는 개념을 고민하고 있을 때 그 고민을 정확하게 해결해 준 바로 그것이었다. 홀롭티시즘이란 개념을 도입하지 않았다면 이 책은 이만큼 진도를 뽑아내지 못했을 것이다. 『시사인』의 차형석 기자와 어크로스 출판사의 김형보 편집장에게도 감사의 뜻을 전한다. 두 분은 글을 전문적으로 다루는 입장에서 이 책을 보완하는 데 큰 도움을 주었다. 또한 이 책을 꼼꼼하게 검토해 주신 동양대학교의 이철 교수님에게 감사의 말씀을 전한다. 이철 교수님은 독일식 학문의 꼼꼼함으로 이 책의 논리를 첨삭 지도해 주시고 출판을 독려해 주셨다. 필자가 고민하고 있는 집합지능 기반 서비스들에 대해 적극적으로 의미를 부여하고 평가를 해주셨던 대구경북과학기술원DGIST의 윤진효 교수님께도 감사드린다. 윤 교수님은 한국에서 Open Innovation 방법론에 대해 가장 활발하게 연구하고 있는 분으로, 필자가 시도했던 프로젝트들에 의미를 부여하고 책의 출판을 독려해 주셨다. 또한 윤진효 교수님과 함께 필자가 제안했던 '농산물 생산량 실시간 모니터링 시스템'의 가능성과 현실화 방안을 토론하고 검토해 주셨던 〈네오경제사회연구소〉의 김경훈 소장님에게도 감사의 말씀을 전한다.

마지막으로 전 세계에서 가장 활동적이고 창조적인 모습으로 인터넷 문화를 이끌었던 21세기의 주인공, 한국의 네티즌들도 빼놓을 수 없다. 이 책이 혹시나 21세기 우리 사회가 나아가는 방향을 올바르게 진단한 측면이 있다면, 그것은 필자가 가장 창조적이고 선도적인 방식으로 새로운 인터넷 문화를 이끌었던 한국의 네티즌들과 함께 호흡할 수 있었기 때문이다.

이런 종류의 책이 잘 안 팔릴 것이라는 예상에도 불구하고 흔쾌히 출판을 허락해 주신 갈무리 출판사 조정환 선생님께 감사의 말씀을 전한다. 또한 부족한 책을 보완하기 위해 밤샘을 하며 다듬어 주신 갈무리 편집부 신은주 님, 오정민 님, 김정연 님, 프리뷰어 김영철 님, 권범철 님에게도 감사드린다. 갈무리 출판사가 아니었다면 이 책은 세상에 나오지 못했을 것이다. 그리고 무엇보다 신혼을 반납하고 글을 쓰겠다고 책상 앞에 앉아 있던 남편을 묵묵히 지켜봐 주었던 건조마님 그리고 어느 별에서 지구로 날아와 나를 미소 짓게 만드는 나무에게 감사와 사랑의 마음을 전한다.

2012년 9월 퇴근길 지하철에서 …….

1장
하울의 움직이는 성
하울의 움직이는 성

하울의 움직이는 성

마을이다. 우리가 사는 공간은 진짜 마을이다. 『끌리고 쏠리고 들끓다』를 쓴 클레이 셔키의 말대로 "우리는 이미 그런 세상에 살고 있다."[1] 비록 '마을'의 고전적 의미인 공간적인 측면에서의 '작은 마을'은 아니지만, 네트워크가 촘촘해지고 촘촘해져 결국은 우리가 사는 공동체의 정치/사회/경제 구조가 마을의 그것과 유사해지는, 바로 그런 마을 말이다.

이 모든 마법은 우리들이 '하울의 움직이는 성'[2]에 한 명씩 올라타면서 시작된다. 이쪽으로 다이얼을 돌리고 문을 열면 오감을 사용하여 상대의 얼굴 표정과 몸짓을 읽으며 살을 맞대고 몸으로 반응하는 물리적 공간으로 통하고, 저쪽으로 다이얼을 돌리고 문을 열면 키보드, 마우스, 터치스크린이 오감을 대신하는 가상Virtual의 공간으로 진입하는 마법의 성! 한 쪽은 시간과 공간의 물리적 구속을 철저하게 따르는 공간이고, 다른 쪽은 현실세계의 물리적 시간, 공간 개념을 뛰어넘어 대지로부터 절대적으로 탈영토화된 공간이다. 그것은 정말로 마법과도 같은 성이다. 생각할수록 이상한 것은 우리가 사는 지금 이 시대에 그 마법의 성이 실제로 존재한다는 것이다. 미야자키 하야오가 2004년에 발표한 애니메이션 〈하울의 움직이는 성〉은 인터넷의 가상Virtual 공간과 현실의 사실Real적인 공간이 공존하는, 우리가 사는 이 시대에 대한 오마쥬다.

20세기 끝자락부터 우리는 이 두 공간을 번갈아 오고가며 살고 있다. 하울의 움직이는 성에서 주인공 하울이 다이얼을 돌려 순식간에 다른 공간으로 진입하듯, 우리는 마법과 같은 성을 타고 두 공간을 왕복하며 현재를 누빈다. 우리가 가상공간을 경유하는 시간은 점점 더 많아진다. 처음엔 전화선과 모뎀을 통해 단지 텍스트로 대화하는 것이 거의 전부였던 이 공간에서 이제 우리는 목소리를 듣고 얼굴을 보고 대화하고, 물건을 사고 비즈니스를 하고 음악을 듣고 영화를 감상하며, 정치적 사안에 투표를 하고 나아가 어떤 목적을 달성하기 위해 일면식도 없던 개인들이 모여 서로의 의지를 확인하고 공동행동을 기획하고 실행한다. 이 모든 일들을 행하는 데 있어서 내가 지금 어디에 있는지는 문제가 되지 않는다. 단지 컴퓨터를 켜는 것으로, 스마트폰을 꺼내는 것으로 '하울의 움직이는 성'에 올라타면 되는 것이다. 대한민국에 초고속 인터넷망이 깔리기 시작한 지 불과 10여년 만에 이 마법의 성은 우리가 사는 삶 속으로 깊숙이 틈입해 들어 거의 모든 삶의 공간들 — 사회, 정치, 경제, 문화,

교육에서부터 일상적인 커뮤니케이션 영역에 이르기까지 ― 을 마법의 성과 엮어 놓았다.

　　나아가 인터넷은 민주주의의 새로운 장을 열고 있는 듯하다. 2002년 겨울부터 수차례 전국을 장악했던 촛불집회는 고 김대중 대통령의 마지막 기록대로, 직접민주제의 부활을 알리는 신호탄이다.3 적어도 민주주의라는 측면에서 인터넷은 인류 역사의 새로운 단계를 열고 있다. 그러나 이 과정이 결코 순탄치 않다. 한편으로 편리해 보이는 이 공간은 늘 부글부글 끓고 있다. 물리적 거리distance를 없애버리는 마법의 문을 열고 하울의 움직이는 성에 동시에 올라탄 수백만, 수천만의 사람들이 만들어내는 웅성거림으로 이 공간은 늘 시끄럽다. 모두 자신의 일상에서 각자 할 일과 자기만의 관심사에 몰두해 있는가 싶다가도 어느 순간 이 공간은 전쟁터가 된다. 담론이 폭발하고 전쟁이 시작될 때면 마치 인터넷 공간은 누구도 막을 수 없는 속도로 폭주하는 기관차 같다. 일개 네티즌 '앙마'의 글 하나로 순식간에 광화문과 시청광장을 뒤덮은 2002년의 촛불집회, 2003년 정치권을 발칵 뒤집었던 '피투성이'의 살생부, 본인도 모르는 사이 거의 모든 네티즌들에게 알려진 '개똥녀'라는 인물, 어느 네티즌의 부실한 도시락 고발에 발칵 뒤집혔던 관공서, 전국을 분노케 했던 밀양 남고등학생들의 집단 성폭행사건과 이 사건을 두고 벌어진 인터넷에서의 개인 신상정보 폭로와 공방들, 황우석 사건 때 사이버 공간의 공방을 넘어서 현실공간의 폭력사태로까지 발전했던 '황빠'와 '황까'의 논쟁, 심형래 감독의 영화 〈디 워〉를 지지하는 네티즌들과 이들을 비판하고 비난했던 일부 평론가들 사이의 공

방, 지금은 추억이 되어가고 있는 싸이월드 미니홈피(개인공간)에
대한 다수의 융단폭격, 최근에 있었던 나꼼수의 '코피' 사건을 둘러
싼 논쟁들까지 …… 인터넷을 사용하는 사람들이라면 누구나 한두
번쯤은 들어봤을 법한 전국적인 규모의 싸움과 논쟁만 해도 십 수
건이 넘는다. 그리고 앞으로도 이와 같은 규모의 사건들이 줄어들
수는 있어도 없어지지는 않을 것이다.

물론 이런 현상들이 부정적인 결과만을 낳는 것은 아니다. 고압
적이고 복지부동하던 공무원들의 태도를 바꾸고,4 탐욕스럽기만 하
던 기업들이 울며 겨자 먹기 식으로 소비자들과 대화하도록 만들고,
미네르바 같은 은자들이 어느 순간 (비록 짧은 기간일지라도) 유명
정치인보다 더 큰 영향력을 가진 인물로 부각되고, 체세포 복제, 광
우병과 FTA에 대해 전 국민이 어쩔 수 없이 공부하게 되고, 그 과정
에서 감추어졌던 정보가 순식간에 전 국민에게 유통되어 사태를 바
로잡는 일들을 우리는 여러 번 경험했다.

하지만 부작용 또한 만만치 않은데 특히 우려스러운 점은, 이런
현상들이 종종 다수가 개인(들)을 공격하는 형식으로 발전되고, 급
기야 공격의 대상이 된 개인(들)이 감당하기 힘든 수준으로까지 치
닫는다는 것이다. 사실 평범한 개인들은 이런 종류의 공격에 노출
되었을 때 자신을 방어할 수 있는 방어기제가 없는 경우가 대부분
이다.5 연예인, 정치인, 언론인 같이 많은 사람들의 시선에 자주 노
출되어 다수의 칭찬이나 비난에 익숙해진 사람들을 제외하면, 평범
한 일상을 살아가는 대부분의 개인들은 갑자기 수만, 수십만 명의
시선에 노출될 때 통제 불능의 상태에 빠져 무장해제되기 십상이다.

그리고 그 파국적인 결과가 자살로 이어진 경우도 적지 않았다.

익명성으로 인한 폐해들, 사생활 노출 문제, 피해자는 있으나 가해자는 찾기 어려운 다수의 집단공격, 도무지 민주주의와는 거리가 먼 것 같은 폭력적이고 직설적인 댓글문화 등등 …… 사이버공간에서 벌어지는 온갖 부정적인 소식을 접할 때면 정말로 이것이 우리에게 도움이 되는 도구일까 하는 의문이 든다. 다수 개인들이 개인 혹은 소수의 개인들을 한꺼번에 공격하는 현상이 빈번하게 발생하는 이 공간을 어떻게 보아야 할까? 개인의 사적 정보들이 점점 더 많이 노출되고, 마음만 먹으면 타인의 사생활을 훤히 들여다볼 수도 있는 이 환경을 어떻게 이해해야 할까? 도시화가 가장 극단적으로 발달한 이 때, 개인주의가 극도로 발달하여 개인들이 낱알로 흩어질 것 같은 이 때, 사회 구성원들 간의 관여와 구속이 더욱 깊어지고 심화되는 역설적 현상을 어떻게 이해할 수 있을까? 사람들끼리 살과 살을 맞대고 부대끼며 살아가는 현실공간의 짐도 버거운데, 사이버공간은 우리에게 또 다른 짐을 부과하는 듯하다.

그렇다고 우리는 이 마법의 성에서 뛰어내릴 수도 없다. 그것은 어느 순간 우리에게 주어져, 그것 없이 사는 모습을 상상하기 어렵게 만들어 놓았다. 물론 어떤 사람들의 주장대로 기술에 대한 접근 자체를 거부함으로써 그것을 피하는 방법도 있지만, 그것은 단지 몇몇 용감한 개인들만 할 수 있는 선택일 뿐이다. 마법의 성은 세상의 다수가 여전히 그 속에서 살아가야 하는, 우리 시대 동시대인들의 삶의 조건이며 환경의 일부분이기 때문이다. 어떤 무식한 정치가는 어디서 주워들은 'infodemics'[6]라는 어려운 용어로 이 새로운 현상을 '유행병' 수준으로 폄하하고 싶어 하지만, 그렇다고 그것이 없던 시절로 되돌아갈 수 없다. 마치 문자가 세상에 한번 정착한 이후로 문자 이전의 세계로 돌아갈 수 없는 것처럼 말이다.

그것으로부터 벗어나기 힘든 만큼, 가급적 우리는 이 두 공간을 매끄럽게 왕복하는 수밖에 없다. 세상에 접속하는 두 개의 문 사이를 순식간에 이동할 수 있어야 하고, 순식간에 공간이 이동된 것을 알아차리고 그에 맞게 우리의 태도를 바꾸어야 한다. 그런데 이 두 공간의 차이는 너무도 커서 우리들은 종종 인지적 혼동을 일으킨다. 마치 친구의 미니홈피 혹은 페이스북에서 사진으로만 보았던 친구의 친구에게 아는 사람인양 인사를 했다가 서로 머쓱해지는 그런 인지적 혼동 말이다. 현실 공간의 물리적 거리와 사이버 공간의 인지적 거리! 두 공간의 차이가 만들어내는 문제가 만만치 않아서일까? 새로 만들어진 이 공간 속에서 우리는 전례 없던 사건들, 경험하지 못했던 문제들에 맞부딪혀 난감해 하곤 한다.

그런데 시각을 조금만 넓혀보면 이런 현상은 우리에게 그리 낯선 것이 아니다. 이 모든 사건들을 시골의 작은 마을에서 벌어지는 커뮤니케이션 양상들에 한번 대입해보자. 공적 영역과 사적 영역의 구분이 명확하지 않고 사생활이 보장되지 않는 마을, 마음만 먹으면 그 사람의 가족 관계만이 아니라 탄생에 얽힌 일화까지도 알아낼 수 있는 마을, 어찌 보면 대수롭지도 않은 사소한 일로 순식간에 마을 전체가 들썩였다가 또 무슨 일이 있었냐는 듯이 갑자기 잠잠해지는 '마을'이란 공간 말이다. 우리가 사는 환경을 이해하기 위해서 우리는 우리가 사는 환경을 '국가' 단위가 아닌 '마을'의 시각에서 보아야 한다. 이전에는 경험하지 못했던 새로운 유형의 커뮤니케이션 양식들, 그리고 새로운 커뮤니케이션 환경에서 발생하는 여러 가지 새로운 사건들을, 지금까지 우리가 살아왔던 근대국가 단위의 시각으로, 익명성이 지배하는 거대 도시문화의 시각으로 바라본다면 우리는 이 현상을 왜곡해서 해석하게 될 뿐이다. '마을'이란 단어는 현재 우리의 정치-사회-경제-문화 구조의 특징들을 가장 정확하게 묘사해 주는 단어다. 이 '마을'이라는 단어에서 외부와 다소 고립된 어느 산골의 작은 마을을 상상해도 되고 원시부족의 그 어떤 마을공동체를 연상해도 될 것 같다. 적게는 수 명에서 수십 명, 많게는 수백 명에서 수천 명이 하나의 공간에서 자립적이고 독립적인 하나의 공동체 단위로 살아가는 그런 마을 말이다.

그런데 구성원이 천만 명 단위를 넘어서는 근대국가 규모의 거대 공동체를 작은 공간, 적은 인구를 가진 마을 공동체와 비교할 수 있는 근거는 무엇일까? 이 모든 변화의 배경에는 '커뮤니케이션 속도의 변화'라는, 아직까지 크게 주목받지 않았던 요인이 존재한다. 국가 단위의 커뮤니케이션 구조가 인구 수백 명 단위의 마을과 같은 커뮤니케이션 구조로 변화하게 된 것은, 인터넷으로 인해 국가 단위 공동체의 내부 커뮤니케이션 속도가 마을 공동체 단위의 커뮤니케이션 속도에 근접하게 되었기 때문이다. 즉 인터넷의 도입으로 국가 공동체 내부의 정보처리시스템의 속도가 마을 단위 정보처리시스템의 속도와 비슷해진 것이다. 불과 몇 시간, 길어야 하루 정도면 마을의 웬만한 소식은 대다수의 구성원들에게 전파되고 공유되며 심지어 피드백까지 완성되는 마을과 같은 커뮤니케이션 구조 말이다. 우리가 최근 십여 년간 '하울의 움직이는 성'을 통해 경험해 왔던 새로운 현상들은 우리가 사는 공간을 더 이상 기존의 국가 규모 단위의 공간으로 사고할 수 없다는 것을 증명하는 것이다.

수만 년간 인류가 생존했던 모델인 소규모 마을 구조가 거대한 영토를 지배하는 국가 체제로 전환된 지 수천 년, 그리고 그 수천 년 간 인류를 지배했던 '국가'의 역사가 불과 한 세기도 되지 않는 시간 사이에 다시 '마을'로 변화하고 있다. 국가에서 마을로!

인터넷, 인터넷, 인터넷!!

1. 한국만의 현상이 아니다
2. 익명성 vs 사생활 침해
3. 빅 브라더인가? 빅 에브리바디인가?
4. 그리 낯설지 않다

인터넷, 인터넷, 인터넷!!

기술협력 체계가 드리우는 가장 짙은 그늘은 아마도 사생활의 상실일 것이다.
— 하워드 라인골드, 『참여군중』

알 만한 사람들은 다 아는 〈디씨인사이드〉[1]의 대표 김유식 씨는 〈디씨인사이드〉의 이미지 게시판에 올라온 어느 사진에 달린 댓글 사건을 다음과 같이 전한다.

— 저 남자 어디서 본 것 같소. 기억이 날 듯 말 듯 하오.

— 맞소. 본인도 미아리인가 수유리에서 본 적이 있는 것 같소.

— 아항. 저 사람 신X 고등학교 출신이라오. 자세한 것은 모르겠소.

— 제가 좀 알고 있소. 저 사람은 신X 고등학교 25회 졸업생이고 X 국대 영문과에 다니는 것으로 알고 있소.

여기까지 읽다보면 세상이 참 좁구나 생각된다. 하지만 재미있게 보던

리플들이 점점 개인 신상 정보에 대한 리플로 이어지면서 나중에는 재미보다 조금 무섭다는 생각이 들기 시작한다.

— 저 넘 집이 수유리 어디어디라오. 집 전화번호는 xxx-xxxx요. 확실하다오.
— 나는 저 넘이 여친하고 다니는 것도 보았소. 여친은 이쁘더이다.
— 아……저 사람 여자 친구 이름은 xxx입니다.[2]

이것은 인터넷 게시판 문화가 막 활성화되던 2000년대 초에 벌어진 일이다. 수천 명이 수시로 드나드는 게시판에서 사진 한 장에 대한 단순 댓글 커뮤니케이션으로 한 사람의 신상명세를 밝혀낸 것이다. 사실 연예인이나 정치인 혹은 그 정도의 유명세를 타는 개인들의 신상정보가 나도는 일은 예전부터 있었다. 유명한 MC 유재석-나경은 커플의 임신 소식은 본인들이 발표하기도 전에 이미 인터넷을 통해 확산되었으며, 유명한 아이돌의 룸살롱 싸움 소식 역시 언론보도 몇 시간 전에 이미 인터넷을 통해 소식이 확산되었다. 연예신문이나 잡지에서 'A양,' 'B군'으로 불리던 사람들의 인적 사항은 단지 관련기사의 댓글만 보아도 확인이 가능하다. 주목해야 할 점은 이제는 그 대상이 유명인으로 한정되지 않는다는 점이다. 유명인이든 평범한 사람이든 어떤 계기로 사람들의 주목을 받게 된 개인의 신상명세가 세상에 드러나는 일이 이제 일상이 되었다. 특정인의 인터넷 홈페이지, 블로그 혹은 미니홈피, 페이스북 주소가 다른 이들에게 알려지는 것은 너무나 쉬운 일이고, 심지어 개인의 이력과 가족들의 연락처와 직업 그리고 친구나 친척, 지인들의 신상 명세까지도 공개된다. 다수 개인들이 특정 개인의 '신상털기'를 하는 이런 장면들은 (기존의 관념으로 보자면) 충분히 무서운 일임에도 불구하고 이제는 그러한 일들이 벌어지면 으레 그러려니 하는 익숙한 일상이 되었다.

1. 한국만의 현상이 아니다

그런데 이러한 현상은 우리나라만의 것이 아니다. 미국의 유명한 IT 전문 학자인 클레이 셔키가 쓴 『끌리고 쏠리고 들끓다』라는 책에는 뉴욕에서 핸드폰을 잃어버린 이바나의 사례가 나온다.[3] 뉴욕에 사는 이바나는 실수로 택시에서 핸드폰을 놓고 내렸는데, 그것을 습득한 16살의 샤샤(와 그의 가족들)는 핸드폰을 돌려주기는커녕 오히려 이바나를 우롱하기까지 한다. 이바나는 이 사실을 인터넷에 알렸고, 이에 동조한 수많은 네티즌들의 지원을 받아 결국 샤샤가 사는 동네와 집을 알아냈다. 그것만이 아니다. 일부러 샤샤의 집 앞을 찾아가서 샤샤의 가족들을 동영상으로 찍어 올린 어느 네티즌 덕분에 샤샤 가족의 얼굴까지 공개된다. 이와 같은 수많은 네티즌들의 자발적인 참여는, 사건 초기에는 단지 핸드폰 한 대를 분실한 사건이라고 무시했던 뉴욕 경찰, 이바나에게 협박성 발언을 한 샤샤의 오빠를 제재하기 위해 나선 헌병대, 하이에나처럼 사람들의 관심사를 뒤쫓아 이 사건을 적극적으로 보도한 언론의 지원까지 이끌어내, 결국 뉴욕 경찰이 출동하여 샤샤를 체포하고 핸드폰을 돌려받는 것으로 종결되었다. 클레이 셔키는 이 사건이 뉴욕시를 발칵 뒤집었다고 진술하고 있다. 고작 핸드폰 하나 때문에 말이다.

이런 현상은 인터넷의 모든 글을 검열하는 중국에서도 마찬가지다. 2009년 10월 6일 중국의 50대 중년 여성이 둔황의 세계적 유적지 막고굴의 유적을 손으로 만지다가 이를 제지하는 안내원을 때리고 욕설을 퍼부었다. 그녀는 경찰이 사과를 요구하자 '미안하다'는 말 한마디만 남기고 사라졌는데, 다음날 막고굴의 안내원들은 현장 사진과 함께 "사상 최고로 막강한 단장부인 막고굴 추문"이란 제목으로 이 사건을 인터넷에 고발했다. 이에 분노한 중국 네티즌들이 서로 정보를 주고받아가며 검색한 끝에 그 여성이 병원의 당서기이고, 남편은 군대의 부단장이라는 사실을 밝혀낸다. 기사는 이들 부부가 중국 공산당에 의해 처벌되었다고 전한다.[4]

한국 디씨인사이드의 게시판 댓글, 미국 뉴욕의 이바나 핸드폰 분실 사건, 중국 막고굴의 부단장부인 사건의 전개 과정은 우리에게 너무도 친숙하다. 이미 우리는 이런 사건들을 수십 차례 경험했기 때문이다. 이런 과정에서 어떤 사건은 잘못된 권력을 바로잡았고, 어떤 사건은 비윤리적인 개인을 심판하기도 했다. 또한 걸인에게 직접 빵을 먹여 준 '천사녀'의 경우처럼 선행을 한 개인에게는 수많은 사람들의 칭찬이 쏟아지기도 했다. 그리고 우리는 이런 사건들에서 당사자가 원하든 원치 않든 당사자와 사건 관계자 그리고 그 주변인들의 신상정보가 인터넷에 소상히 공개되는 공통점을 발견한다.

그것뿐인가? 최근에는 이런 신상정보가 사람들의 기억 속에서 사라지지 않고 되새김질 당한다. 밀양성폭행 사건 때 가해자를 변호한 것으로 알려졌던 여학생은 수년이 지나 성인이 되어 경찰로 발령을 받자마자 한 네티즌에 의해 다시 사람들에게 노출되었다.[5] 2012년 여름에는 성폭행 사건에 연루되었던 고등학생이 조작된 자기소개서로 대학에 입학했다가 그 사실이 사람들에게 알려지면서 입학이 취소되는 사건도 발생했다. 사실 이것은 단지 표면에 노출된 사건들일 뿐이다. 과거 사회적으로 이슈가 되었던 개인의 행적들이 어떤 계기로 게시판과 댓글, 블로그나 트위터 등에서 다시 회자되는 현상들은 인터넷 곳곳에서 발견할 수 있다. 아마도 20세기에서는 시간만 지나면 잊혔을 개인의 이력들이 이제는 공동체의 기억에 저장되어 계기가 생길 때마다 되새김질 되는 것이다. 그렇다면 우리 사회에서 익명성은 사실상 사라졌다고 봐야 하지 않을까?

2. 익명성 vs 사생활 침해

흔히 인터넷을 익명성의 공간이라고 한다. 인터넷에서는 닉네임을 사용할 수 있고, 자신이 원하지 않으면 신분을 밝힐 필요도 없다. 심지어 자신의 신분을 철저하게 위장할 수도 있다. '인터넷에서는 아무도 당신이 개라는 사실을 알지 못한다'는 표현은 인터넷의 익명성을 한마디로 압축한 것이다. 바로 그 익명성의 폐해를 핑계

삼아 한국 정부는 '인터넷 실명제'까지 도입한 바 있다. 정부와 일부 정치권 그리고 몇몇 언론들과 학자들은 개인의 신상정보가 공공연히 공개되는 이유가 인터넷의 '익명성' 때문이라고 진단하고 '인터넷 실명제'를 강행한 것이다. 이에 따라 정통부는 2005년부터 인터넷 실명제를 공론화하고 2007년 7월부터 제한적인 인터넷 실명제 제도를 만들어 하루 방문자가 10만 명 넘는 사이트에는 일괄적으로 인터넷 실명제를 실시하도록 법제화했다. 인터넷의 모든 폐해가 익명성 때문인 것처럼 말이다.

그런데 작금의 문제들이 과연 '익명성' 때문에 생겨나는 문제들일까? 그래서 실명제가 실시된 이후로 이러한 문제들이 줄어들었을까? 실명제 이후로 개인에 대한 사이버공격이 줄어들었다는 보고는 어디에도 없다. 종종 개인에 대한 정체성 공격의 근거지로 사용되었던 싸이월드의 미니홈피는 실명제를 근간으로 하고 있으며, 특정 개인의 미니홈피에 대한 융단폭격은 '실명'을 드러낸 다수 개인들에 의해 이루어졌다. 수백 명, 수천 명이 댓글을 써대는데 거기서 실명이 무슨 의미가 있단 말인가? 공격하는 사람들의 실명이 버젓이 노출되어 있음에도 불구하고 다수의 집단행동 속에서 실명조차 익명화되어버리는데 말이다.[6] 오히려 개인의 신상정보는 실명제 사이트에서 먼저 공개되는 경우도 많다. 또한 실명제를 도입한 사이트에서 악플이 줄어들었다는 보고도 없다. 오히려 실명제 도입 이후 전체 댓글의 수는 대폭 줄었지만, 악플의 비율은 줄어들지 않고 오히려 늘어났다.[7] 실명제는 악플을 걸러낸 것이 아니라 오히려 사람들의 자유로운 발언을 위축시키는 역할만 한 것이다.

결론적으로 이야기하자면 실명제를 도입한 정책 결정자들은 문제를 정반대로 진단한 것이다. 특정 개인에 대한 다수의 공격은 개인의 정체성이 다른 사람들에게 노출되는 '사생활 침해'의 문제이고, 익명성에 의한 문제가 아니라 오히려 (노출 당사자의) 익명성이 보장되지 않음으로써 생겨나는 문제이기 때문이다. 익명성의 전용공간처럼 인식되던 인터넷의 다른 쪽에서는 익명성이 전혀 허용되지 않는 정반대의 현상이 생겨나고 있었던 것이다. 다행스럽게도(!) 최근 몇 번에 걸쳐 대형 포털, 통신사 등에서 한국인의 주민등록번호를 포함한 신상정보가 수천만 건 단위로 해킹되는 사건이 발생하면서, 정부는 2012년 인터넷 실명제를 공식적으로 폐기하였고, 정부의 눈치를 보고 있던 비겁한 헌법재판소 또한 인터넷 실명제가 위헌이라고 판결했다.[8] 사실 실명제가 사생활을 보호하기는커녕 개인정보의 누출을 더 심각하게 만들 것이라는 지적은 실명제 도입 논란 초창기부터 있었다. 결국 정부는 한국 국민의 신상정보를 전 세계 공용 정보로 만든 끝에야 실명제를 그만 둔 것이다. 실명제를 주장한 정부 관료와 학자들은 애초의 문제 진단부터 틀렸다는 것이 확인된 셈이다.

『참여군중』에서 하워드 라인골드는 "기술협력 체계가 드리우는 가장 짙은 그늘은 아마도 사생활의 상실"이라고 진단한 바 있다.[9] 인터넷 시대에 사는 개인들은 내가 원치 않아도 나도 모르는 사이에 내 정보가 타인들에게 공개/공유될 수 있는 환경 속에 놓여 있다. 이것은 인터넷을 사용하지 않는다고 피할 수 있는 것도 아니다. 지하철에서 무심코 했던 행동이 어느 날 갑자기 신문의 1면 기사를 장식할 수도 있고, 부지불식간에 했던 선행이 인터넷에서 확산되어 모든 사람들이 나를 칭찬할 수도 있다. 전혀 모르고 당하는 입장에서는 공포스러울 만한 이러한 사회 현상들은 개인이 통제할 수도 없다. 더구나 지속적으로 발전하는 커뮤니케이션 도구들과 정보를 저장하고 유포하는 새로운 기술과 서비스들의 발전은 앞으로 이런 현상을 더욱 더 가속화시킬 것이다. 신문이나 언론에 이름이 조금씩이라도 나오는 사람들의 경우엔 더 심하다. 연예인이나 정치인은 물론이고 기자들도 이전과는 전혀 다른 상황에 직면했다. 자기 논지에 일관성 없는 기자들의 경우 게시판 댓글에서 잘못을 지적당하는 것은 대수로운 일이 아니다. 나아가 표리부동했던 기사 내용들이 다시 들추어지고 재차삼차 비판의 도마에 오르는 것도 이제는 일상이 되었다.

사실 인터넷이 도입되기 전까지 종이신문이나 TV 방송에서 보도한 뉴스는 며칠만 지나면 그 뉴스의 원문, 진위 여부, 논지의 일관성 등을 확인하기가 물리적으로 어려웠다. 사람들이 그 자료를 다시 찾아보는 것 자체가 쉽지 않았기 때문이다. 그런데 이제는 상황이 완전히 바뀌었다. 기자가 잘못 쓴 글에 대해 즉각 반론 글이 올라오는 것은 물론이고, 잘못 인용한 데이터, 잘못 사용한 단어나 개념, 잘못된 자료 등에 대한 세세한 지적뿐만 아니라, 어떤 기자가 과거에 썼던 기사와의 비교, 논지의 일관성에 대한 지적도 드물지 않다. 심지어 기자의 개인적인 인맥과 기사 내용의 관계에 대한 추측 — 종종 사실에 기반을 둔 추측을 포함하여 — 까지 올라오는 일도 있다. 지금까지 단지 편집국장과 신문사 사주의 눈치만을 보아왔던 기자들에게 이런 상황은 당황스럽고 두려울 것이다. 하지만 이것은 인터넷이 존재하는 한 피할 수 없는 일이다.

더구나 머지않아 사람들 자체의 평판을 기록하고 평가하는 평판시스템이 출연할 수도 있다. 그렇게 되면 보통 사람들이 '공인'이나 혹은 그와 비슷한 사회적 위치를 가진 사람들의 이력을 조회하고, 그 사람들의 행위 흔적을 분석하고 활용하는 것은 결코 어려운 일이 아니다. 실제로 2006년에 이미 구글은 정치인들의 발언을 분석해 그들의 거짓말 정도를 나타내는 시스템을 5년 안에 만들겠다고 발표하기도 했다.[10] "진실 예언자"라 불리는 이 소프트웨어를 이용하면 정치인들이 주장하는 내용을 과거 데이터와 비교, 분석해 진실 여부를 판정할 수 있다는 것이다. 물론 2012년 현재 시점에 이것이 등장하지는 않았지만, 기술적으로는 불가능한 일이 아니다. 개인들이 기자들, 정치인들의 과거 발언을 추적하고 조회하고 그것을 공개하고 평가하고 단죄하는 일들은 현재로써는 게시판, 블로그나 혹은 기사의 댓글 등에서 개인들에 의해 수동적^{manual}으로 진행되고 있을 뿐이지만, 이것을 기술적으로 시스템화해서 누구나 쉽게 활용할 수 있도록 해주는 서비스가 등장하는 것은, 누가 언제 그것을 실현하느냐 하는 문제만 남아있을 뿐이다.

따라서 앞으로 공인이나 혹은 그와 비슷한 위치에 있는 사람들의 일거수일투족이 사람들의 시야에 투명하게 노출될 가능성은 더더욱 커진다. 즉 이제는 지위 고하를 막론하고 어떤 개인이 자신을 공적인 공간에 드러내고 영향력을 미치는 만큼, 사회가 그 사람의 행적 — 보이는 행적뿐만 아니라 보이지 않는 행적까지도 — 을 볼 수 있는 사회가 된 것이다. 이것은 과거의 기준으로 보자면 충분히 두렵고 우려스러운 일이다. 그러나 다른 한편으로 사회에 대해 자신을 드러내고 영향을 미치는 만큼 다른 사람들에게 평가를 받게 된다는 측면에서 사회 전체의 공익에 충분히 부합한다고 볼 수 있다.

최근 급격하게 확산된 트위터와 페이스북을 중심으로 하는 SNS 문화는 여기서 한발 더 나아간다. 그것은 개인이 자신의 생각과 일상과 삶의 장면들을 적극적으로 드러냄으로써 자신의 존재감을 과시하는 서비스다. 사회는 점점 자신의 기호와 생각과 일상을 살아가는 삶의 구체적인 장면들을 적극적으로 드러내는 것이 쿨한 사회로 옮겨가고 있다.

3. 빅 브라더^{big brother}인가? 빅 에브리바디^{big everybody}인가?

이와 같은 최근의 사회기술적 경향들은 개인의 프라이버시 문제, 사생활 노출 문제와 정면으로 맞부딪힌다. 사실 정보기술을 활용해서 사람들의 행위를 기록하고 보존하고 조회하고 추적하는 '디지털 감시기술'에 대한 우려와 비판은 이미 오래 되었다. 어떤 사람들은 가장 효율적인 감시시스템을 형상화한 판옵티콘의 모델[11]을 정보통신에 기반을 둔 감시기술의 발달 현상에 확장 적용하여 "전자감시사회"[12]가 만들어지고 있다고 비판한다. 18세기 제레미 벤담이 설계한 판옵티콘은 둥근 원형으로 만들어진 감옥으로, 감시자는 중앙의 감시탑에서 자신을 전혀 노출시키지 않고도 죄수 전체를 감시할 수 있는 시스템이다. 이 시스템에서 죄수는 자신이 지금 감시를 당하고 있는지 아닌지조차 파악할 수 없어 항상 감시의 눈길을 의식하게 되고, 결국 죄수는 실제로 감시를 당하고 있는지 여부와 상관없이 자신의 마음속에 감시하는 시선을 내면화시킨다. 판옵티콘이란 이러한 완벽한 감시시스템을 건축구조 자체에 구현한 것인데, 이 판옵티콘 컨셉은 근대사회의 감옥, 학교, 공장 등 감시가 필요한 거의 모든 영역에 응용된 바 있다.

그런데 정보통신 기술에 기반을 둔 감시시스템은 여기서 한발 더 나아간다. 새로운 감시시스템은 학교와 감옥 같은 특정 공간이 아니라 우리의 일상생활에서 우리의 일상적인 활동들 즉 은행에서 돈을 인출하고, 누구에게 전화를 걸거나 문자를 보내고, 버스와 지하철 혹은 고속도로를 통행하고, 신용카드로 물건을 사고, 여행을 하기 위해 국경을 넘는 그런 일상적인 활동의 흔적들을 기록하고 보존한다. 즉 IT 기술에 기반을 둔 감시는 감옥, 공장과 같은 특정한 공간이 아니라 우리의 일상생활 전체를 감시할 수 있는 것이다. 더 무서운 것은 지금까지 나온 감시기술은 단지 시작에 불과하다는 점이다. 이미 보편화된 RFID 기술과 더욱 발전된 컴퓨팅 환경과 데이터베이스 처리 기술, 안면인식 기술, 사물 인식 기능, 차량 내외부의 블랙박스 그리고 최근에 급격하게 발전하고 있는 빅데이터Big Data 처리기술 등은 사람과 그 사람에 관련된 사물들의 이력까지도 모두 기록할 수 있으며, 더구나 유비쿼터스Ubiquitous 환경에서는 이 모든 것들이 사물들 속에 내재되어 보이지 않는 곳에서 작동하게 될 것이다.[13] 정부나 기업들이 (그들의 주장대로) 아무리 선한 의지를 가지고 이런 기록들을 보관하고 잘 관리한다고 하더라도, 또 다른 누군가에 의해 개인정보가 대량 유출되어 악용될 가능성은 항시 존재한다. 한국인의 주민등록번호가 대량으로 해킹되어 전 세계 공용정보가 되었던 것과 같이, 이렇게 곳곳에서 우리도 모르게 축적된 개인의 일상에 대한 기록들이 종종 합법적/비합법적으로 기업들 혹은 정보기관이나 사기꾼들에게로 넘어가 애초의 의도와 무관하게 악용되는 것은 피할 수 없는 것 같다.

이런 면에서 정보통신 기술에 기반을 둔 감시란 감옥과 같은 제한된 공간이 아니라 우리들의 가장 평범한 삶 속에서 작동하게 된다. 따라서 앞으로 우리가 살게 될 사회의 어떤 영역에서는 SF영화가 묘사하는 극단적인 장면들, 예컨대 영화 〈퍼블릭 에너미〉에서와 같이 시스템에 의해 개인의 모든 활동이 기록되고 감시되고 심지어 조종되고 날조되는 현상이 현실화되는 사례도 발생할 것이다. 데이터베이스와 감시기술이 더 정교해지면 우리가 사는 세상은 마치 워쇼스키 형제가 만든 영화 〈매트릭스〉의 한 장면과 다를 바 없는 공간이 될지도 모른다. 따라서 정보통신에 의한 감시체제를 완벽한 감시기술을 내재한 판옵티콘에 비유하는 것이나, 앞으로의 미래 세계는 '빅 브라더' 혹은 '빅 브라더들'이 지배하게 될 것이라는 불길한 예감은 결코 과하지 않은 것처럼 보인다. IT 인프라와 문화에서 가장 선두에 서 있다는 한국에서 '사이버 모욕죄'나 'IP 감청', '휴대폰 감청' 등 감시와 억압을 위한 기술과 정책들이 끊임없이 도입되고 있고, 바로 옆의 거대한 나라 중국은 수억 명의 사용자에 대한 인터넷 검열을 효과적으로 수행하고 있어 미래사회에 대한 전망을 더욱 암울하게 만든다.[14] 사정이 이러하기에 "이렇게 발달한 기계 체계

속에서 우리가 빠져나갈 길은 없다"며, 유일한 방안으로 "기계에 대한 거부권을 행사하라"는 주장[15] 또한 그렇게 뜬금없어 보이지는 않는다.

이런 이유로 시민운동 진영에서는 끊임없이 국가와 자본의 감시기술에 대해 비판해 왔다. '빅 브라더'에 대한 우려가 단지 기우가 아니라 현실적으로 가능한 것이기에 국가권력이나 거대 자본과 같이 거대하게 시스템화된 권력을 견제하고 비판하는 것은 진정 필요한 일이다. 개인이 동원할 수 있는 자원은 지극히 한정적인 반면 국가나 거대 기업이 동원할 수 있는 자원은 어마어마하며, 국가나 기업의 사소한 실수나 인권 침해도 개인 혹은 사회에 엄청난 피해를 가져다줄 것이기 때문이다.

그런데 우리가 경험하고 있는 현상들 속에는 비단 국가나 거대 기업 등 시스템화된 권력에 대한 감시와 비판만으로는 해결되지 않는 다른 양상이 존재한다. 시스템화된 권력기관들에 의한 사생활 침해 못지않게 큰 사회적 이슈를 만들어내는 것은 바로 다수 개인들의 자발적이고 집합적인collective 활동에 의한 익명성의 파괴와 사생활 침해 문제이기 때문이다. 〈디씨인사이드〉 게시판 댓글의 사례에서 보았듯이 특정한 개인의 정체성을 추적하고, 그 주변인의 정보까지 찾아낸 것은 국가권력이 아니라 서로 얼굴도 알지 못하는 익명의 개인들이었다. 그것은 의도적인 것도 아니었다. 우연히 그 게시물을 본 개인들의 잡담 속에서 개개인들의 단편적인 지식이 중첩되면서 마침내 한 개인의 신상정보가 공개된 것이다. 그것은 대단한 악의나 음모나 의도적인 노력에 의한 것이 아니라 마치 스무

고개와 같은 일종의 게임, 퍼즐 맞추기와 같은 놀이였을 뿐이다. '개똥녀' 사건에서 주목의 대상이 된 여성의 얼굴 사진이 공개되고 그녀가 사는 대략적인 위치까지 사람들에게 밝혀진 점이나, 밀양 성폭행 사건에서와 같이 가해자들과 그들의 친인척에 관한 정보가 인터넷에 적극적으로 유포되고 심지어 전혀 관련 없는 사람들까지 한통속으로 몰려 개인정보가 대량으로 유출되었던 사건들은 개인들에 의한 사생활 정보 누출이 권력에 의한 감시만큼이나 커다란 힘을 행사할 수 있다는 것을 보여준다. 더구나 예전에는 시간이 지나면 이러한 일들이 사람들의 기억 속에서 사라지곤 했지만, 이제는 공동체의 기억 속에 저장되어 시간이 지나도 잊히지 않는다.

이처럼 다수 개인들의 집합적 행동이 힘을 발휘하는 순간에 권력기관들은 거의 관여하지 않는다. 아니 이러한 사건들에서 국가나 권력기관들은 오히려 무기력해진다. 법적으로 보호해야 할 개인정보를 보호하는 것이 불가능해질 뿐만 아니라 권력기관이 보호하고 싶어 하는 어떤 인물의 정보 누출을 막는 역할조차 제대로 할 수 없다. 또한 사후 정보 유출자를 추적하는 것조차 번번이 실패할 정도로 권력기관은 무력하다. 개인들의 행동은 너무도 예측불가능하고 빠르며, 추적하거나 처벌하기에는 너무나 수가 많고 게릴라와 같은 성격을 가지고 있어서 권력기관이 미쳐 손을 쓸 수 없기 때문이다.

여러 사람들의 단편적인 지식을 종합하여 하나의 사실fact을 찾아내는 현상이 훨씬 더 적극적인 형태로 진화한 "네티즌 수사대"[16]가 등장한 것은 이미 오래 전의 일이다. 네티즌 수사대는 특정한 집단이나 단체가 아니다. 그것은 그저 인터넷에서 다수 익명의 개인들이 상호작용하면서 만들어내는 일시적인 집합 행동에 대해 네티즌들이 스스로 명명한 이름이다. 그것은 마치 〈디씨인사이드〉 게시판에서 여러 명이 각자의 지식을 동원하여 퍼즐 맞추기 식으로 어떤 개인의 신원을 밝혀내는 것처럼, 다수 익명의 개인들이 자신들의 자투리 시간을 활용하여 자신들이 각자 알고 있던 평소 지식 혹은 자신이 조금만 노력하면 알아낼 수 있는 자기 주변의 정보를 인터넷에서 공유하고 상호검증하면서 마침내 어떤 사실을 혹은 어떤 인물의 정체를 밝혀내는 활동이다. 그들이 추적하는 대상은 밀양 성폭행 사건과 같이 공동체의 공분을 일으킬 만한 것일 수도 있고, 신문기사의 가십난에 등장한 연예인 A씨의 숨겨진 애인의 정체일 수도 있다. 혹은 게시판의 익명성에 숨어서 악플을 쏟아내던 어느 정당 소속의 당직자일 수도 있고[17], 누군가가 호기심이 발동해서 게시판에 올린 사소하지만 흥미로운 어떤 이야기 거리일 수도 있다.

이미 네티즌 수사대의 행동반경은 국경을 넘나든다. 몇 년 전에는 네티즌 수사대들이 국제적으로 공조한 사례도 있었다.[18] 어떤 남자가 "개도 날 수 있어"라는 제목으로 다리에서 강아지를 던지는 장면을 인터넷에 동영상으로 올렸는데, 이에 격분한 전 세계의 네티즌들이 동영상에 사용된 언어 및 동영상 속에 등장하는 다리의 모습을 통해 범인이 살고 있는 나라와 도시를 찾아내고, 이를 토대로 범인 이름, 주소, 인터넷 아이디, 이메일 주소, 심지어 페이스북의 개인페이지까지 밝혀낸 것이다. 결국 이 남자는 동물학대죄로 경찰에 체포되었다. 이처럼 그들은 그것이 추적할 만한 가치가 있다고 판단하면 인터넷 곳곳에 숨어 있는 정보를 찾아내고 서로가 가지고

있는 단편적인 정보들을 결합하여 마침내 하나의 결과물을 만들어
낸다. 지금은 다소 산발적으로 이루어지는 이런 활동들이 앞으로
더욱 가속화될 것은 분명한 사실이다.

그렇다면 우리는 21세기 IT 기술 사회에서 두 종류의 감시체제
를 구별해야 한다. 하나는 국가와 거대 자본을 주축으로 하는 시스
템화된 권력기관들이 주도하여 '빅 브라더' 사회를 지향하는 감시기
술의 발달이고 다른 하나는 무정형의 수많은 개인들에 의한 상호감
시, 즉 (이런 과도한 표현이 허용된다면) '만인에 의한 만인의 감시 체
제'의 발달이다. 이에 따라 개인 정보 노출 혹은 사생활 침해에 대한
이슈 역시 두 가지로 나누어 볼 수 있다. 첫 번째 문제는 국가 혹은
국가에 버금가는 권력을 가진 조직 — 국가, 준국가 단체, 거대 기업, 조
직적인 범죄단체 등 — 들이 개인들의 사생활에 대한 정보를 수집하고
축적하여 악용함으로써 발생할 수 있는 문제이다. 이와 대조적으로
두 번째 문제는 어떤 개인의 사생활이 또 다른 개인들에 의해 만인
에게 노출될 가능성 때문에 발생하는 문제이다. 이 두 가지 문제는
모두 개인의 사생활과 관련된 것이지만, 그 두 체제가 작동하는 양
식이 전혀 다르다. 지금까지 국가권력에 의한 감시기술에 대해서는
많은 사람들이 경계의 목소리를 높여 왔다. 더 나아가 감시기술 자
체를 감시하고 비판하고 심지어 감시기술이나 감시 장비들을 직접
파괴하거나 무력화시키려는 행동들도 존재한다. 하지만 수없이 많
은 개인들의 자발적 활동에 의해서 만들어지는 익명성 파괴, 사생
활 침해 현상은 어떻게 보아야 할까? 이미 현대 기술은 모든 사람들
이 감시자 역할을 할 수 있는 핸드폰, 카메라와 같은 개인용 장비들

을 개인마다 몇 개씩 제공하고 있고, 사람들은 그것을 가장 일상적인 도구로 사용하고 있다. 그것뿐인가? 개인들이 운영하는 블로그와 미니홈피, 페이스북, 트위터에는 이미 수많은 사생활 기록들이 담겨 있고, 그 주소는 심심찮게 다수에게 공개된다. 사정이 이러할진대, 지금의 시대에 익명성을 다시 확보한다는 것은 불가능한 일 아닐까?

그렇다면 우리는 모든 사람들에 의한 모든 사람들의 감시가 가능해지는 사회, 전례 없는 공포의 세계로 진입하는 것일까? 어떤 잘못이나 실수가 만인에게 공개되는 경우 변명할 방법도 없이 사회적인 재판을 받거나 심지어 사회에서 추방되어 버리는 그런 비인간적인 환경으로 진입하게 되는 것일까? 그런데 여기서 우리가 간과해서는 안 될 것은, '만인에 의한 만인의 감시체제'가 발달됨에 따라 우리가 권력을 가진 개인이나 집단, 나아가 국가와 같은 권력기관을 감시할 수 있는 가능성 역시 커진다는 사실이다. 수백만 명의 사람들이 네트워크화된 통신기기, 카메라들을 일상적으로 활용한다면 그들이 곧 권력에 대한 집단적인 감시자가 될 수도 있기 때문이다. 그래서 어떤 사람들은 정보통신의 발달에 따라 판옵티콘적 경향의 발달과 더불어 감시자가 감시당하는 역판옵티콘Reverse Panopticon 혹은 서로가 서로를 바라볼 수 있는 시놉티콘Synopticon의 가능성도 함께 등장하고 있다고 말한다.[19]

상황이 이렇다면 우리는 '빅 브라더'의 지배를 받는 고립되고 왜소한 개인들이 넘쳐나는 판옵티콘 사회의 가능성과 더불어, 하워드 라인골드의 표현대로 개인들 한 명 한 명이 공동체 전체를 조망하고 감시할 수 있는 "빅 에브리바디"[20]들이 넘쳐나는 사회가 될 가능성도 긍정해야 하지 않을까?

4. 그리 낯설지 않다

우리는 냉정하게 사생활 노출 문제가 지금의 미디어 환경에서는 피할 수 없는 현상이라는 사실을 받아들여야 한다. 이미 많은 학자들은 인터넷과 통신기술이 발달함에 따라 공적인 영역과 사적인 영역의 구분은 점차 희미해질 것이라고 예상해 왔다.[21] 어떤 계기를 통해 그 누구의 사생활이 침해당할 수 있는 가능성을 차단하는 것은 현재의 사회기술적 환경에서는 거의 불가능한 일이다. 즉 그것은 시공간을 확장시키면서 동시에 축소시켜버린 IT 기술 자체가 만들어낸 하나의 사회적 환경이다. 따라서 우리는 앞으로 프라이버시란 것이 사실상 존재하지 않는 사회로 진입한다는 것을 인정해야 한다.

개인들의 행위 흔적들을 채록하고 저장하고 공개하고 공중에 확산시킬 수 있는 개인화된 미디어 기기들이 이미 광범위하게 퍼져 있으며, 이것은 좋은 의도이든 나쁜 의도이든 개인들의 의도적인 프라이버시 침해를 가능하게 한다. 인터넷에 남는 수많은 나의 자취와 기록들, 내가 기록한 것과 남들이 나 몰래 기록한 그 모든 기록들은 아주 쉽게 공유되며, 이런 기록들의 확산을 막는 것은 기술적으로 불가능하다. 따라서 아마도 우리는 가까운 미래에 단지 창호지와 같은 얇은 막을 가지게 될 것이다. 소리를 엿들으려면 엿들을 수 있고 조용히 구멍을 뚫어서 들여다보고자 하면 슬쩍 들여다 볼 수 있는 그런 창호지와 같은 막 말이다. 더구나 우리는 그러한 막을 통해 타인의 삶을 들여다보는 것뿐만 아니라 철옹성처럼 보이던 권력을 투명하게 감시할 수 있는 사회에 근접해 있다. 그 어떤 가능성이든, 21세기에 들어서 우리에게 펼쳐지는 세계는 우리들에게 대단히 낯설어 보인다.

그런데 만약 모든 사람들이 자신의 사생활을 공개하는 데 거리낌이 없어진다면? 사생활 노출은 그냥 우리의 일상이라고 받아들인다면 그것이 그렇게 위험하게 느껴질까? 다수의 개인들이 서로를 볼 수 있을 뿐만 아니라, 권력을 가진 자들은 그들이 그 권력을 잘못 사용할 수 있기 때문에 더 투명하게 공개되어 다수의 일상적인 감시 하에 놓여야 한다는 생각에 많은 사람들이 동의한다면, 사생활 공개라는 것이 그렇게 위협적으로 느껴질까? 사실 시선을 조금만 돌려보면 우리는 사생활이 존재하지 않는 그러한 세계와 이미 공존해 왔다. 불과 100년 전까지도 인류 대부분이 그 공간 안에 살았던, 그리고 지금도 그렇게 낯설지만은 않은 마을이란 공간 말이다.

마을 커뮤니케이션의 구조

1. 오래된 미래 : 라다크에서 배운다

2. 소국과민(小國寡民)

3. 던바의 수와 〈AI〉

4. 입말언어의 미디어적 특징

5. 마을 커뮤니케이션 구조의 특징들

6. 인터넷 마을

7. 마을의 귀환

마을 커뮤니케이션의 구조

小國寡民, …… 隣國相望, 鷄犬之聲相聞, 民至老死不相往來.

될 수 있는 대로 나라의 크기를 작게 하고 나라의 인구를 적게 하라! …… 이웃하는 나라들이 서로 바라다 보이는데, 꼬끼요 소리와 멍멍 소리가 서로 들려도, 백성들이 늙어 죽을 때까지 서로 왔다 갔다 하지 아니한다.

—『노자』, 80장.

도시라는 넓은 공간을 벗어나, 인류의 대다수가 수천 년을 살아온 작은 마을로 들어서보자. 도시 문명에 익숙한 우리들은 마을에 대해 상반되는 이미지를 가지고 있다. 한편으로는 한적한 시골 마을을 보며 목가적이고 어린아이 같은 해맑은 정서를 느끼는가 하면, 다른 한편으로는 고루한 공간, 지루하고 억압적인 공간, 무엇인가 부족하고 불완전해서 발전되고 개발되어야 하는 공간으로 인식한다. 그런데 지구에서 다수의 사람들이 도시에 살기 시작한 것은 불과 몇 십 년도 되지 않은 일이다. 통계에 따르면 1955년 전 세계 인구의 30%가 도시에 거주하였고[1], 1980년대에는 전 세계 인구의

39%가 도시에 거주하였으며 현재는 지구상 인구의 약 절반이 도시에 살고 있다고 한다.[2] 이것은 반대로 전 세계 인구의 절반은 아직까지 마을 단위의 소규모 공동체 생활을 하고 있다는 것을 의미한다. 아마 그 마을들 중 적지 않은 수는 지금도 여전히 소규모 자급자족 경제를 이루고 있을 것이다.

도시와 비교하자면 마을이란 공간은 대단히 왜소하고 부족한 공간처럼 보이지만, 바로 그곳에서 인류는 수천 년의 시간을 생존해 왔다. 비록 마을이 작은 규모의 한정된 공간이었을지라도 그 한정된 공간 안에서만큼은 고도의 균형추가 작동하는 완결적인 시스템이었던 것이다. 오랜 시간을 거쳐 자연발생적으로 만들어진 마을들 안에는 그 오랜 시간만큼 축적된 공동체의 경험에 기반을 두어 자연과 환경, 그리고 인간의 상호 순환을 가능하게 하는 지식과 지혜들이 작동하고 있다. 그리고 그 안에는 공동체 내부의 구성원들이 다른 구성원들과 원활하게 일상생활을 영위할 수 있도록 도와주는 다양한 커뮤니케이션 구조와 장치들이 내재되어 있다. 이것은 지극히 당연한 것인데, 자신이 살고 있는 환경에 대한 지식과 지혜들, 사회 내부의 소통을 원활하게 해주는 커뮤니케이션 장치들이 없으면 그 어떤 공동체도 오랜 시간을 두고 지속할 수 없기 때문이다.

1. 오래된 미래 : 라다크에서 배운다

티베트의 라다크라는 지역에서 오랫동안 연구 작업을 해온 헬레나 노르베리-호지의 책『오래된 미래 ─ 라다크로부터 배운다』는 오랜 기간 동안 숙성된 문화를 간직한 마을이란 공간이 어떤 특성을 가지고 있는지를 아주 잘 보여주고 있다. 그녀는 자신이 관찰해온 라다크 지방의 마을들을 통해 "자연에 기초를 둔 전통적인 사회가 여러 가지 결함과 한계를 가지고 있지만 사회적으로나 환경적으로 〈더 지속가능한〉 공간"이라는 점을 간파한다. 그녀는 "옛 문화는 자연적 한계를 존중하면서 근원적인 인간의 욕구를 반영하였"으며 그것은 "자연을 위해서도 인간을 위해서도 성공적이었다"[3]고 평가하고 있다. 이것은 단순히 목가적인 향수나 편견이 아니다. 그 안에는 작은 단위의 공동체들이 내부적인 갈등을 조율하고 외부로부터의 문화적 충격을 흡수하고, 주변 환경과 자연을 파괴하지 않는 방식으로 자신들의 삶을 지속가능하게 꾸려나가는 그들만의 삶의 방식들이 존재하기 때문이다. 무엇보다 마을이라는 공간은, 도시문명과 같이 삶에 대한 개인의 통제권을 박탈하는 곳이 아니다.

> 전통적인 라다크 마을에서 사람들은 자신들의 삶에 대해 많은 통제권을 가지고 있다. 그들은 멀리에 있는 융통성 없는 관료체제와 변덕스러운 시장체계에 의해 좌우되는 것이 아니라 매우 큰 범위까지 스스로 결정을 내린다. 이 인간적인 규모는 특정한 상황 속의 구체적인 욕구에 기초를 둔 자발적인 결정과 행동을 가능하게 한다. 여기서는 경직된 입법이 필요 없다. 그 대신 구체적 상황에서 새로운 반응이 나온다.[4]

즉 소규모 공동체들은 그 공동체에 속한 개인들이 공동체를 충분히 꾸려나갈 수 있을 정도로 주위 환경과 주변 자원 및 동식물들에 관한 충분한 지식들을 가지고 있으며, 사람들 사이의 관계를 원활하게 조율할 수 있는 공동체 내부의 윤리와 더불어 공동체에 대한 자체적인 통제권을 그들 스스로 가지고 있었다. 문화를 "수없이 많은 상호작용을 거쳐 패턴화된 커뮤니케이션 양식"으로 본다면[5], 그들은 그들을 둘러싼 환경과의 수없이 많은 상호작용을 거쳐 자연과, 그 자연을 이용하는 인간 공동체가 상호 공존할 수 있는 커뮤니케이션 양식 즉 문화를 구축한 것이다.

그렇다면 마을이라는 공간에는 어떤 커뮤니케이션 양식이 작동하는 것일까? 그것은 지금 우리가 살고 있는, 국가 규모의 공동체가 가지고 있는 중추적인 커뮤니케이션 구조와 어떻게 다를까?『오래된 미래 — 라다크로부터 배운다』에서 직접적으로 마을 단위 커뮤니케이션의 구조와 특성을 다루지는 않았지만, 그녀의 글은 마을 단위에서의 커뮤니케이션과 의사결정 구조 등을 살펴볼 수 있는 단초를 제공한다. 헬레나 노르베리-호지가 마을 내부의 커뮤니케이션과 의사결정 구조에 대해 이야기 한 부분을 다소 길게 인용해보자.

모든 농부가 거의 완전히 자급자족하고 따라서 대단히 독립적이므로 공동의 결정을 내려야 할 필요는 별로 없다. 각 가정은 기본적으로 자신의 자원으로 자신의 땅에 농사를 짓는다. 마을사람 모두가 둘러앉아 계획을 세워야 하는 일들 — 마을 승원에 칠을 하는 일이나 신년을 위한 준비 등 — 은 여러 세대 전에 해결해 놓아서 지금은 돌아가면서 한다. 그렇기는 해도 때때로 마을 단위로 결정을 해야 할 일이 있다. 더 큰 마을들은 열 가구씩의 단위로 나누어져 각 단위가 한 사람의 대표를 마을회의에 보낸다. 이 회의는 연중 정기적으로 열리고, 마을의 우두머리 '고바'가 의장이 된다.

'고바'는 보통 돌아가며 지명된다. 온 마을이 그가 계속하기를 원하면 여러 해 동안 그 직을 맡을 수 있지만 그렇지 않으면 1년 정도 지나 다른 집안사람에게로 옮겨진다. '고바'가 하는 일에는 심판관으로서의 역할이 있다. 논쟁이 드물지만 혹간 해결할 필요가 있는 의견 차이가 발생한다. '고바'를 찾아가는 일은 격식을 차리지 않는 편안한 일이다. 흔히 관련된 사람들이 부엌에 앉아서 약간의 술이나 차를 마시며 문제를 논의한다. 나는 통데 마을의 '고바'인 팔조르의 집에서 그가 분쟁 해결을 돕는 것을 들으며 많은 시간을 보냈다. 통데에서의 내 연구가 어린이 양육에 대한 것이었으므로 나는 자주 아기를 낳은 지 얼마 되지 않은 그의 아내 체링과 같이 부엌에 앉아 있곤 했다. 사람들이 때때로 팔조르와 이야기하러 오곤 했다.

나는 논쟁을 해결하는 사람이 관련된 당사자들과 잘 알고 있을 때에는 그들의 판단이 편견에 치우치지 않는다는 것을 알게 되었다. 도리어 이 친밀함이 그들이 더 공정하고 건전한 결정을 하도록 돕는다. 보다 작은 단위가 더 인간적인 형태의 정의를 허용할 뿐만 아니라 더 큰 공동체에 늘 있는 종류의 갈등을 막는 데에도 도움이 된다.

마을들이 100호 이상 되는 일이 드물기 때문에 생활의 규모는 사람들이 서로의 상호의존성을 직접 경험할 수 있는 정도이다. **그들은 전체에 대한 조망을 할 수 있고** 그들이 부분을 이루고 있는 구조와 그물조직을 이해할 수 있으며, 그들의 행동이 어떤 영향을 미치는지 알고 따라서 책임감을 느낀다. 그리고 그들의 행동이 다른 사람들의 눈에 더 잘 뜨이기 때문에 그들은 좀 더 책임감 있게 행동한다.

정치적 경제적 상호작용은 거의 언제나 직접 대면해서 이루어진다. 사는 사람과 파는 사람이 인간적인 연결을 갖고 있으므로 부주의나 속임수가 행해지기 어렵다. 그 결과로 부패나 권력의 남용은 아주 드물다.[6]

위 글이 마을 커뮤니케이션 구조를 분석하기 위한 목적을 가진 글이 아니기 때문에 명확하지는 않지만, 우리는 여기서 마을이라는 공간의 커뮤니케이션 양식을 엿볼 수 있는데, 이것을 조금 도식적으로 정리하면 다음과 같은 특징들을 발견할 수 있다.

1) **입말언어 문화** : 라다크 마을의 고바는 마을과 관련된 어떤 일을 의논할 때 문서를 들고 오는 것이 아니라 이야기(말)를 하러 온다. 즉 마을이란 공간은 문자문화에 기반을 둔 것이 아니라, 입말언어에 기반을 둔 문화이다.

2) **사람이 곧 미디어** : 마을에서 소식을 듣는 것은 신문이나 방송 같은 매개체를 통하는 것이 아니라 마을의 다른 사람에게서 듣는다. 즉 마을에서는 사람이 미디어 역할을 한다.

3) **사적 영역과 공적 영역의 미분화** : 마을은 마을의 대소사, 마을 구성원 사이의 분쟁들이 어느 농부의 집 부엌에서 논의되는 것이 전혀 이상하지 않을 정도로 공적 공간과 사적 공간이 구분되어 있지 않다.

4) **사생활의 부재** : 마을이란 공간은 익명성이 존재하지 않고 사생활도 거의 존재하지 않는다.

5) **빠른 정보 유통 속도 및 균질한 정보 공유** : 마을에서는 구성원들이 수시로 만나기 때문에 공동체 내부 구성원들 사이에 커뮤니케이션 속도가 빠르고 또한 정보를 비교적 균질하게 공유한다.

6) **직접민주제의 작동** : 마을 내부에는 자생적인 직접민주제가 작동하고 있다. 물론 여기서 직접민주제란 우리가 생각하는 그런 짜임새 있고 체계적인 형태는 아니다. 그러나 마을의 의사결정이 마을 사람들 모두의 의견이 반영된 속에서 조율되고 결정된다는 측면에서 그들의 의사결정구조는 직접민주주의적이라 말할 수 있다. 루이스 핸리 모건은 『고대 사회』[7]에서 원시공동체들이 직접민주주의적이었다고 분석하고 있다. 모건의 책 이외에도 수많은 인류학 관련 책들은 원시공동체가 직접민주적인 의사결정구조를 가지고 있었음을 직간접적으로 보여주고 있다.

7) **자생적인 평판체계** : 그들은 일상에서 매일 부딪히며 '서로의 상호의존성을 직접 체험'하기 때문에 그들은 서로에 대해 너무 잘 알고 있으며, 이와 같은 서로에 대한 지식과 정보는 공동체 내부에 자생적인 평판체계의 재료로 기능한다. 즉 서로를 잘 알고 있기 때문에 부주의나 속임수가 행해지기 어려운 것이다.

위와 같이 소규모 마을공동체의 커뮤니케이션 구조가 가지고 있는 특징은 비단 라다크에만 국한되지 않는다. 이것은 인류학에서 지속적으로 연구해 왔던 원시부족부터 산업화를 접하기 이전의 마을들, 혹은 아직까지 외부의 다른 문화권에 의해 마을의 전통문화가 파괴되지 않았던 마을들에서 일반적으로 발견되는 현상이다.

특히 위에서 언급한 다섯, 여섯, 일곱 번째 항목은 그들이 '**공동체 전체를 조망할 수 있다**'는 놀라운(!) 사실과 관련되어 있다. 개인이 공동체 전체를 조망한다고? 과연 이것이 가능한 일일까? 그런데 이건 단지 '조망'하는 문제가 아니다. 이 공동체에 속한 각 개인들은 공동체 전체를 조망하고, 그 정보와 지식에 기반하여 공동체의 현재 상황에 맞게 각자 자신들의 행동을 조절하기 때문이다. 이것이 물리적으로 그리고 현실적으로 가능한 이유는 소규모 공동체에서 개인은 모든 개인들의 일거수일투족을 볼 수 있고 공동체의 현안들을 매일 접하며 살기 때문이다. 라다크 사람들이 많은 부분에서 자신들의 삶에 대한 통제권을 가질 수 있는 이유는 그들이 공동체 전체를 조망할 수 있기 때문이다.

그런데 개인이 공동체 전체를 조망한다는 건 근대 문명Modern을 살아가는 우리들에게 대단히 낯선 개념이다. 근대인의 관념이나 사회이론, 철학에서 개인이 공동체 전체를 조망한다거나 조망할 수 있다거나 혹은 조망해야 한다는 이론은 존재하지 않았다. 이것은 소설이나 시와 같은 인문학적 상상력에서도 찾아보기 쉽지 않다.[8] 근대인들은 그들이 속해 있는 공동체에 대해서 사적으로는 기껏해야 자기가 알고 있는 수십 명, 수백 명의 지인 네트워크를 통해 전달되는 정보를 통해서, 그리고 공적으로는 신문과 방송으로 대표되는 매스미디어가 제공하는 필터링된 정보만을 가지고 판단해 왔기 때문에, 근대의 개인들이 자신이 살아가는 공동체 전체를 조망한다는 건 물리적으로나 현실적으로나 불가능한 일이다. 최소 수백만에서 많으면 수억 명의 인구가 하나의 (국가)공동체를 이루고 사는 근대인들은 개인이 아무리 많은 정보를 얻는다고 해도 그 공동체 전체에 대해서 지극히 단편적인 정보만을 얻을 뿐이기 때문이다.

그렇다면 소규모 공동체에 사는 사람들은 구체적으로 어떤 환경에 놓여 있었기에 공동체 전체를 조망할 수 있었을까? 헬레나 노르베리-호지는 조심스럽게 인구의 문제를 제기한다.

2. 소국과민小國寡民

라다크 지방의 각 마을들은 채 100호가 되지 않는 공간 즉 한 마을의 인구수가 수백 명인 소규모 공동체로 구성되어 있다. 즉 마을 단위 커뮤니케이션의 조건과 특징 그리고 구조를 만들어내는 가장 중요한 요소는 1) 작은 공간과 2) 소규모 인구라고 말할 수 있다. 그녀의 언급은 『노자』 80장의 '소국과민小國寡民(작은 지역의 적은 인구)'를 연상케 하는데, 그녀는 이 책에서 규모(인구수)가 대단히 중요하다는 것을 거듭 강조한다. 헬레나 노르베리-호지가 직접 '작은 지역'을 언급하지 않지만 이미 100호 규모라는 말에는 작은 지역이라는 의미가 내포되어 있다고 봐도 무방할 것이다.

사실 내가 라다크에서 오래 있을수록 나는 규모의 중요성을 더욱더 깨닫게 되었다 …… 나는 점차로 그 사회를 형성하는 외부구조, 특히 규모가 똑같이 중요하다는 것을 알게 되었다. 그러한 구조는 개인에게 깊은 영향을 미치고, 또 그 개인의 신념과 가치관을 강화하였다.[9]

소규모 인구라는 특징은 비단 라다크만이 아니라 대부분의 원시공동체에서 비슷하게 나타나는 현상이다. 예를 들면 북호주 원주민들은 같은 언어를 사용하는 한 부족이 약 5백 명 정도로 구성되어 있었으며, 많은 경우에도 2천 명을 넘지 않았다 한다.[10] 또한 남아메리카 원주민들은 보통 수십에서 수백 명의 단위로 생활을 하지만, 하나의 공동체가 심지어는 수명인 경우도 존재한다.[11] 루이스 헨리 모건은 『고대 사회』에서 "주요 인디언 씨족원의 구성이 1백 명 이상에서 1천 명 이하로 되어"[12] 있다고 기록하고 있다. 평등한 공동체의 사례로 많이 언급되는 아메리카 원주민 등의 삶을 연구한 인류학적 보고서들 역시 '원시공동체'라 불리는 사회체들이 소규모 인구단위를 형성하고 있다는 것을 지속적으로 강조한다. 이와 관련해 원시공동체에서 사회와 권력 그리고 국가의 문제를 집중적으로 연구했던 피에르 클라스트르는 인구 규모가 클 경우 원시사회가 파괴된다고 말한다.

인구밀도의 증가가 원시사회를 동요시킬 수 있는 ─ 파괴시킨다고 말할 수는 없다 ─ 힘을 지니고 있는 것은 분명하다. 실제로 상대적으로 인구 규모가 작은 것이 원시사회의 존립의 기본 조건 중 하나라는 것은 틀림

이 없다. 인구수가 많지 않아야 모든 것이 원시사회 모델에 따라 작동할 수 있다. 다른 말로 하자면 어떤 사회가 원시사회이기 위해서는 그 인구가 적지 않으면 안 된다.[13]

이처럼 마을 단위 공동체에서 인구수는 결정적인 변수인 듯 보인다. 당장 생각해봐도 100명이 살아갈 수 있는 여유 공간과 식량을 제공하는 규모의 지역에 200명이 살아야 할 경우 공동체 내부에서는 경쟁이 심화되고 갈등이 발생하게 마련이다. 비단 경제적인 문제만이 아니다. 개체수가 많아지는 경우, 공동체는 필연적으로 분열될 위험에 직면하게 된다. 구성원의 숫자가 일정한 한계를 넘어설 경우 공동체는 서로 친한 사람과 덜 친한 사람 그리고 친하지 않은 사람들로 분화될 것이기 때문이다.

이것은 단순히 공동체 구성원의 수에 따라 늘어나는 커뮤니케이션 횟수만 살펴봐도 그 이유를 알 수 있다. 두 명의 구성원이 있을 때는 단 하나의 상호관계만 존재한다. 그런데 구성원이 세 명일 경우에는 세 가지, 네 명일 경우에는 여섯 가지, 다섯 명일 경우에는 열 가지의 상호관계가 존재한다. 구성원의 숫자가 두 배로 늘어난 열 명일 경우에는 45가지, 1백 명일 경우에는 4,950가지의 상호관계가 존재한다.[14] 즉 공동체 내부 상호관계의 숫자는 공동체 구성원의 수에 대비해 제곱수의 관계로 증가하는 것이다. 그런데 이것은 단지 1 : 1 관계 횟수만을 산정한 것이다. 실제로 한 공동체에 속한 개인들은 자신과 다른 사람과의 1 : 1 관계만이 아니라 다른 사람들이 또 다른 사람들과 맺고 있는 관계까지도 고려해야 한다. 즉 구성원

이 4명인 공동체에서 구성원 A가 공동체의 다른 구성원들 B, C, D
와 원활한 관계를 맺기 위해서는 A-B, A-C, A-D와의 관계만이 아니
라, B-C의 관계, B-D의 관계까지도 고려해야 하기 때문에 공동체
내에서 고려해야 할 관계는 제곱수가 아니라 그보다 훨씬 더 복잡
하게 증가한다. 이것은 집단의 크기가 커지면 집단 내부의 커뮤니
케이션 문제가 기하급수적으로 복잡해지고 어려워진다는 것을 의
미한다. 이런 단순한 계산으로도 헬레나 노르베리-호지가 지적하는
"규모의 문제"가 얼마나 중요한지 미루어 짐작할 수 있다.[15]

보다 직접적으로 사회의 구성원 수와 사회 구조의 문제를 제기
한 연구도 존재한다. 로베르 에스카르피는 "특정한 규모를 넘어서
는 순간부터 사회의 다양한 집단들, 시스템들이 정치적 권력"의 한
구성요소로 변한다고 지적한다.[16] 그는 건축학자 요나 프리드만[17]
의 분석을 인용하여 정보의 소통가능성에 따라 사람들의 집단을 평
등한 집단(16명), 전문화된 집단(64명), 사령관 집단(130명), 기초적
인 계급집단(900명)으로 구분한다.

특정한 〈한계의 규모〉를 넘어서면 정보는 더 이상 순환할 수 없게 된다.
그렇기 때문에 요나 프리드만은 4개의 원자가와 6이라는 전송 능력의
값을 근거로 하여 〈인간으로 구성되는 이상, 16명 이상의 구성원을 가지
는 집단은 평등한 집합이 될 수 없다〉는 법칙을 정립하기에 이른다. 물
론 16은 대략적인 숫자이지만 이것은 이미 잘 알려진 기본적인 한계 규
모를 반영한다. 즉 예수의 12제자, 아서 왕의 원탁과, 샤를마뉴의 12중
신, 12명의 심사 위원, 15명의 특공대원, 15명과 20명의 당 세포 행동 요

원 등이 그것이다. 한마디로 이런 집단에게만 합의에 의한 행동과 결정의 만장일치를 기대할 수 있다는 말이다. 이러한 한계의 규모를 넘게 되면 집단은 분열 또는 계급화된다.[18]

이 논의에 따르면 12명에서 15명 사이의 구성원은 정보가 평등하게 공유될 수 있는 규모의 공동체이다. 이 규모에서는 구성원들 사이에 정보의 공유 정도와 일상적인 커뮤니케이션 빈도가 높기 때문에 집단이 분열되거나 계급화되지 않을 수 있다. 하지만 그 범위를 넘어서는 인구 규모를 가진 사회집단은 공식적인 리더가 필요한 규모가 되고, 조금 더 규모가 커지면 '기초적인 계급집단' 같이 점차 명령을 하는 사람이 생겨나는 방식으로 커뮤니케이션 구조가 계급화된다. 이것은 사회 내부의 권력 문제가 공동체 내부 커뮤니케이션 구조의 문제와 불가분의 관계를 가지고 있다는 것을, 그리고 공동체 내부의 정보 순환구조가 사회의 권력구조와 불가분의 관계를 가지고 있다는 것을 의미한다.[19]

한편 앤드류 사피로는 공동체란 공통의 정보, 공통의 경험에 의해 형성된다고 말한다.

공동체는 항상 공통의 정보에 의해 형성된다는 점을 숙지해야 한다. 성서의 바벨탑 전설이 경고했듯이 문명화는 공유된 경험에 의해서 이루어진다. 그 경험이란 구성원들이 상호작용하고 상호간의 목표를 이루기 위해 남아 있으면서 이용할 수 있는 대상을 가리키는 집합적인 어휘이다. 이것은 우리가 언어, 의상, 의식, 신앙, 종교, 법, 예술 등 문화의 벽돌

을 쌓는 것을 생각한다면 매우 명확해진다.[20]

공동체란 무엇보다 '공통의 무엇'을 공유하고 있는 사람들의 집합을 뜻한다. 공동체의 구성원들이 서로 공유하는 공통의 정보가 많을수록 공동체의 내부적인 유대감이 높아진다. 따라서 공동체는 무엇보다 지속적이고 일상적인 커뮤니케이션을 필요로 한다. 아니 사실은 지속적이고 일상적인 커뮤니케이션이 가능해야 공동체가 형성된다고 말할 수 있다. 반대로 공동체 구성원들이 공유하는 공통의 정보가 충분하지 않다면 그 공동체는 분열될 가능성이 높다. 이런 측면에서 (다른 환경이 동일하다는 전제 하에서) 개체수의 증가는 공동체가 분열될 가능성을 증가시킨다. 왜냐하면 개인이 타인과의 관계에 사용할 수 있는 시간과 노력은 한정되어 있기 때문에 공동체의 규모가 커지는 경우 어떤 사람들과는 예전과 동일한 수준의 관계를 유지할 수 있지만 이들을 제외한 다른 사람들과의 커뮤니케이션 빈도와 밀도가 옅어지게 되기 때문이다. 즉 공동체의 개체수가 늘어나면 공동체 내부의 인간관계는 자주 접촉할 수 있는 사람과 그보다 덜 접촉하게 되는 사람들로 분화될 수밖에 없다. 마을을 예로 들자면 마을 단위 공동체에서 인구수가 어느 수준 이상을 넘을 경우 서로가 서로에 대해 잘 모르기 때문에 괜한 오해가 발생하기도 하고, 상대방이 어떤 사람들인지 잘 모르기 때문에 사기를 당할 가능성이 커지는 등 공동체 내부에 교란이 생길 가능성이 커지는 것이다. 이것은 곧 공동체 내부에 균열이 발생함을 의미한다. 로베르 에스카르피가 인구수의 증가에 따라 공동체 내부에 계급분화가 생긴다고 말한 것은 바로 이러한 공동체 내부의 균열 때문일 것이다.

물론 인구수의 증가에 따른 공동체 내부 커뮤니케이션 분화의 문제를 해결할 방법이 전혀 없는 것은 아니다. 첫 번째, 공동체 내부의 정보 유통을 원활하게 하기 위해 정보 매개를 전담하는 특정 개인, 집단 혹은 조직체를 만드는 것도 한 방법이고, 두 번째 이보다 더 적극적인 방법으로는 (뒤에서 보겠지만) 기존의 미디어가 허용하는 정보의 유통 범위와 속도를 능가하는 새로운 미디어를 도입하는 것이다. 그런데 마을 단위의 작은 공동체가 이 두 가지 방법을 받아들이기 결코 쉽지 않은데, 첫 번째 방법은 정보를 원활하게 하기 위해 만들어진 바로 그 개인 혹은 집단이 정보를 독점함으로써 사회 내부에 정보 불평등과 권력의 위계를 초래할 수도 있고, 사회에 새로운 커뮤니케이션 미디어를 도입하는 두 번째 방법은 사회의 존재 양태를 완전히 바꾸기 때문이다. 더구나 두 번째 방법은 1) 아직은 존재하지 않는 사회적 규약 — 예컨대 알파벳이나 한글 같은 문자 체계와 이것으로 문장을 만드는 문법 체계 — 을 만들어야 하고, 2) 새로운 미디어를 사회 전반에 보급할 수 있도록 대량생산 할 수 있는 기술적인 축적이 이루어져야 하며, 3) 또한 동시에 공동체 구성원 대다수가 그 새로운 미디어를 충분히 사용할 줄 알아야 하는데, 이것은 그 어떤 것조차도 대단히 오랜 시간을 요하는 것들이다. 따라서 소규모 공동체가 현존하는 공동체를 크게 훼손하지 않으면서도 공동체 내부 구성원 수의 증가와 그에 따라 파생되는 여러 문제들에 대처하기 위해 채택할 수 있었던 해결방법은 그리 많지 않았던 것 같다.

이런 이유로 소규모 공동체들에게는, 사회적인 갈등이나 나아가 공동체의 분열과 붕괴를 피하기 위해서, 가급적 공동체의 규모를 작게 그리고 인구수를 일정한 수준 이하로 유지해야 할 필요성이 존재했을 것이다. 실제로 그들은 인구수가 공동체에 대단히 큰 영향을 미친다는 것을 명시적으로든 혹은 암묵적으로든 알고 있었고 인구수를 제한하려는 구체적인 노력들을 실행했다. 예컨대 어떤 공동체는 인구수가 일정 한계를 넘으면 공동체를 분화시키기도 했고 어떤 원시사회들은 인구수를 조절하기 위해 피임이나 낙태하는 기술을 발전시킨 곳도 있고[21], 더 처절한 방법으로는 인구를 조절하기 위해 영아를 살해하거나 전쟁을 벌인다는 분석도 있다.[22] 지금도 그 행위의 의도와 의미가 명확하게 확인되지 않는, 인구와 관련된 원시사회들의 어떤 행동들은 근대적인 '인권'이라는 시각으로는 이해하기 쉽지 않을 것이다. 따라서 이들이 채택한 극단적인 방법에 대해 '미성숙한', '미발달한', '원시적인', '야만적인'이라는 수식어를 붙일 수도 있겠지만, 인구수가 증가하는 것이 사회의 존립에 심각한 문제를 일으킨다면, 인구수를 조절하는 기법들은 한정된 자원을 두고 공동체가 분열될 정도의 내분이 일어나지 않도록 하기 위해 공동체가 암묵적으로 합의한 사회적 기술이라고 볼 수도 있다.

실제로 작은 인구 규모를 유지하고 있는 부족들의 대부분에게는 사회 내적인 권력분화, 즉 공동체 내부에 지배자와 피지배자의 구분이 발생하지 않는다. 인류학 연구의 초기 원시공동체에 대한 이해가 부족했을 때 원주민 부족의 추장을 종종 권력자로 묘사하는 사례가 있지만, 현대 인류학자들이 밝혀낸 바에 의하면 아메리카나

아프리카 원주민 부족의 추장은 결코 지배하거나 군림하는 권력형 추장이 아니다. 레비스트로스에 의하면 라틴 아메리카의 원주민 남비콰라족의 경우 수명에서 수십 명이 하나의 유목민(노마드) 공동체를 이루는데, 먹을 것이 떨어졌을 경우 대부분의 부족원들은 빈둥빈둥 노는 반면 족장은 자신의 아내를 데리고 먹을 것을 구하러 돌아 다녀야 한다. 만약 그가 두세 번에 걸쳐 사람들의 욕구를 만족시키지 못하면 그는 족장 자리에서 쫓겨나거나 아니면 무리가 그를 떠나 버리고 만다.[23] 이런 공동체에서 추장은 가장 많은 권력을 가진 사람이라기보다는 가장 일을 많이 하는 사람이다. 이런 측면에서 레비스트로스는 "족장이란 어떤 기존의 집단이 느끼고 있던 하나의 특권적 권위에 대한 필요성의 결과라기보다는 오히려 하나의 집단으로써 집단 그 자체를 형성하려는 집단의 욕구로부터 발생되는 것"[24]이라고 평가한다. 경쟁원리에 기반을 둔 근대사회에서 이런 뛰어난 개인들의 능력은 종종 타인들을 지배하고 타인 위에 군림하는 능력으로 사용되지만, 원시부족들은 어떤 개인의 근면함이나 성실함, 혹은 남들보다 뛰어난 체력이나 지적 능력 등을 공동체에 봉사하는 능력으로 활용한 것이다. 클라스트르의 말대로 이 사회들은 사회 내부의 권력을 조율하는 탁월한 기법들을 가지고 있었다.[25]

3. 던바의 수와 〈AI〉

이와 관련하여 '던바의 수'로 유명한 인류학자 로빈 던바는 최근에 발달하기 시작한 뇌과학 등 첨단 과학 지식에 힘입어 공동체 내부의 인구수 문제를 재조명한다. 즉 집단 내의 커뮤니케이션과 집단 내 개체수 사이의 상관관계를 인간의 생체적인 조건과 연결시켜 분석한 것이다. 던바는 유인원과 원시 부족 사회에 대한 조사 그리고 인간 두뇌에 대한 생물학적인 조사 작업을 통해 특정한 종의 평균적인 무리 규모와, 그 종의 개체들이 가지고 있는 두뇌의 (평균적인) 신피질 크기 사이에 밀접한 상관관계가 있다는 사실을 발견했다.[26] 두개골 바로 아래의 뇌세포 층을 일컫는 신피질은, 던바의 말을 빌리면 "뇌에서 '사고'에 관여하는 부분"이다. 던바의 말에 따르면 일부 예외가 있기는 하지만 신피질이 큰 영장류가 큰 무리를 짓는 경향이 있는데, 그것은 신피질이 클 경우 '관계'에 대한 정보를 더 많이 처리할 수 있기 때문이다. 즉 무리 혹은 공동체가 유지되기 위해서는 서로가 서로에 대한 관계 정보를 수집하고 저장해야 하는데, 개체수가 많아질수록 알아야 할 정보량이 기하급수적으로 늘어나기 때문에 필수적으로 뇌의 용량이 커질 수밖에 없다는 것이다. 역으로 신피질의 크기는 지속적으로 관계를 맺을 수 있는 구성원의 수, 즉 공동체를 구성하는 개체 수에 제한을 가하는 요인이 된다. 던바는 인간 두뇌의 신피질의 평균적인 크기에 근거하여 인간에게 자연스러운 무리의 크기를 산출했는데, 그가 얻은 답은 최대 150명이었다.

150 이라는 숫자는 진정으로 사회적인 관계를 가질 수 있는 최대한의 개인적인 숫자를 나타내는 것 같다. 이런 종류의 관계는 그들이 누구인지

그들이 우리와 어떤 관계인지 알고 있는 그런 관계이다.[27]

던바의 수 '150'은 비단 원시 부족 사회에만 해당되는 것이 아니다. 던바에 따르면 메소포타미아 지방에서 발굴된 신석기 유적지 마을도 대략 그 정도 구성원을 가지고 있었다고 알려져 있으며, 또한 비단 신석기만이 아니라 현대의 여러 인간 사회 조직에서도 비슷한 규모를 발견할 수 있다고 한다. 예를 들면 종교공동체인 후터파 교도들은 구성원이 150명이 넘으면 공동체를 분화시켜 새로운 마을을 만든다. 또한 독립적인 전쟁을 수행하는 군대의 경우에도 1~2백 명을 독립적인 행동단위로 구성한다.[28] 한국군의 경우에도 평소에 훈련을 같이 하거나 공동행동을 하는 중대의 규모가 대략 100~150명 정도로 편성된다. 규모가 좀 더 커지면 그 조직을 유지하기 위해 보다 복잡한 위계질서, 규칙, 규율, 공식적인 조치 등을 동원해야 하기 때문이다. 즉 특정한 인구수를 넘어서면 사회 전반적인 커뮤니케이션 순환을 원활하게 하기 위해 조직분화, 역할분담, 전문화 혹은 위계화, 계급화 등이 필요하게 된다는 것이다.[29]

던바는 여기서 한 걸음 더 나아가서, 인류가 언어 기능 — 여기서 말하는 언어는 당연히 입말언어다 — 을 발전시킨 것은 다른 무엇보다 관계와 평판에 대한 정보를 공유하기 위한 것이었다고 말한다.[30] 던바에 의하면 최초의 언어는 여성들로부터 발전되었는데, 그것은 여성들이 수다 문화를 통해 각 공동체 구성원들에 대한 뒷담화Gossip 즉 '남이야기'를 공유하기 위한 것이었다. 이 뒷담화Gossip는 단순히 남을 흉보거나 깔보는 것이 아니라, 구성원들의 일거수일투족에 관한 이야기들이다. 즉 뒷담화란 그들의 가장 일상적인 활동에서부터 공동체 구성원들의 평판정보를 공유하고자 하는 적극적인 행위라고 볼 수 있다. 던바의 수 150이 의미하는 것은, 언어를 통해 타인들의 평판 정보를 습득하고 그것을 일상적으로 활용할 수 있는 정도의 개체수가 바로 150이라는 의미다. 그리고 이 숫자가 현대인들에게도 마찬가지로 적용되는데, 그것은 현대인 역시 타인들의 평판정보를 기억하고 관계를 관리하며 친밀하게 지내는 사람들의 숫자가 통상 150명을 넘지 않기 때문이다.

여기서 잠깐 상상력을 발휘해 보자. 던바의 이론을 뒤집어보면, 만약 인간 두뇌의 한정적인 기억용량을 보조해주는 두뇌 외부의 기억장치가 존재한다면 공동체의 범위가 더 확대될 수 있다고 추론해볼 수 있다. 최초의 입말언어가 보다 확장된 공동체의 규모를 유지하기 위해 발달하였듯, 문자 역시 기억의 저장 그리고 나아가 저장된 기억을 다수가 공유하는 것을 가능하게 해줌으로써 두뇌 외부의 기억장치의 역할을 수행했는데, 실제로 문자의 도입 이후 공동체의 규모가 마을 단위에서 제국 단위까지 비약적으로 확대된 바 있다. 그렇다면 만약 개체들 사이에 정보를 제한 없이 투명하게 실시간으로 전달할 수 있는 미디어가 존재한다면 어떻게 될까?

스티븐 스필버그가 만든 SF 영화 〈AI〉 Artificial Intelligence의 마지막 장면에는 어떤 궁극의 미디어를 묘사하는 장면이 나온다. 지금으로부터 약 천년이 지난 후 인류의 뒤를 이은 로봇 생명체들은 단지 신체 접촉만으로 그 개체가 지내왔던 모든 삶의 히스토리를 한 번에 읽어내고, 다른 개체들과 그 정보 전체를 한 번에 공유할 수 있다. 즉 개체들 사이의 커뮤니케이션 과정에서 정보의 왜곡이 발생하지 않는 것이다. 만약 이와 같은 완벽한 커뮤니케이션 도구가 주어진다면 우리의 공동체 범위는 무한정 확대될 수 있지 않을까? 한 번의 접촉으로 서로에 대한 모든 것을 파악할 수 있다면 낯선 개체들 사이에서도 갈등이 발생할 가능성이 그만큼 줄어들기 때문이다.

〈AI〉에 나오는 로봇 생명체들과 같이 완벽한 커뮤니케이션 도구(미디어)까지는 아니지만, 공동체의 규모가 커지더라도 공동체 내 커뮤니케이션의 밀도와 속도를 이전의 규모와 비슷한 수준으로 유지할 수 있게 해주는 어떤 커뮤니케이션 도구가 존재한다면, 이전보다 더 큰 공동체의 형성과 유지가 가능하지 않을까? 문자가 그랬던 것처럼 말이다. 그렇다면 우리는 공동체의 규모 문제를 다시 정의해야 한다. 즉 공동체의 어떤 특징을 규정짓는 요인들 중에서 헬레나 노르베리-호지가 대단히 중요한 요인으로 언급했던 그리고 던바가 실증적으로 검증했던 '인구수의 문제'와 더불어, 그 공동체가 사용하는 중추적인 미디어가 어떤 특성을 가지고 있는가를 함께 검토해야 한다는 것이다. 바로 이런 측면에서 우리는 소규모 공동체들의 중추적인 커뮤니케이션 미디어였던 '입말언어'의 미디어적 특징을 분석해야 할 필요가 있다. 입말언어는 마을이라는 공동체의 규모를 제한할 뿐만 아니라, 뒤에서 보겠지만 마을이라는 공간이 가지는 또 다른 중요한 특징들을 조건 짓는 결정적인 요소로 작동하기 때문이다.

4. 입말언어의 미디어적 특징

가장 원형적인 커뮤니케이션 미디어인 입말언어는 역사적으로
도 가장 오래 되었지만 지금까지도 지배적인 커뮤니케이션 수단으
로 사용되고 있다. 입말언어는 인간의 발음기관과 청각기관을 특정
한 문법 체계로 코드화해서 인간들이 서로 커뮤니케이션할 수 있도
록 한 것이다. 몇몇 예외적이고 제한적인 경우를 제외하고 대부분
의 동물들은 본능적으로 DNA에 각인되어 있는 의사소통 도구만을
활용할 수 있는 반면, 인간은 태생적으로 주어진 발음기관과 청각
기관을 특정한 문법체계로 코드화함으로써 인간들만의 새로운 인
지체계를 만든 것이다. 인간의 언어가 독자적인 문법체계를 갖는다
는 것은, 인간이 본래 가지고 태어난 신체의 감각이 제공하는 지각
방식 — 촉각으로 느끼고 귀로 듣고 코로 냄새 맡고 눈으로 보는 것 — 과는
다른 방식의 인지 체계를 습득했다는 것을 의미한다.

그런데 뒤에서 보겠지만 입말언어, 문자 언어, 인쇄 기술, 전기
통신 기술, 인터넷 등 각각의 커뮤니케이션 미디어들은 그 미디어
특유의 사회구조, 문화, 삶의 양식을 만들어낸다. '입말언어'가 만들
어내는 독특한 사회적 특성을 '구술성'Orality이라 부르는데, 구술성
이란 문자나 인쇄문화가 없는 혹은 거의 사용하지 않는 환경에서
주로 입말언어로 커뮤니케이션하는 공동체들이 가지는 공통적인
사회 문화적 특징을 의미한다. 이러한 구술성은 입말언어가 만들어
내는 커뮤니케이션 구조 자체에서 만들어진다고 볼 수 있는데, 입
말언어 커뮤니케이션 구조의 특징은 다음과 같은 네 가지, 1) 면대

면 커뮤니케이션, 2) 정보전달 및 전파 거리의 한계, 3) 정보 보존 시간의 한계, 4) 정보 보존량의 한계로 정리할 수 있다. 자 이제 이것들을 하나씩 자세하게 살펴보자.

1) 면대면 커뮤니케이션

입말언어가 성립하기 위한 가장 큰 물리적 조건은 대화를 하는 주체들은 음성이 도달할 수 있는 거리 안에 있어야 한다는 것이다. 따라서 입말 커뮤니케이션은 기본적으로 얼굴과 얼굴을 맞대는 면대면face to face 커뮤니케이션 구조를 가지고 있다. '면대면'이란 사람과 사람이 직접 만나야 한다는 것을 전제한다.[31] 이것은 곧 정보의 전파 거리 그리고 정보이동 속도 문제와 연결된다.

2) 정보 전파 거리 및 이동 속도의 한계

입말 커뮤니케이션의 또 다른 특징은 '정보의 전파 거리'가 대단히 짧다는 것이다. 입말 커뮤니케이션은 사람과 사람이 직접 대면해야 하고, 그것도 사람의 목소리가 전달될 수 있는 최대 100m 정도의 거리 이내에서만 작동하기 때문에 정보의 전달거리가 짧을 수밖에 없다. 또한 조금이라도 먼 거리에 있는 사람에게 소식을 전하기 위해서는 그 사람이 있는 공간까지 사람이 직접 이동해야 한다. 즉 입말언어는 수십 미터 내외의 근거리에 있는 사람에게는 아주 간편하게 정보를 전달할 수 있지만 그 거리보다 먼 공간에 있는 사람에게 정보를 전달하려면 어쩔 수 없이 사람의 물리적인 이동시간만큼 시간 지연 현상이 발생한다. 그리고 이 시간 지연 현상은 물리적인 공간 거리에 비례해서 늘어난다. 즉 소리의 물리적 전파속도인 초속 340m의 속도로 정보가 전달되는 수십 미터 범위를 벗어나는 순간, 입말언어에 의존한 정보의 이동 속도는 사람의 이동 속도인 시속 몇 킬로미터 정도로 급격하게 떨어지는 특성을 가지고 있다.

따라서 입말언어가 가지는 전파 거리의 한계는 정보 전달 속도의 한계 즉 정보유통 속도의 한계로 연결된다. 앞에서 우리는 '공동체'라는 것이 일상적이고 빈번한 커뮤니케이션에 기반을 둔다는 것을 확인하였다. 공동체의 유대감이라는 측면에서 보자면 입말언어는 일정한 거리 내의 구성원들에게는 대단히 편리하고 효율적인 정보 공유를 가능하게 해준다. 그러나 거리가 일정 수준 이상으로 떨어져 있는 인간 집단들 사이에서는 입말을 활용하여 일상적으로 빈번하게 정보를 주고받는 것이 대단히 어려워지기 때문에, 이들 사이의 '공통의 정보'는 급격히 줄어든다. 그러므로 어떤 공동체가 입말언어를 중추적인 커뮤니케이션 미디어로 활용한다면, 그 공동체의 공간 규모는 어쩔 수없이 작을 수밖에 없다. 입말 커뮤니케이션이 허용하는 일상적인 커뮤니케이션 범위는 겨우 몇 백 미터, 그리고 최대한 확장하더라도 고대 그리스의 도시국가와 같은 공동체 규모인 몇 십 킬로미터 정도일 것이다.[32]

3) 정보 보존의 한계

입말언어에 기반을 둔 커뮤니케이션은 전적으로 인간의 기억력에 의존한다. 그런데 인간의 기억이란 언제든지 망각의 늪에 빠질 수 있는 불완전한 것이다. 따라서 입말언어 환경에서는 정보의 정확한 전달과 보존이 대단히 어렵다.[33] 다시 말하면 입말언어 환경에서는 정보의 변형과 손실, 왜곡이 발생할 수밖에 없는 것이다. 이웃집의 얌전한 처녀가 전날 몰래 먹은 술로 인한 숙취 때문에 헛구역질을 한 것이 입에서 입을 거쳐 아이를 낳았다는 소문으로 확산되는 해프닝은 입말언어에 기반을 둔 농촌 마을의 생활을 묘사하는 단골 소재다. 입말언어 환경에서 정보의 원형 보존이 어렵다는 것을 단적으로 보여주는 이러한 해프닝은 그저 일상에서 벌어질 수 있는 하나의 에피소드라고 치부할 수도 있지만, 입말을 주된 커뮤니케이션 미디어로 사용하는 원시부족 같은 공동체는 이러한 해프닝이 공동체 전체의 존립을 좌우할 수 있는 심각한 문제로 비화될 수도 있다.

따라서 이들은 정보를 보존하는 다른 방법들을 활용했는데, 그것은 공동체에 일체감을 부여하는 중요한 이야기(신화, 전설, 공동체의 역사, 영웅담 등)들을 공동체 구성원들이 끊임없이 반복하여 기억을 되새김질하는 것이었다. 아예 공동체의 기억을 전수하는 전담자를 뽑아 훈련을 시키는 경우도 있다. 즉 공동체 내부에서 기억력이 아주 뛰어난 아이를 한 명 골라 어릴 때부터 공동체의 기억을 암송시키는 것이다. 그 아이가 공동체 내부에서 하는 역할이란 어릴 때부터 공동체의 기억을 듣고 암송하고 그것을 다음 세대에 전달하는 것이다. 『몽골리안 1만년의 지혜』[34]라는 책을 쓴 폴라 언더우드가 바로 공동체의 기억을 암송해서 전달하던 바로 그 사람이다. 그는 유년 시절부터 아버지에게 이로쿼이 부족의 장대한 구전사를 배워, 사춘기에 그 정식 계승자가 되었다. 그가 성인이 되어 대학에서 근대교육을 수학한 후, 자신이 외우고 있던 구전사를 책으로 옮긴 것이 바로 『몽골리안 1만년의 지혜』라는 책이다. 이 책은 오랜 옛날 아시아에서 베링 해를 건너 북아메리카에 정착한 아메리카 원주민 이로쿼이 부족의 1만 년 역사를 그대로 담아 놓았는데, 입말언어 시대의 기억들이 구전을 통해 현재까지 생생하게 전해지다가 마침내 20세기에 이르러 문자로 기록된 것이다.

그러나 이러한 사례가 일반적인 사례는 아니다. 또한 『몽골리안 1만년의 지혜』가 어떤 아메리카 원주민 부족의 역사를 온전히 담고 있다고 하더라도, 그것이 전승되는 과정에서 어떤 형태의 변형이 발생했다는 것은 의심할 여지가 없다. 구약성서와 같이 한번 문자로 기록된 것들이 그 원본이 소실되지만 않는다면 원형 그대로 후대에 전해지는 것에 비교하자면 입말언어에 기반을 둔 정보의 보존 기간은 대단히 제한적일 수밖에 없다.[35]

4) 정보 보존량의 한계

정보 보존 기간의 문제와 마찬가지로 입말언어를 통해 보존할 수 있는 정보 보존량 역시 (특히 그 이후 등장하는 문자나 인쇄기술 등과 비교하면) 상당히 제한적이다. 또 정보 보존 기간의 문제와 마찬가지로 입말언어를 통한 기억은 인간의 두뇌 속에 저장되어 있다가 발화되는 순간에만 세상에 모습을 드러내기에, 중요한 정보들이 두뇌 속에 저장되어 있다가 사라져버리는 일이 다반사기이기 때문이다. 이론적으로 무한대의 정보를 저장할 수 있는 문자 언어와 비교하자면, 입말언어에 기반을 둔 구술문화권에서 그들이 보존할 수 있는 정보량은 어쩔 수 없이 한계를 가지고 있다.

공동체가 유지되기 위해서는 일정한 수준의 커뮤니케이션 밀도
와 속도가 일상적으로 확보되어야 한다. 그런데 커뮤니케이션을 하
려면 직접 대면을 해야 하고, 정보 전파거리의 한계가 명확하며 원
래 정보의 원형을 보존하는 것조차도 보장되지 않는다면, 입말언어
환경에서 일정한 범위를 벗어난 사람들과 일상적인 커뮤니케이션
을 하는 것은 사실상 불가능하다고 보아야 한다. 따라서 입말언어는
입말언어를 중추적인 미디어로 사용하는 공동체의 규모를 한정하는 구속요
건으로 작용한다.[36] 즉 입말언어에 기반을 둔 정보유통시스템만으로
는 근대적인 규모의 민족국가나 제국과 같은 광대한 크기의 공동체
를 (일시적으로 만들 수는 있어도 지속적으로) 유지할 수는 없다는
것이다. 위와 같은 사항들을 종합해보면 입말언어는 소규모 공동체
들이 독립적이고 자립적으로 각자의 삶을 영위하는 마을 규모 공동
체의 내부 커뮤니케이션에 적합한 미디어라는 것을 알 수 있다.

그런데 입말 커뮤니케이션은 공동체의 규모를 특정 범위 이하
로 제한하지만 또한 그 범위 이내의 공동체 안에서는 대단히 원활
하고 효율적인 커뮤니케이션을 가능하게 해준다. 바로 이러한 특징
이 입말언어에 기반을 둔 공동체들이 규모는 작지만 내부적으로 강
한 결속력과 동질성을 가지게 되는 이유다.

5. 마을 커뮤니케이션 구조의 특징들

이제 우리는 마을 커뮤니케이션의 구조를 살펴볼 시점에 이르렀다. 이미 우리는 마을 커뮤니케이션의 특징을 7가지, ① 입말언어에 기반을 둔 구술성의 특징을 가진 사회 ② 사람이 곧 미디어인 공간 ③ 공적 영역과 사적 영역의 미분화 ④ 익명성과 사생활의 부재 ⑤ 빠른 커뮤니케이션 속도와 공동체 내부 정보의 균질성 ⑥ 자생적인 직접민주제의 작동 ⑦ 공동체 내부의 자생적인 평판체계의 존재로 분류했었다. 이제 이 항목들을 하나씩 살펴보자.

1) 마을 : 구술성의 공간

구술사회란 어떤 사회일까? 구술사회의 특징을 보여주는 가장 극단적인 예는 21세기에도 원시 시대를 살아가고 있는 원시 부족들이다. 인류학자들의 호기심을 자극했던 원시 공동체들은 대부분 문자를 사용하지 않는 삶을 영위하고 있었다. 그런데 구술문화권의 범위는 우리가 생각하는 것보다 훨씬 넓다. 구술문화는 남아메리카의 원주민들이나 아프리카 원주민들, 소위 '미개사회', '원시사회'라고 불리던 소규모 원시부족들뿐만 아니라, 근대문명이 전파되지 않았던 거의 대다수 소규모 지역공동체들의 특징이기도 하다. 불과 수십 년만 거슬러 올라가도 우리나라에는 글쓰기와 읽기를 모르는 '문맹'이 더 많았다. 필자의 어린 시절이었던 1970년대까지도 나이든 어르신이 문자를 몰라 이제 막 중학교를 입학한 이웃집 학생에게 편지를 읽어달라고 부탁하는 장면은 그리 낯선 풍경이 아니었다.

아프리카나 남미의 원시림에서 문자를 모르거나 일상에서 문자를
거의 사용하지 않은 채로 생존하고 있는 원시부족, 티베트의 어느
마을 공동체들, 우리나라 산골 오지의 마을 등 근대문명이나 도시
문화에 편입되지 않았던 마을들은 여전히 구술성의 시대를 살아가
고 있다.

그렇다면 구술문화는 어떤 특성을 가지고 있을까? 월터 옹의『구
술문화와 문자문화』라는 책은 구술문화와 문자문화의 차이를 분석
한 것으로, 구술성의 세계를 이해하는 데 큰 도움을 준다. 그는 너무
도 세밀하게 분석을 해 놓아서 여기서는 단지 그의 분석을 요약하
는 것으로도 충분할 것 같다. 구술문화에 대한 옹의 분석을 필자가
자의적으로 요약하면 다음과 같다. (다음 인용문은 월터 J. 옹,『구
술문화와 문자문화』, 59~110쪽에서 발췌한 것이다. 괄호안의 숫자
는 페이지 수를 의미한다.)

(1) 구술문화는 기억가능성에 의존한다

구술문화에는 문자가 사용되지 않는다. 즉 정보의 영속성을 보장하는
도구가 없고, 정보는 오직 인간의 기억으로만 존재한다. 따라서 구어 문
화에서 정보들은 가급적 인간이 기억하기 쉬운 형태로 변형된다. 예컨
대 구어 문화에서 정형화된 문구들이 반복적으로 사용되는 것은 그것이
기억하기 쉽기 때문이다(59). 또한 구술문화에서는 무수한 영웅담, 신
화, 전쟁 이야기 등 현재의 관점에서 과장된 이야기들이 많이 전승되는
데, 사소한 일상보다 거대한 사건, 영웅담, 전쟁 등 인간의 뇌리에 강한
자극을 주는 이야기가 훨씬 더 잘 기억되기 때문이다. 구술문화의 특유

한 기억이 효과적으로 기능을 발휘하는 것은, 기억의 대상이 '무거운'heavy 인물, 즉 기념비적이고도 잊기 어려운 인물, 누구나가 알고 있는 그런 공공성을 띠고 있는 인물이 등장될 때이다. 따라서 구술문화 특유의 인지적 체계noetic economy를 통해 산출되는 것은 두드러진 인물, 영웅적인 인물이다(110).

(2) 구술문화는 현재에 집중하지만 또한 보수적이다

구술문화에서 어떤 정보는 단지 그것이 현실에서 지속적으로 사용될 때에만 존재할 수 있다. 사용되지 않는 지식, 사용되지 않는 정보는 곧 기억 속에서 잊혀지고 만다. 반대로 어떤 지식, 어떤 용어도 (그것이 유용하다면) 현재의 상황에 의해 재구성된다. 개개 단어의 의미는 그 단어가 지금 여기서 쓰이고 있는 실생활의 상황에 의해서 조정된다(75). 사용되지 않는 단어는 잊혀진다. 즉 현재 의미 있는 것들만이 가치를 갖는 것이다. 반면 바로 이런 이유 때문에 그들은 전통을 대단히 중시 여기는데, 바로 그 전통이 과거와의 영속성, 공동체의 일체성을 보장해주기 때문이다. 전형적인 구술문화의 특징을 보여주는 원시부족들이 현재에 집중하면서도 또한 대단히 전통적이고 보수적인 것은 바로 이러한 특성 때문이다. 예컨대 원시시대의 영웅담, 신화, 전설, 전쟁사 등은 그 공동체를 하나로 묶어주는 접착제 같은 역할을 한다. 그래서 그들은 그 기억들을 보존하는 데 엄청난 노력을 들인다. 하지만 그렇다고 그것이 원형 그대로 보존되는 것은 아니다. 그들은 신화와 영웅담과 전쟁사를 일정한 틀거리로 보존하지만 세부적인 내용들은 바로 현재 공동체의 상황에 맞추어 각색된다(68). 예컨대 마을의 축제 등에서 전승되어온 신화를 되새

기며 마을의 기원을 되새기는 자리에서, 이야기꾼은 과거의 줄거리를
보존한 채 그때그때 청중들과 신화를 상황에 맞게 각색한다. 구어 문화
에서 비슷하지만 약간씩 다른 이야기들이 공통적으로 발견되는 것은 바
로 이러한 이유 때문이다(78).

⑶ 구술문화는 감정이입적이고 참여적이다

구술문화는 문자문화에 비해서 훨씬 더 많은 개입을 요구하며, 참여적
으로 만든다. 이러한 성격은 구술문화를 논쟁적으로 만들고, 감정이입
적으로 만든다. 예를 들어 종교의 의식에서는 항상 같은 구절을 소리 내
어 외우는 의식이 동반되는데, 이렇게 함으로써 사람들은 그 상황에 직
접 참여하게 되며, 감정을 이입하게 된다. 반면 쓰기는 알려지는 대상the
known에서 아는 주체the knower를 분리해냄으로써 '객관성'의 조건을 세
운다. 그 객관성이란 알려지는 대상에 개인적으로 관여하지 않고 그곳
으로부터 거리를 취한다는 의미이다(74).

또한 모든 언어적 의사소통이 입으로 내뱉는 말로 이루어져서 음성을
역동적으로 주고받지 않을 수 없을 때, 사람들의 관계는 고양된다. 이러
한 관계는 서로 잡아당기는 쪽으로 고양되기도 하지만, 그 이상으로 서
로 반목하는 관계로 고양되기도 한다(73).

위와 같은 옹의 분석은 왜 구술사회들이 문자성에 익숙한 근대
인의 시각으로는 이해하기 힘든 문화적 특징들을 가지고 있는지를
잘 보여준다. 그런데 근대인은 이러한 구술 사회에 대해 문자를 사
용할 줄 모르고 여전히 구술문화에 의존하는 '미개한 문명'으로 취

급하는 경향이 다분히 있다. 특히 문자문화에 익숙한 근대의 엘리트들, 지식인들은 구술 문화의 성격을 이해하기보다는 오히려 비하하는 시선이 많다. 구술성과 문자성을 대립시키며 구술성을 미개한 것, 발달되지 못한 것으로 본다든지, 구술성의 다변적이고 논쟁적인 특성을 시끄러운 잡음으로 치부한다든지, 구술성과 문자성을 비논리와 논리의 문제로 대립시켜 바라보는 '문자중심주의'가 존재한다. 이것은 어떤 측면에서는 당연한데, 이미 우리는 (그리고 적어도 이 책을 읽어 볼 만한 사람들은) 아주 어릴 때부터 말하기(입말언어)를 배우고 나서 바로 '문자' 미디어를 배우기 때문이다. 더구나 우리가 세상을 분석하는 학문적 틀거리는 대부분 문자문화에 기반을 둔 것이다. 더 정확히 말하자면 분석하고 연구하는 작업 자체가 문자문화를 활용한 것이며, 분석이나 연구작업이 체계적으로 진행된 것 역시 문자라는 미디어가 등장하면서부터이다. 구술성은 그 스스로 구술성이 가진 성격에 대해 분석을 한 적이 없다. 말하기는 단지 그 순간의 사건으로서만 존재할 뿐 그것이 행해진 후에는 아무것도 남기지 않기에 그것을 '연구하기' 위해서는 그것을 문자로 기록한 텍스트를 이용하는 방법 이외에 달리 방법이 없기 때문이다.[37]

다행히도 근대 문명에 대한 그 내부로부터의 성찰과 비판들이 성숙하면서 이런 '문자 중심주의'적인 시각 자체에 대한 반성이 꾸준히 진행되고 있다. 예컨대 문자 없는 사회를 연구한 가와다 준조는 어떤 사회에 "문자가 존재하지 않는 것이 무엇인가가 결여된 것으로 여기는 마이너스적인 규정방식으로부터 벗어나 '문자가 필요 없는 사회'라고 하는 보다 현실에 맞는 규정을 해야만 한다"[38]고 주장한다. "인류 백만 년의 역사를 보면 문자를 사용하는 생활 장면이 오히려 특수한 것"이기 때문이다.[39]

마을이란 작은 공간에서 텍스트가 얼마나 효용성을 가질 수 있는지를 한번 생각해보자. 마을이라는 공간에서 소식 하나를 전달하기 위해 텍스트를 써서 옆집에 건네주는 광경은 '시트콤'의 소재로 사용될법한 우스꽝스러운 광경일 것이다. 무엇보다 마을 사람들은 마을이라는 작은 공간에서 하루에도 몇 번씩 얼굴을 마주치면서 순간순간 소식을 전하고 정보를 소통할 수 있다. 이런 환경에서 굳이 '문자'라는 미디어를 개입시킬 필요가 있을까? 잭 구디는 "일대일로 대면하는 집단은 문자기록의 필요성을 거의 느끼지 않는다"[40]고 말한다. 이러한 공간에서 텍스트는 말로 전하는 것보다 훨씬 비효율적이기 때문이다. 맥루한은 이에 대해 마을이란 작은 공간은 "'촉각'과 같은 통일된 감각으로 커뮤니케이션하는 공간이기 때문에 문자문화가 특화되지 않는다"고 평가한다. 즉 마을은 문자가 개입되지 않아도 충분히 커뮤니케이션 할 수 있는 공간이기 때문에 일부러 문자라는 미디어를 특화시켜 발전시키지 않았다는 것이다.

따라서 '문자 없는 사회'가 문자를 발달시키지 않은 것은 그들의 필요에 의해서이지, 그들이 근대인들보다 미개하다거나 발달이 덜 되었기 때문이라고 보는 것은 정확한 판단이 아닌 것 같다. 실제로 원시사회에서 문자라는 것을 알고 접하고 있음에도 불구하고 그것을 의도적으로 사용하지 않는 사례들이 존재한다. 레비스트로스는 라틴아메리카의 원주민 부족들이 문자를 알고 있었고, 그것의 쓰임새도 알고 있었지만 그것을 그저 신기한 것으로 간주할 뿐 적극적으로 채용하지 않았다고 기록하고 있다. 심지어 문자를 쓸 줄 아는 사람도 제한적으로만 사용했다는 것이다. 나아가 문자를 모르던 남비콰라족의 족장이 서구인들이 전해 준 문자의 힘을 알아채고 그것을 활용하려 했으나, 부족민들의 반대에 부딪혀 아예 신임을 잃어버린 사례도 있다.[41] 이와 같은 남비콰라족의 사례에서 우리는 두 가지를 확인할 수 있는데 첫 번째는, 남비콰라족의 구성원들이 문자를 해독할 수는 없어도 문자라는 것의 존재를 알고 있었다는 것, 그리고 두 번째는 문자의 존재를 알뿐만 아니라 그것이 가지는 영향력을 알고 의도적으로 배척했다는 것이다. 즉 문자를 사용하지 않는 공동체가 '문자를 몰라서'였다거나 '그것의 가치를 몰라서', 즉 미개해서 문자를 사용하지 않은 것이 아니라 그들이 '문자를 사용하지 않는 것'을 집단적으로 선택했다는 것이 중요하다. 왜냐하면 (뒤에서 더 자세히 보게 되겠지만) 문자를 도입하는 것은 단순히 유용성의 문제만이 아니라, 사회 내부 권력구조의 변동 가능성이나 현존 공동체가 해체될 위험성 등과 같이, 공동체의 생사와 관련된 중요한 문제와 결부되어 있기 때문이다.[42]

사실 입말언어는 아주 편리한 미디어다. 그것은 즉시 커뮤니케이션 할 수 있고, 문자를 사용하기 위해 종이와 펜이라는 또 다른 도구를 항시 가지고 다녀야 하는 번거로움도 없다. 이러한 효율성과 편리성 때문에 입말언어는 그 탄생에서부터 지금까지 인간 커뮤니케이션의 중추적인 역할을 담당하고 있다. 비록 지금의 우리들은 문자 미디어와 전자 미디어를 입말언어만큼이나 많은 비중으로 사용하고 있지만, 입말 커뮤니케이션은 지금도 우리의 일상사를 지배하는 커뮤니케이션 방식이다. 따라서 구술성의 문화적 특징은 단지 마을이라는 공간에서만 작동하는 것이 아니다. 대다수 도시인들의 사회적 관계는 그리 친밀하지 않은 공적 영역과 던바의 수 '150'이 지배하는 사적 영역으로 분화되어 있으며, 사적인 삶의 영역에서는 여전히 입말언어 문화가 일상을 지배한다. 우리들의 삶에서 빼놓을 수 없는 여성들의 수다문화, 남성들의 술자리 이야기 문화, 친한 사람들 사이에서 면대면Face to Face으로 퍼지는 뒷담화gossip 등은 여전히 구술성이 우리 삶의 일부임을 보여주는 사례이다.

2) 사람이 곧 미디어

앞에서 구술사회의 특징 중 하나로 면대면 커뮤니케이션 구조를 살펴보았다. 면대면 커뮤니케이션에서 우리가 주목해야 할 또 하나의 특징은 정보 전달이 개인들에 의해서 행해진다는 것 즉 **사람이 미디어 역할**을 수행한다는 것이다. 근대사회에서는 TV나 신문 같은 매스미디어가 주요한 정보전달자 역할을 했지만 마을 공간에서는 구성원들 개개인이 곧 메시지의 전달자들이다. 이 공간에서는 정보를 생산하는 사람과 정보를 수용하는 사람, 정보를 전달하는 사람과 정보를 평가하고 해석하는 사람이 명확하게 구분되지 않는다. 즉 마을 단위 커뮤니케이션에서는 사람과 미디어가 분리되어 존재하지 않는다.

우리는 이미 앞에서 옹의 분석을 통해 구술문화가 참여적이고 감정이입적이라는 사실을 확인한 바 있다. 그 이유는 입말언어를 통한 정보의 전달은 정보 그 자체만 전달되는 것이 아니라, 정보를 전달하는 바로 그 사람의 (정보에 대한) 주관적인 느낌과 해석, 평가가 함께 전달되기 때문이다. 어떤 정보가 중요한 정보와 중요하지 않은 정보로 구분되는 것도, 유통될 만한 정보로 인정받아 또 다른 사람에게 유통되는 것도, 가치 없다고 판단되어 기억에서 지워지는 것도 혹은 가치가 있더라도 두뇌에서 망각되어 더 이상 유통되지 않는 것도 바로 그 소식을 전하는 개인들에 의해 (의도적으로 혹은 비의도적으로) 결정된다. 또한 정보의 전달자가 정보를 중립적인 입장에서 전달하더라도 정보를 수용하는 사람의 개인적인 판단, 감정, 선입견 심지어는 대화할 때의 심리적 상태 등에 따라 정보의 내용이 변형되고 왜곡된다. 그래서 옹이 분석한 바, 입말언어 커뮤니케이션은 커뮤니케이션에 참여하는 행위자들의 정서적 참여를 동반하기 때문에 어쩔 수 없이 감정이입적이다. 근대적인 미디어의 특성이 정보의 생산자와 정보의 전달자, 정보 수용자와 정보 평가자를 분리하는 것이었다면, 정보 그 자체와 정보 생산자, 정보 전달자와 정보에 대한 평가 혹은 정보에 대한 감정이 구분되지 않고 뒤섞여 존재하는 공간, 이것이 마을 단위 커뮤니케이션이 가지고 있는 특징이다.

이런 이유 때문에 마을에서는 구성원들의 집합적인 해석과 판단 즉 '여론'이라는 것이 사람들의 판단에 지배적인 역할을 한다. 마을이라는 공간에서의 시끄러움, 복잡다단함, 순식간에 만들어지는 여론재판과 같은 분위기들, 그리고 그 뒤에 일어나는 용서와 화해 …… 마치 냄비가 순식간에 끓었다가 순식간에 식어버리는 것 같은 일들이 벌어지는 마을이란 공간은 그 미디어적인 특성상 이런 일들이 벌어질 수밖에 없는 것이다.

라다크 마을에서도 볼 수 있는 것이지만, 마을 단위 커뮤니케이션에서는 공적인 커뮤니케이션과 사적인 커뮤니케이션의 분화가 크게 두드러지지 않는다. 마을의 대소사에 관한 일을 어느 가정집의 부엌에서 논의하기도 하고, 밭에서 일을 하다가 참을 먹을 때, 우물가에서 빨래를 할 때 혹은 마을의 회관이나 공터에서, 길을 오가는 도중에 만난 사람들 사이에서 온갖 사소하거나 중요한 정보들이 한꺼번에 소통된다. 그럴 수밖에 없는 것이, 마을이라는 작은 공간에서 사람들은 일상적으로 끊임없이 접촉하기 때문이다. 마을 진입로에서 오고 가는 만남, 공동 우물가에서 함께 빨래를 하며 보내는 시간, 논과 밭에서 일을 하며 나누는 이야기들, 이 집 저 집을 수시로 방문하며 하루에도 몇 번씩 보는 얼굴들 …… 마을이란 작은 공간은 이렇게 그 공간 안에 있는 사람들을 반복적으로 만나게 해준다.

이런 반복적인 만남은 커뮤니케이션 그 자체를 목적으로 모이는 '공식 커뮤니케이션'의 필요성을 크게 줄여준다. 물론 (우리나라의 사례에서 볼 수 있듯이) 두레나 계와 같이 일정한 틀을 갖춘 커뮤니케이션도 존재하고, 초상이나 혼례와 같은 관혼상제에 기반을 둔 의례화된 커뮤니케이션도 존재하며, 또한 '마을 회의'와 같은 공식적인 성격을 갖는 커뮤니케이션 양식도 존재한다. 하지만 대부분의 커뮤니케이션은 공식적인 것과 비공식적인 것이 구분되지 않는 일상 속에서 진행된다. 심지어 이런 만남이 자주, 그리고 일상적으로 일어나도록 일부러 마을 전체를 계획적으로 배치한 것 같은 공

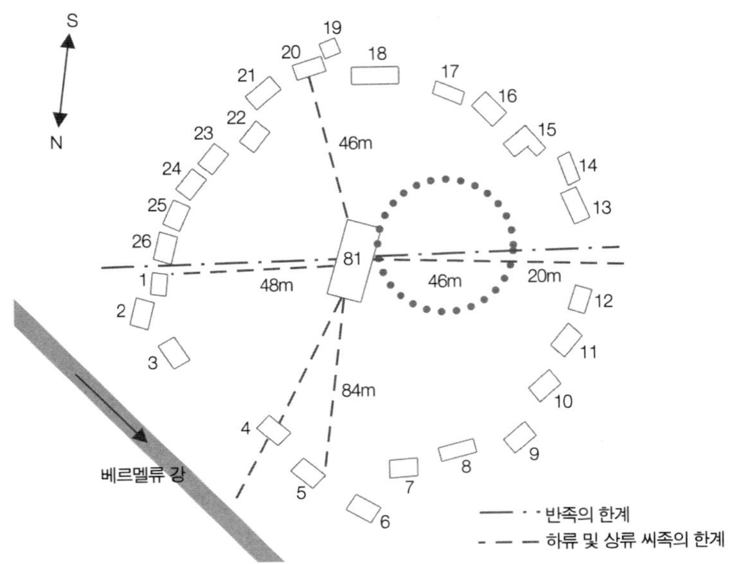

케자라 촌락의 구성도(레비스트로스, 『슬픈 열대』, 213쪽)

간도 존재한다. 레비스트로스의 『슬픈 열대』에 나오는 보로로족의 둥근 주거지는 공동체 구성원 사이의 커뮤니케이션을 극대화하기 위해 마을 공간을 의도적으로 배치했다는 것을 보여주는 상징적인 사례다.

그림 4에서 보듯이 보로로족의 구성원들은 약 200m 정도 되는 구역 안에 주거지를 둥그렇게 배치했다. 보로로족의 둥근 주거지를 소개한 레비스트로스는 이 그림에 대해 다음과 같이 설명한다.

나무꼭대기나 지붕 위에서 내려다보면, 보로로족의 마을은 — 독신자 숙소가 바퀴의 중심을 이루고, 주위로 뻗은 작은 길들이 바퀴의 살을 이루며, 가족이 거주하는 오두막들이 바퀴의 가장자리를 이루고 있는 ―
마치 하나의 수레바퀴 같았다.

모든 부락들은 그들의 인구가 현재보다도 많을 경우를 제외하고는, 언
제나 이 같은 형태를 이루고 있었다. 그 당시 케자라에는 단지 150명이
살고 있었다. 따라서 가족용 가옥들은 몇 개의 동심원을 이루고 있었다.
이와 같은 원형의 부락들은 ― 각 지역마다 변형을 이루면서 ― 아라과
이아 강과 상프란시스쿠 강 사이의 브라질 고원지대에서 사용되는 게Gé
언어군을 사용하는 모든 부락들 가운데서 발견할 수 있었다. 아마도 보
로로족은 이 집단의 최남단 지역을 대표하는 것이리라. 그러나 리오도
모르테 강의 오른쪽에 살고 있으며, 보로로족과 가장 가까운 북쪽의 이
웃인 카야포족들도 그들의 부락을 이와 똑같이 형성하고 있고, 아피나
예족 · 셰렝테족 · 카넬라족의 경우도 마찬가지였다.[43]

레비스트로스가 크게 언급하고 있지는 않지만 커뮤니케이션 관
점에서 이 그림을 재해석해 보면 우리는 아주 재미있는 것을 발견
할 수 있는데, 그것은 보로로족의 마을 배치가 대단히 의도적이라
는 것이다. 만약 이런 공간이 어느 한 마을에서 일시적으로 만들어
진 것이라면 그것은 우연적이라고 하겠지만, 이런 형태가 보로로족
이 만든 거의 모든 마을에 공통된 주거 배치라면 이것은 그 공동체
가 상당히 의도적으로 선택한 하나의 문화적 양식이며, 그들에게는
특별한 의미를 갖는 공간 배치라는 것을 의미한다. 레비스트로스는
이런 형태의 둥근 주거지가 단지 보로로족에 국한되는 것이 아니라,
그 일대의 다른 부족에게서도 광범위하게 발견된다고 한다. 필자는

2012년 3월 1일 EBS에서 방송된 다큐멘터리 〈말벌의 전사 카야포〉 편에서 정확히 이와 같은 마을 구조를 화면으로 보았다. 마을 배치가 한눈에 들어오도록 높은 곳에서 촬영한 그 영상에서 보이는 마을 공간의 배치는 레비스트로스가 그린 그림과 거의 똑같았다.[44]

이 원형 마을은 마을 공간 내 구성원들의 커뮤니케이션 양식을 특별하게 규정하는데, 그것은 이 원형 공간에서 주민들의 접촉 횟수가 극대화된다는 것이다. 또 각 개인들은 문 밖으로 나서기만 하면 마을의 현황을 한 눈에 파악할 수 있다. 즉 개개인들이 공동체를 손쉽게 조망할 수 있는 것이다. 레비스트로스는 이것에 대해 "죽은 자와의 관계"를 통한 공동체의 결속 강화와 같은 종교적 관점에서 주로 기술하였지만, 우리는 직관적으로 이 공간이 공동체 구성원들의 접촉 즉 일상적인 커뮤니케이션을 극대화하는 효과를 가지고 있음을 알 수 있다. 즉 이런 둥근 주거지를 통해 사람들은 일상적으로 끊임없이 접촉할 수밖에 없으며, 이로 인해 이 공간의 커뮤니케이션 밀도와 빈도가 대단히 높았을 것이라는 사실이다. 이것은 또한 공동체 구성원들이 아주 평범하고 일상적인 행동들 속에서 공동체 전체에 대한 정보를 균등하게 습득할 수 있도록 하여 대다수의 개인들이 마을 내의 정보 유통 과정에서 소외되는 일이 없도록 함으로써 공동체 내에 강한 일체감을 형성하는 역할을 한다. 그리고 이러한 일체감은 그 공동체에 내분이 생기거나 분열되지 않도록 하는 강한 접착제 역할을 한다. 레비스트로스가 언급한 종교라는 것 혹은 '죽은 자'(선조)에 대한 기억조차 사회적으로 공동체의 결속을 강화하는 접착제 역할을 하는 기제들이다. 물론 레비스트로스가 이런 마을 배치가 가지고 있는 커뮤니케이션 측면의 의미를 직접 분석하지는 않았지만, 그는 탁월한 인류학자답게 이 마을 형태를 바꾸는 것이 그들의 정체성을 파괴하는 방법이었을 것이라고 지적하고 있다.

이 원형의 주거형태는 보로로족의 사회생활과 종교생활에 매우 핵심적인 요소였기 때문에, 살레지오회 선교사들은 보로로족을 개종시키는 가장 확실한 방법은 그들의 부락을 포기하도록 만들어, 오두막들이 평행으로 열을 이루는 다른 주거지로 옮기는 것이라는 점을 즉각 깨달았다. 그러나 만약 그렇게 된다면, 그들은 모든 면에서 방향감각을 상실해 버리고 말 것이다. 그리고 그들의 사회 및 종교체계(뒤에서 알게 되겠지만, 이 양자는 서로 밀접히 결합되어 있었다)는 매우 복잡한 것이기 때문에, 그들의 주거형태에서 뚜렷이 나타나며 그들의 일상생활 속에서 그들을 확신시켜주는 그와 같은 구성 체계 없이는 그들은 존재할 수 없으며, 또 그들의 전통에 대한 모든 감정들은 소멸되어 버릴 것이다.[45]

이것은 커뮤니케이션이라는 측면에서 살펴보면 지극히 당연한 것인데, 마을의 공간 배치가 바뀔 경우, 그들이 그 동안 지속해 왔던 공동체의 결속력이 깨지게 될 것이기 때문이다. 맥루한은 이와 관련된 인상적인 사례를 소개한다.

최근 문명 측인 유네스코는 인도의 몇몇 부락들에 수도 — 파이프라고 하는 선형 배치와 함께 — 를 시험 삼아 설치했다. 그러자 부락민들은 곧 바로 파이프를 제거할 것을 요구했다. 왜냐하면 그들은, 수도가 설치되어 모두들 더 이상 공동 우물에 갈 필요가 없어지면 부락의 사회생활 전체가 궁핍해진다고 생각했기 때문이다. …… 배문자 문화의 사람들은 가장 평범한 편익조차도 문화의 전체적 변화를 초래한다는 사실을 뚜렷이 알고 있었다.[46]

여기서 우리가 주의 깊게 보아야 할 것은 이들이 '공동우물'과 같이 언뜻 보기엔 우연적이고 자연발생적일 것 같은 공간조차도 공동체에 심각한 영향을 미칠 수 있는 사회적 배치라는 것을 자각하고 있었다는 사실이다. 그들은 빨래나 물 긷기 같은 평범한 일상 속의 일상적인 커뮤니케이션의 중요성을 알고 있었고 그래서 그들은 불편함을 감수하면서까지 의도적으로 특정한 공간적 배치를 고수한 것이다.

그런데 원시부족에서 마을 내 커뮤니케이션 밀도를 결정하는 것은 마을의 공간적인 배치만이 아니다. 우리가 아프리카 원주민들의 일상적인 삶을 다룬 다큐멘터리에서 자주 보는 장면 중 하나는, 매일 저녁 원주민들이 마을 한가운데 모닥불을 피워놓고 둥그렇게 둘러 앉아 서로 잡담을 하면서 이를 잡아주거나 술을 먹고 노래를 하고 춤을 추다가 잠드는 모습이다. 이것은 단순한 행위 같지만, 커뮤니케이션 측면에서 보면 대단히 고도화되고 밀도 있는 커뮤니케이션 체계인 것이다.[47]

이러한 구조에서는 공동체 구성원들의 일상적인 (비공식적) 활동과 공동체 내부의 (공식적) 의사결정구조가 분화되기가 어렵다.[48]

오히려 이 공간에서는 의사결정구조가 분화되는 것이 공동체 내부의 의사소통 속도를 느리게 만들 것이다. 위에서 살펴본 바와 같이 이런 부족들은 밀도 높은 일상 커뮤니케이션과 더불어 일 년에 몇 십일씩 제례나 축제를 벌이는 과정을 통해 부족들의 친밀감을 고양시키며, 또한 대부분의 일들은 그들의 관습과 정해진 규범에 따라 처리되기 때문에 예외적인 경우를 제외하고는 별도의 의사결정구조가 분화될 필요성이 거의 없었을 것이다.

4) 사생활의 부재

마을과 관련하여 빠질 수 없는 이슈가 바로 사생활 문제다. 아래 문장은 에드워드 홀이 미국의 전형적인 농촌 사회의 모습을 묘사한 것인데, 이런 모습은 우리에게도 전혀 낯설지 않다.

> 예컨대 20세기 초반에 전형적인 미국 농촌 사회의 주민들은 존스 노인이 읍내에 가는 이유를 물을 필요가 없다. 그들은 존스 씨가 목요일에 격주로 읍내로 나가 약국에 들러 아내를 위한 강장제 한 병을 산 다음, 사료 가게에 들러 찰리 씨를 만나고 보안관에게 잠깐 들러 점심식사 전에 집으로 돌아간다는 사실을 알고 있다.[49]

이런 마을 단위 커뮤니케이션 구조에서 익명성은 존재하지 않는다.[50] 그리고 작은 마을이 몇 개 모여 하나의 지역 공동체를 형성하는 경우, 그 지역공동체의 구성원들은 다른 마을 구성원들을 직접 모르더라도 한두 다리만 건너면 어렵지 않게 그 사람이 누구인지 알 수 있다. 얼굴을 처음 보는 청년도 '건너 마을 김 씨 아들'과 같이 그 신상명세가 바로 파악되며, 조금만 알고자 한다면 그 개인의 근황뿐만 아니라 태어날 때 죽을 고비를 넘겼던 에피소드까지도 알 수 있다. 황순원의 『소나기』는 마을 커뮤니케이션에서 사생활에 대한 정보가 유통되는 한 모습을 잘 보여주고 있다. 『소나기』에서 소년은 마을을 다녀온 아버지를 통해 윤초시댁 소녀의 죽음을 전해 듣는다.

> 그 날 밤, 소년은 자리에 누워서도 같은 생각뿐이었다. 내일 소녀 네가 이사하는 걸 가보나 어쩌나. 가면 소녀를 보게 될까 어떨까. 그러다가 까무룩 잠이 들었는가 하는데,
>
> "허, 참 세상일도 …… ."
>
> 마을 갔던 아버지가 언제 돌아왔는지,
>
> "윤 초시 댁도 말이 아니야, 그 많던 전답을 다 팔아 버리고, 대대로 살아 오던 집마저 남의 손에 넘기더니, 또 악상까지 당하는 걸 보면 …… ."
>
> 남폿불 밑에서 바느질감을 안고 있던 어머니가,
>
> "증손曾孫이라곤 계집애 그 애 하나뿐이었지요?"
>
> "그렇지, 사내 애 둘 있던 건 어려서 잃어버리고 …… ."
>
> "어쩌면 그렇게 자식 복이 없을까."
>
> "글쎄 말이지. 이번엔 꽤 여러 날 앓는 걸 약도 변변히 못써 봤다더군. 지금 같아선 윤초시네도 대가 끊긴 셈이지. …… 그런데 참, 이번 계집앤 어린 것이 여간 잔망스럽지가 않아. 글쎄, 죽기 전에 이런 말을 했다지 않아? 자기가 죽거든 자기 입던 옷을 꼭 그대로 입혀서 묻어 달라고

……."

―황순원,『소나기』, 결말부분

이와 같이 마을에서 이웃들의 소식이 전달되는 건 순식간이다.
더구나 대부분의 경우 사건의 개요만이 아니라 사건의 디테일까지
전파되고 공유된다. 황순원의 소나기를 통해서 볼 수 있듯이 마을
에서는 단지 소녀의 죽음에 관한 소식만이 아니라 소녀가 마지막으
로 남긴 '잔망스런' 이야기까지도 전달되는 것이다. 우리 속담에 "이
웃집의 숟가락 개수까지 알고 있다"는 표현은 빈말이 아니다. 마을
공동체에서는 공동체의 소식, 개인들의 행동 하나하나가 사람들의
입에 오르내리기 때문에 개인의 사생활이란 거의 존재하지 않는다.

5) 빠른 커뮤니케이션 속도와 정보의 균질성

마을 단위 커뮤니케이션에서는 커뮤니케이션 속도가 상당히 빠
르다. 긴급한 소식은 삽시간에, 그리고 웬만한 소식은 하루면 마을
사람들에게 다 퍼진다.[51] 누구네 집 대소사, 마을 공동체의 내적인
규범에 어긋나는 행동을 한 어떤 구성원에 대한 이야기는 말할 필
요도 없다. 누구 네가 언제 모내기를 하기로 했다는 소식도, 어느 집
에 멀리 사는 손자가 오후에 놀러왔다는 소식도, 심지어 누구네 집
잠자리에서의 은밀한 에피소드까지도 종종 마을 사람들의 화제에
오르곤 한다. 마을 구성원들은 (몇몇 개인들끼리만 공유하는 지극
히 사적인 비밀들을 제외하고) 아주 짧은 시차를 두고 거의 비슷한
수준의 정보를 공유하게 되는 것이다. 간섭하는 시선을 싫어하는

도시인들의 입장에서는 잠자리 에피소드까지도 이웃들의 입방아에 오르내리는 마을의 문화가 굉장히 구속적이고 답답해 보일지도 모른다. 하지만 이것은 커뮤니케이션 밀도가 대단히 높은 마을 공간에서는 어쩔 수 없이 발생하는 현상이다.

한편 마을 공동체의 구성원들이 비슷한 수준의 정보를 공유한다는 것은 대단히 중요한데, 그것은 상황 판단의 근거가 되는 정보의 습득 정도가 개인별로 큰 차이가 없다는 것을 의미한다. 개인들이 비슷한 수준의 정보를 가지게 되면 공동체 내부에서 (푸코의 용어를 빌자면) 지식과 정보의 격차에 의한 '지식권력'이 작동하기 어렵게 되는데, 이것은 공동체 내부의 권력 집중이나 계급 분화를 억제하는 중요한 요소로 작용한다. 더 나아가 이러한 커뮤니케이션 환경은 마을이란 공간에서의 의사결정이 민주주의의 원리에 따라 그리고 종종 '직접민주제' 형태로 진행되도록 한다.

6) 일상 속의 직접민주제

루이스 헨리 모건은 『고대 사회』에서 씨족으로 구성된 원시사회의 마을들이 "민주적"이었다는 것을 여러 번 강조한다.[52] 또한 씨족으로 구성된 부족, 부족으로 구성된 종족이나 종족의 연합체도 민주적으로 운영되었다고 말한다.

씨족회의는 야만시대의 씨족제도로부터 문명시대까지의 아시아, 유럽 및 아메리카에 있어서의 고대 사회의 두드러진 특징이었다. 이것은 씨족·종족 및 연합체에 대한 최고 권력이었을 뿐만 아니라 통치기관이었

다. 보통의 사건은 추장이 처리하지만 전체적인 이해관계의 문제는 회의의 결정에 맡겨졌다.[53]

여기서 씨족회의란 마을 구성원 모두가 모여서 회의하는 자리를 의미한다. 모건이 『고대 사회』에서 분석한 북아메리카 원주민 부족들 대부분은 마을의 수장인 추장이 존재하긴 하지만 여기서 추장은 군림하는 존재가 아니었다. 그는 이로쿼이 종족에 대한 연구를 통해 "세습추장은 독자적인 권리로써 통치하는 지배자가 아니라, 다만 자유선거에 의하여 씨족에서 선출된 대표자에 지나지 않았다"고 주장한다.[54] 추장은 씨족 구성원들의 투표로 선정되었으며, 일반적으로 종신직이긴 했지만 상당한 이유가 있을 때 씨족원들에 의해 파면될 수도 있었다.[55] 또한 씨족회의에서는 "모든 성인 남녀 동족이 제출된 문제에 대해 발언권을 가지고 있었"[56]으며, 하나의 씨족 내에서의 의사결정은 부족원 전체의 투표에 의해 결정되었다. 즉 공동체의 실질적인 의사결정 권한은 최종적으로 씨족 구성원 개인들에게 귀속되어 있었던 것인데, 이것은 우리에게 익숙한 정치 용어로 표현하자면 직접민주제에 가까운 정치체제다.[57]

7) 평판체계와 내재적 윤리규범의 작동

앞에서 분석했듯이 입말언어에 기반을 둔 마을 커뮤니케이션은 정보의 정확한 보증이라는 측면에서 상당한 취약점을 가지고 있다. 입에서 입으로 전달되는 입말언어 문화에서는 기억의 불확실성, 전달 과정에서의 오해, 혹은 전달과정에서 전달자의 크고 작은 의도에 의한 정보의 과장, 왜곡과 축소 혹은 누락 등의 현상들이 빈번하게 발생한다. 정보의 정확성을 보증하는 '문자' 같은 기록장치도 사용하지 않고, 전달하고자 하는 정보와 그 정보에 대한 평가조차 구분되지 않는다면, 입말언어를 주로 사용하는 마을이란 공간은 어쩔 수 없이 항상 정보의 왜곡이 발생할 수밖에 없는 것일까? 사정이 그러하다면 마을이란 공간은 항상 오해가 발생할 가능성을 안고 있고, 개인들 사이의 충돌은 빈번할 것이며 따라서 공동체는 쉽게 와해될 수 있는 환경에 놓이게 될 것이다.

하지만 마을에는 이러한 입말언어의 불확실성이 항상 문제를 일으키지는 않는데, 그것은 마을이라는 공간에서 개인들의 빈번한 접촉과 정보의 반복 확인이 이런 위험성을 감소시켜주기 때문이다. 그런데 이것을 보다 근본적으로 보완해주는 또 다른 장치가 있다. 바로 마을의 내재적인 평판체계와 자생적인 윤리규범 말이다.

(1) 마을의 평판체계

우리는 의식하지 못하고 있지만 우리들의 삶은 촘촘한 평판체계로 얽혀져 있다. 일상에서 우리는 심심찮게 '아무개는 믿을 만해', '아무개는 과장이 심해', 혹은 '그것에 대해서는 누구에게 물어봐'와 같이 다른 사람들에 대한 평가치를 가지고 있다. 그리고 우리는 알게 모르게 우리가 기억하고 있는 평판에 기반하여 상대방을 대한다. 이러한 평판체계는 우리가 일상 관계에서 쉬이 함정에 빠지거나 속임수를 당하지 않게 해주는 중요한 안전장치다.

이런 평판체계의 역할은 마을에도 마찬가지로 적용된다. 그런데 마을 단위 커뮤니케이션에서 작동하는 평판체계는 또 다른 특징을 가지고 있는데, 그것은 구성원들 개개인들이 거의 모든 마을 구성원에 대한 평판을 기억하고 있다는 점이다. 마을은 던바의 숫자 150이 작용하는 소규모 공간이기 때문에, 그 공동체를 구성하는 개인들의 머릿속에는 공동체 구성원 개개인이 어떤 사람인가에 대한 정보가 축적되어 있다. 따라서 마을 구성원들이 어떤 정보에 대한 평가를 하거나 혹은 상황을 판단할 때는 단지 그 소식 자체만이 아니라, 그 소식을 전달한 사람에 대한 평판까지도 함께 고려하게 된다. 어떤 사람으로부터 특정한 분야의 지식을 얻을 때, 마을에 흘러들어온 뉴스를 검증하거나 소식의 진위를 확인할 때 혹은 마을의 중요한 의사결정을 할 때 마을 사람들은 각각의 개인들이 가지고 있는 평판에 따라 다른 구성원들에 대한 태도와 대응을 조율하는 것이다. 이러한 평판체계는 하루아침에 만들어지는 것이 아니다. 그것은 마을이라는 한정된 공간에서 오랜 시간에 걸친 반복적인 마주침에 의해 만들어지는 것이다.

(2) 내적인 윤리규범

마을이라는 공간이 제공하는 반복적인 마주침은 또한 마을의 내적 윤리규범을 만들어내는 기제로 작동한다. 최근에 많이 거론되는 게임이론은 마을 공간에서 사회적 윤리규범들이 자생적으로 형성되는 과정들을 잘 설명해준다.

게임이론의 대표적인 사례인 '죄수의 딜레마' 게임부터 살펴보자.[58] 죄수의 딜레마 게임에는 특정한 제약조건에 놓인 2명의 죄수가 등장한다. 두 명의 용의자는 중범죄로 체포되어 서로 격리된 채 심문을 받는다. 형사는 충분한 심증을 가지고 있지만 아직 결정적 증거가 없다. 증거가 없다면 범인들은 둘 다 경범죄로 처리되어 1년 형만을 받게 될 것이다. 형사로서는 이들의 자백을 받아내는 것이 유일한 방법이기에 자백을 받아내기 위한 방안을 궁리한다. 형사는 이들에게 따로따로 제안을 한다. "만약 네가 죄를 자백하면 너에게는 수사에 협조한 대가로 죄를 면해주고 상대방에게 너의 몫까지 죄를 물어 10년형을 살게 할 것이다. 그러니 자백을 해라." 그런데 만약 둘 다 자백을 할 경우에는 둘 다 유죄가 되어 각각 5년형을 받게 될 것이다. 이 경우 두 명의 용의자는 어떤 선택을 해야 할까?

범죄자 개인의 입장에서 보자면 상대방을 배신하고 자백을 하는 것(불기소 혹은 5년)이 자백을 하지 않는 것(1년 혹은 10년)보다 유리하다. 즉 공범에게 죄를 넘기고 배신하는 것(범죄자끼리 협력하지 않는 것)이 유리하다. 그러나 만약 둘 다 협력(1년)한다면 협력을 하지 않는 경우(5년)보다 훨씬 유리해진다. 이처럼 '죄수의 딜레마'는 각 개인의 입장에서 보면 협력하지 않는 것이 이득인 것처럼 보이지만, '둘 다 협력하지 않을 경우'가 '둘 다 협력하는 경우'보다 불리해지는 선택의 딜레마를 보여준다.

'죄수의 딜레마' 게임은 특정한 게임의 조건을 임의로 설정한 것이지만, 우리는 현실에서 이와 비슷한 딜레마를 자주 경험한다. 가까스로 차 한 대가 지나갈 수 있는 골목 한가운데서 마주친 두 대의 자동차를 상상해 보자. 이 경우 개인적인 입장에서 보자면 먼저 양보를 하는 것이 손해다. 먼저 후진해서 양보할 경우 시간이 더 늦어

짐은 물론이고 후진에 따른 사고 위험성까지 감수해야 한다. 따라서 개인의 입장에서 보자면 양보하지 않는 것이 분명히 손해를 덜 보는 것이다. 그런데 두 운전자 모두 자신이 손해를 보지 않기 위해 서로 양보하지 않는다면 어떻게 될까? 이런 경우 양쪽이 대치하면서 시간이 흘러가고 최악의 경우엔 양쪽 골목으로 차들이 몰려들어 빼도 박도 못하는 상황이 벌어진다.[59] 이것은 실제 우리 주변에서 심심찮게 겪게 되는 일이다. '죄수의 딜레마' 게임은 비록 가상의 상황을 설정한 것이지만 우리는 현실에서 이런 죄수의 딜레마를 종종 경험한다.

여기서 신뢰의 문제가 크게 대두된다. 만약 두 죄수가 그들 사이에 충분한 신뢰를 가지고 있는 관계라면 서로 배신하지 않을 것이고 (즉 서로 협력할 것이고) 따라서 둘 다 자백을 하지 않을 가능성이 커진다. 이 경우 그들은 각각 1년형을 받는다. 그러나 두 사람 사이에 신뢰가 없다면 그들은 둘 다 협력하지 않을 가능성이 커진다. 일반적으로 상대방이 자백하지 않을 것이라고 믿고 본인도 자백하지 않는 정도의 신뢰를 갖는 관계는 특별한 관계이기 때문에, 일반적인 상황이라면 이 게임에서 서로 협력하지 않는 것(10년형 대신 5년형을 선택하는 것)이 유리하다고 볼 수 있다. 그렇다면 우리는 일상생활에서 충분히 신뢰할 수 있는 사람이 아니면 협력하지 않는 것이 개인들 각자의 이익을 극대화하는 방안일까? 그렇다면 우리가 사는 사회에서 협력이란 극히 제한된 환경 안에서만 나타나게 될 것이다.

재미있는 것은 이 '죄수의 딜레마' 게임을 반복 실행할 경우 전혀 다른 결과가 도출된다는 사실이다. 『협력의 진화』라는 책에서 액슬로드는 "컴퓨터 죄수의 딜레마 토너먼트"를 제안했다.[60] 그는 각 행위자들agent이 다른 개체들과 협력하거나 배신하는 행위로 점수를 획득하는 컴퓨터 시뮬레이션 프로그램을 만들고 심리학, 사회학, 정치학, 수학 분야의 게임 이론 전문가들에게 이 게임에서 가장 많은 점수를 획득할 수 있는 전략을 세워서 참여하라고 요청했다. 액슬로드의 제안에 모두 열네 명의 게임이론 전문가들이 참가했는데, 그는 열네 명이 제출한 열네 개의 행위자에 하나를 더 추가하여 열다섯 명의 행위자들을 만들고 이들을 무작위로 짝지어 죄수의 딜레마 게임(시뮬레이션)을 반복적으로 실행하도록 만들었다. 단 이때 상대방이 이전 게임에서 어떤 선택을 했는지를 알 수 있도록, 다시 말하면 게임 참가자가 상대방의 성향을 알 수 있게 했다.

죄수의 딜레마 게임에서 단 1회의 실험은 게임의 상대방을 다시 만나지 않는다는 것을 의미한다. 그런데 대개의 경우 인간사회의 인연은 1회로 끝나지 않는다. 우리는 살면서 같은 사람을 반복적으로 만나는 환경에서 산다. 특히 공간 규모가 한정된 마을에서는 대부분의 개인들이 거의 일생 동안을 매일 반복적으로 만나게 되는 환경에 놓여 있다. '죄수의 딜레마'를 반복적으로 실행한 액슬로드의 실험은 같은 사람을 반복적으로 만나게 되는 '마을'과 같은 환경을 게임이론으로 옮겨놓은 것이다. 또한 이전 게임에서 상대방의 이전 선택지를 알 수 있게 한 것은 상대방의 평판 정보를 알 수 있게 한 것과 같다.

이러한 조건 속에서 실험에 참가한 전문가들은 각자 자신들의 판단에 따라 행위자의 행동 유형을 설정했다. 어떤 행위자는 모든 경우에 협조를 하도록 프로그램 되었고, 어떤 행위자는 모든 경우에 비협조를 하고 다른 행위자는 두 번에 한번 협조를 하도록, 또 다른 어떤 행위자는 상대방이 이전 게임에서 협조를 한 경우에는 협조를 하고 비협조를 한 경우에는 비협조를 하도록 프로그램화 했다. 이것은 사람들이 실생활에서 다른 사람들을 대할 때 취하는 어떤 성향들을 프로그램화하여 게임에 참여시킨 것이다.

자 이제, 게임을 수십 회 반복해서 실행해 보자. 과연 여기서 제일 높은 이득을 얻은 전략은 무엇일까? 결론적으로 이 게임에서 가장 경쟁력 있는 전략은 아나톨 라포트 교수가 제출한 것으로, 상대방이 이전 게임에서 협조를 한 경우에는 협조를 하고 상대방이 이전 게임에서 비협조를 한 경우에는 비협조를 하는, 즉 '남이 했던 행동 그대로 그를 대하는 전략'으로 확인되었다. 이것은 배신을 한 행위자에게는 배신을, 협조를 한 행위자에게는 협조를 함으로써 배신에 대해서는 응징을, 협조를 한 행위자에 대해서는 호혜를 베푸는 것이 가장 효과적이라는 것을 실험을 통해 증명한 것이다. 이것을 '맞받아치기 전략'TIT for TAT이라고 한다. 이것은 '눈에는 눈, 이에는 이'라는 오래된 격언과 맥을 같이 하는 것인데, 그렇다고 이것이 단순한 징벌적 의미만을 갖는 것은 아니다. 이것을 재해석하면 남에게 좋은 대접을 받기 위해서는 내가 먼저 호의를 베풀어야 한다는 의미를 내포하고 있다.[61] 따라서 '맞받아치기 전략'을 다시 요약하면 다음과 같다 : 먼저 협력하라. 단 상대방이 배신할 때는 그대로 갚아 주라.

이후 맞받아치기 전략의 우세함을 검증하기 위해 혹은 이와 관련해 제기되는 여러 가지 문제들을 확인하기 위해 많은 실험들이 진행되었는데, 대부분의 경우 맞받아치기 전략 혹은 맞받아치기 전략의 변형 모델들이 경쟁력을 가지고 있음을 확인하였다.[62] 게임이론으로 확인된 맞받아치기 전략의 우세함이 가지는 함의는 아주 중요하다. 게임이론으로 확인된 '상부상조' 혹은 '호혜성'의 경쟁력은 '인간은 선하게 살아야 한다'거나 '인간은 선하다'는 도덕적 명제보다 훨씬 더 강력한데, 왜냐하면 그것은 호혜성이 단지 도덕적으로 올바른 것일 뿐만 아니라, 자신의 이득을 추구하기 위해서라도 호혜성을 베푸는 것이 오히려 유리하다는 것을 증명하기 때문이다.

'반복되는 죄수의 딜레마 게임'은 이기적인 인간들 사이에서 사회적 협동이 어떻게 발생하는지를, 그리고 공동체 내부에서 어떻게 자생적인 윤리가 발생할 수 있는지를 가시적으로 보여주는 실험이다. 이것은 마을이란 공간이 왜 서로 상부상조하는 것을 마을을 유지하는 가장 중요한 윤리 규범으로 내재하게 되는지를 설명해준다. 그것은 원래 사람이 천성적으로 착해서(성선설) 혹은 시골 사람들이 순박해서(낭만적 시각)가 아니라, 이웃끼리 상부상조하는 것이 생존하는 데 있어 전략적으로 우세하기 때문에 호혜성(상부상조)을 선택했다는 것을 보여준다.

마을이란 공간은 사람들이 반복적으로 접촉을 하면서 서로 무리 없이 살아갈 수 있는 규칙을 만들어가는 공간이다. 사람들은 매일 매일 반복적인 행위들을 수행하고 그 결과를 축적하여 '관습', '관례', '도리' 같은 것에 합의하고 그것을 공동체 전체가 공유한다. 그리고 그러한 축적물들은 시간이 갈수록 수많은 시행착오를 거쳐 잘

다듬어지게 마련이다. 사회적 관용에 대한 광범위한 호응 그리고 약자들의 목소리에 대한 암묵적인 협조와 연대를 의미하는 프랑스의 똘레랑스 역시 프랑스 사회가 수많은 역사적 사건들을 겪으면서 축적한 경험의 산물이다.[63]

위에서 살펴본 것처럼 마을 공간에서 반복적이고 일상적인 커뮤니케이션으로 만들어지는 평판체계와 내재적 윤리규범은 마을 구조의 커뮤니케이션이 정보를 정확하게 보존할 수 없는 구술성의 치명적인 약점에 빠지지 않도록 해주는 중요한 균형추이다.

6. 인터넷 마을

아마도 눈치 빠른 사람들은 이미 알아차렸겠지만 마을 단위의 커뮤니케이션 현상을 보고 있노라면 인터넷에서 벌어지는 커뮤니케이션 현상과 상당한 유사하다는 것을 발견할 수 있다.

1) 문자화된 구술성 : 구술 문화의 복원

앞에서 핸드폰 문자는 구술성을 내포한 행위라는 사실을 언급한 바 있다. 그런데 마을 문화의 특징인 구술성이 어떻게 우리가 사는 21세기에 다시 도입되는 것일까? 여기서 우리는 한국 인터넷의 가장 중요한 커뮤니케이션 현상인 게시판과 댓글문화 그리고 SNS를 검토하지 않을 수 없다. 특히 인터넷 게시판의 댓글은 우리 사회에서 뜨거운 이슈 중의 하나다. 인터넷 댓글은 그것을 통해 새로운 정보가 확산되고, 신문기자의 거짓 정보가 밝혀지고, 사회의 여론이 소통되고 형성되는 긍정적인 역할을 하지만 '악플'로 불리는 욕설, 인신공격, 거짓 정보의 유통, 댓글을 통한 집단 공격 등 댓글의 부정적인 측면도 무시할 수 없다. 어떤 사람들은 이것을 '인간이 가지고 있는 악한 본성'이라고 공격하기도 하고, 군중 속에서 사람들의 죄의식이 없어지는 도덕불감증이라고 비판하기도 했다. 댓글 수가 좀 많아지기만 하면 '또 다시 군중들의 마녀사냥질, 대중들의 집단 광기가 시작되었다'며 히스테릭한 반응을 보이는 평론가나 학자도 있었다.

그런데 게시판의 댓글을 조금 더 자세히 살펴보면, 댓글의 유형들이 우리에게 대단히 익숙하다는 것을 알 수 있다. 대화의 소재와 관련하여 누군가에게 전해들은 이야기를 공유하기, 본문의 내용을 짧게 반박하거나 비수와도 같은 한마디로 상대의 폐부를 찌르기, 종종 육두문자와 성적인 표현을 섞어 욕하기, 대화의 상대방을 비판하며 말을 끊고 격렬하게 논쟁하기 등과 같이 게시판과 댓글에서 일상적으로 벌어지는 이런 행위들은, 사실은 어느 카페 혹은 어느 술자리에서 수많은 사람들이 말로 떠드는 내용들이다. 그 속에는 새로운 정보를 전달한다거나 논리적인 설득을 위한 행위도 존재하지만, 개인적인 독백이나 혹은 몇몇이 나누는 잡담, 그러나 종종 사태의 본질을 꿰뚫는 풍자와 해학이 섞인 잡담들이 뒤범벅되어 있다. 즉 게시판의 게시물과 댓글들은 우리가 말로 하는 대화들을 거의 그대로 인터넷으로 옮긴 것이다. 그런 측면에서 게시물과 댓글은 문자문화의 특성보다는 입말언어의 특성 즉 구술성을 더 많이 가지고 있다. 그것은 비록 문자를 사용하기는 하지만 기록 그 자체가 목적이 아닌, 사람들의 '발화'를 문자로 옮긴 것이기 때문이다. 따라서 그것은 문자 미디어의 논리성에 기반하여 정교하게 정제된 표현이 아니라 '문자로 표현된 입말'이라고 보아야 한다. 즉 게시물과 댓글은 문자문화이면서 동시에 입말언어 문화의 성격을 가진, 말하자면 "문자화된 구술성"[64]을 가지고 있는 것이다.

이 지점에 이르러서야 우리는 게시판의 댓글이 왜 그렇게 난삽하고 어지러운지 이해할 수 있다. 그것은 시골 마을과 같이 구술성이 넘치는 공간, 시골 마을 장터에서 집으로 돌아가는 버스 안의 혼잡하고 시끄러운 공간, 아줌마 서너 명이 카페에 앉아 아메리카노와 프라프치노를 먹으며 수다를 떠는 그런 공간, 격이 없는 친구들과 모여 세상사를 논하는 남자들의 술자리의 대화와 다를 바 없는 바로 그런 공간이다.

사실 미디어를 전문적으로 연구한 학자들은 전자미디어가 도입되면서 '제 2차 구술성'의 시대가 도래하고 있다고 오래 전부터 주장하고 있었다. 제 1차 구술성이 문자 없이 입말언어(구어)로만 커뮤니케이션하던 시대를 의미한다면, 제 2차 구술성은 전화의 발명 이후부터 핸드폰, 인터넷으로 이어지는 원격 커뮤니케이션에 기반을 둔 구술문화를 의미한다. 옹은 이에 대해 다음과 같이 말하고 있다.

언어 표현이 전자의 방식으로 변화됨으로써, 한편에서는 쓰기에서 시작된 그리고 인쇄에 의해서 강화된 말과 공간과의 관련이 더욱 깊어졌으며, 다른 한편으로는 이차적인 구술성이라는 새로운 시대의 문화로 의식이 이행되어 왔다. …… 쓰기에 의해서 시작하고 인쇄에 의해서 새로운 단계로 올라선 말의 순차적 처리와 공간화는 컴퓨터에 의해서 더욱 강화된다. 컴퓨터는 말과 공간 및 (전자적인) 위치 운동과의 관련을 극대화하고 분석적인 순차적 배열을 거의 순간적으로 실현함으로써 그것을 가장 효과적으로 행하기 때문이다. 그와 동시에 전자기술은 전화, 라디오, 텔레비전, 가지각색 녹음테이프에 의해서 우리를 '2차적인 구술성'의 시대로 끌어넣었다. 이 새로운 구술성은 다음의 점에서 예전의 구술문화와 놀랄 만큼 유사하다. 즉 2차적인 구술성은 그 속에 사람들이 참가한다는 신비성을 가지며, 고유한 감각을 키우고, 현재의 순간을 중히 여기는 한편, 나아가서 정형구를 사용하기조차 한다. 그러나 이 구술성은 그 본질에 있어서는 한층 의도적이고 스스로를 의식하는 구술성이며, 쓰기와 인쇄의 사용에 끊임없이 기초를 두고 있는 구술성이다. ……
1차적인 구술성과 마찬가지로 2차적인 구술성은 강한 집단의식을 낳았다. 왜냐하면 말하기에 귀를 기울이는 것은 그렇게 해서 듣는 청취자를 하나의 현실적인 청중, 즉 하나의 집단으로 만들어내기 때문이다. 이것은 씌어진 텍스트나 인쇄된 텍스트의 읽기가 개개인을 내향화시키는 것과는 바로 대조적이다. …… 따라서 어떤 의미에서 구술성은 일찍이 없었던 그 본령을 발휘하고 있는 셈이다. 그러나 그것은 과거의 구술성이 아니다. 1차적인 구술성에 속하는 옛 스타일의 연속성은 영구히 사라지고 말았다.[65]

이처럼 인터넷 시대에 이르러 구술성이 다시 사회의 전면으로 표출되고 있다. 게시판의 댓글은 물론이고 인터넷과 무선통신이 보편화된 한국에서 카카오톡으로 하루에 수백 건의 문자를 주고받는 사람들의 모습, 트위터와 페이스북으로 대표되는 SNS 서비스의 보편화 현상은 우리 시대에 이르러 '입말언어'에 기반을 두었던 구술성이 '문자화된 구술성'으로 다시 부활하고 있다는 명백한 증거다.

2) 중첩된 공간

인터넷 게시판은 공식과 비공식, 공적 영역과 사적 영역의 구분이 모호해지는 공간이다. 게시판에 올라오는 글의 대부분은 사적인 발언이다. 하지만 인터넷 게시판은 대부분 공개되어 있기 때문에, 단지 지인들과 공유하고자 게시판에 올린 글이 어느 순간 다수의 공중에 노출될 가능성은 항상 존재한다. 즉 게시판은 사적인 발언이 언제 공적인 발언으로 바뀔지 모르는 공간이다. 개인공간인 블로그도 마찬가지다. 2008년 〈디 워〉 논쟁이 한창일 때 일부 네티즌들에 의해서, 그리고 그 네티즌들의 꽁무니에서 하이에나처럼 '낚시'감을 쫓아다니는 기자에 의해서 이송희일 감독이 자신의 블로그에 쓴 글이 갑자기 공론장으로 끌려 올라왔다. 어떤 사람은 이 사건에 대해 사적인 공간인 블로그에 쓴 글을 공론장으로 끄집어낸 일부의 네티즌들[66]을 비겁하다고 공격했지만, 블로그를 사적인 공간으로 봐야 할지에 대해서는 이견이 많다. 이미 블로그는 모든 사람들이 접근 가능하도록 공개되어 있기 때문에 평소엔 소수의 방문객들만 왕래하더라도, 어느 순간 블로그 자체가 수천수만 명이 드나들며 토론하고 논쟁하고 싸우는 공론장으로 변신할 가능성이 항상 존재하기 때문이다. 그렇다고 블로그를 공적 공간으로 규정할 수도 없다. 그곳은 사적 공간과 공적 공간이 중첩되어 구분선이 점차 옅어지고 있는 제 3의 공간이다.

이것뿐인가? 심지어 공동체의 윤리나 도덕에 위배된다고 판단되는 사람에 대해 집단적으로 문제제기하거나 단죄하는 양상조차 비슷하다. 피그미족의 삶을 다룬 책『숲 사람들』에는 '세푸'라는 피그미족 일원이 공동체의 기본적인 윤리에 어긋나는 짓을 반복해서 했을 때 공동체 구성원 전원이 그에게 집단적인 처벌을 가하는 장면이 나온다.67 종종 '마녀사냥'이라 불리는 인터넷에서의 집합적인 행위는 마을에서 공동체의 규약을 심하게 위반했거나 공동체의 존립 자체를 훼손할 만한 행위를 했을 때, 당사자를 왕따 시키거나 공동체의 다수가 나서서 직접 처벌을 가하거나 심한 경우 아예 추방을 해 버리는 모습과 유사한 면이 있다. 개똥녀 사건, 도시락 사건, 밀양 성폭행 사건, 루저의 난 등등 인터넷을 사용하는 사람들이 이름만 들으면 알 만한 작금의 사건들은, 개인들이 이전에는 아무런 상관이 없었던 또 다른 익명의 개인들의 삶에 (마을에서 흔히 보이는 그러한 모습 그대로, 아니 그것보다 더 투박한 모습으로) 직접적으로 개입하기 시작했다는 것을 보여주는 것이다.

물론 이 개입이 옳은 것인가, 그른 것인가에 대해서는 판단하기 쉽지 않다. 또한 이들에게 그 많은 사람들이 한꺼번에 비난을 쏟아내는 것은 그들이 행한 잘못에 비해 지나친 형벌 아니냐는 주장도 충분히 가능하다. 또한 개인의 정체성을 드러내고 공격하는 이런 사건들이 유독 여성들에게 집중된다는 측면에서 이 현상의 밑바닥에는 또 다른 성차별이 깔려 있는 것 아니냐는 비판도 전혀 근거 없는 얘기는 아니다. 더구나 인터넷에서 개인에 대한 집단 공격은 개인이 자신을 방어할 여지를 별로 주지 않는다는 측면에서 더더욱 판단하기 혼란스럽다. 하지만 우리는 이 현상을 비판하기에 앞서서 인터넷이라는 커뮤니케이션 환경에서는 다수가 특정 개인의 삶에 참여하거나 개입하는 일이 손쉽게 일어날 수 있다는 것을 인정해야 한다. 그것은 도덕적으로 재단을 하거나 윤리적으로 비판하기에 앞서 우리가 살고 있는 커뮤니케이션 환경으로부터 비롯되는 현상들이기 때문이다. 환경으로부터 만들어지는 문제들은 그 환경 속에 사는 개인들을 비난하는 것으로 해결되지 않는다.

3) 사생활의 부재

우리는 이미 2장에서 사생활이 점차 사라지는 우리 시대의 모습을 자세하게 검토한 바 있기 때문에 여기서 '사생활의 부재'에 대한 분석은 생략한다. 다만 개인들의 사생활이 없어지는 현상은 그것이 좋든 싫든 거부할 수 있는 것이 아니라는 사실은 다시 한번 강조하고 싶다. 우리가 해야 할 일은 이러한 현상이 벌어질 수밖에 없다는 것을 인정하고, 우리의 인지체계를 바꾸는 것이다.

4) 다시 '사람이 곧 미디어'

인터넷 문화를 이야기하자면 블로그와 더불어 트위터, 페이스북 같은 SNS를 빼놓을 수 없다. 블로그, 트위터, 페이스북 등은 개인들이 자신이 하고 싶은 이야기를 기록하고 공유하는 개인공간이다. 그런데 이 서비스들에서 개인들은 컨텐츠/정보를 생산하는 역할,

이미 만들어진 컨텐츠/정보를 수용하고 저장하는 역할, 컨텐츠/정보를 평가하는 역할, 컨텐츠/정보를 확산시키는 역할을 동시에 수행한다. 마을 공간에서 개인들이 스스로 미디어 역할을 했던 양상들 즉 그들 스스로가 메시지의 생산자이고 수신자이고 전달자이고 평가자였던 양상들이 블로그나 트위터, 페이스북 등과 같은 SNS 서비스를 통해 거의 비슷하게 재현되고 있는 것이다.

트위터는 개인이 미디어 역할을 하는 시대적 특징을 보다 강하게 구현한 경우다.[68] 트위터는 블로그의 성격과 SNS의 성격을 동시에 가지고 있어, 정보 유통 속도가 대단히 빠르다. 사건사고, 이슈와 같은 소식들이 트위터에 엮여 있는 인맥망을 통해 순식간에 확산되는데, 이렇게 광범위한 범위의 정보를 빠르게 취합해서 그것을 다수의 개인들에게 유통하는 역할은 기존의 매스미디어로는 불가능한 것이었다. 여기서 미디어 역할을 하는 것은 트위터가 아니라 개인이다. 속보를 지인에게 알리는 행위의 주체도 개인이고, 어떤 정보를 또 다른 지인에게 전달하고 말고를 결정하는 것 — 매스미디어의 용어로 표현하자면 Gatekeeping 행위 — 도 역시 개인이다. 트위터란 서비스는 개인들 스스로가 미디어로 작동할 수 있는 도구를 제공한 것뿐이다.

이뿐만이 아니다. 핸드폰으로 보내는 문자SMS 역시 개인들이 미디어 그 자체라는 것을 확인시켜 준다. 필리핀의 '제 2차 피플 혁명'에서 비리를 저지른 대통령 에스트라다를 쫓아낸 것은 '문자'였다. 2001년 필리핀의 대통령 조지프 에스트라다는 자신의 비리가 공개되자 이것이 유포되는 것을 막기 위해 방송국을 장악했는데, 실시간으로 핸드폰 문자 메시지를 받고 순식간에 대통령 궁 앞에 모여든 시민들에게 항복을 선언할 수밖에 없었다. 필리핀 국민들 중 휴대전화를 가지고 있던 사람들이 지인들에게 수십만 통의 문자를 날려 순식간에 수만 명이 운집하였고, 3일 만에 100만 명이 모여들게 만든 것이다. 필리핀의 문자 문화와 정치성을 분석한 빈센트 라파엘 교수는 '제 2차 피플 혁명'에서 군중 그 자체를 미디어medium로 볼 수 있다고 말한다.

> '매개물'이라는 단어가 요소들, 대상들, 사람들, 사물들을 모으고 변형시키는 수단을 의미한다면 군중은 일종의 매개물medium이라고 할 수 있다. 매개물로서, 군중은 또한 기대가 발생하고 메시지가 순환하는 장소이다. 우리가 군중을 단지 기술 장치들의 결과물로서가 아니라 일종의 기술 그 자체로서 생각할 수 있는 것도 바로 이런 의미에서이다.[69]

블로그나 문자 혹은 트위터라는 도구를 통해 개인들 스스로가 (거대한 규모의) 미디어로 기능하는 이러한 현상은 불과 15년 전만해도 존재하지 않았던 새로운 현상이다. 그래서 많은 사람들은 이 새로운 현상에 대해 놀라워하며 이 새로운 변화의 의미가 무엇인지 궁금해 한다. 물론 근대적인 매스미디어 시각에서 보자면 이것이 미증유의 새로운 현상이다. 그러나 조금만 더 깊이 파고 들어가 긴 역사적 흐름 속에서 보자면 미디어의 주체와 미디어의 수용자가 분리되었던 근대적인 미디어 형식 자체가 미디어의 역사에서 오히려 예외적인 경우다. 인류의 역사에 대해 미디어 생태학자들이 사용하

는 시계의 비유는 인류의 역사에서 근대적인 미디어가 차지하는 시
간이 얼마나 예외적인지를 잘 보여준다.

60개의 분을 가진 시계의 표면을 상상하자. 그 시계를 쓰기체계에 접근
해 온 인간의 시간으로 상징화하자. 그러면 이 시계는 대략 3,000여년을
나타낸다. 그리고 이 시계의 각각의 분은 50년을 나타낸다. 이러한 크기
로 보면, 대략 9분 전까지는 어떠한 미디어의 변화도 없다. 바로 그 시간
에 서구문화에서 인쇄신문이 등장했다. 대략 3분 전에 전신, 사진, 기관
차가 도착했다. 2분 전에, 전화, 윤전기, 무성영화, 자동차, 비행기, 라디
오가 등장했고, 1분전에 유성영화가 등장했으며, 텔레비전은 마지막 10
초 전에, 컴퓨터는 5초 전에, 커뮤니케이션 위성은 마지막 2초 동안에 나
타났다.[70]

위 글에서 보듯이 신문과 TV로 대표되는 매스미디어가 사회의
중추적인 미디어로 등장하기 시작한 것은 신문의 대량 인쇄가 시작
되던 시기 즉 지금으로부터 불과 3~4백 년 전의 일이다. 인쇄술의
보급을 통한 신문의 대량생산, 그리고 전보로부터 라디오, 텔레비전
에 이르는 텔레커뮤니케이션 기술의 발달로 완성된 근대 매스미디
어 시스템은 미디어 송신자(주체)와 미디어 수용자(객체)의 분리를
완성시켰다. 즉 근대 미디어 체제는 정보를 생산하고 전달하는 것을 전문
적인 업으로 하는 기자, 편집자 같은 미디어 전문가들을 만들어냈고, 이들
이 공동체의 미디어 기능을 전담(독점)함으로써 사회 전반적으로 미디어
생산자와 수용자가 분리된 것이다. 근대사회에서 매스미디어는 사회 외부

의 '초월적인 눈'과 같은 존재였다. 물론 매스미디어가 사회의 중추적인 미디어 역할을 하는 근대사회에서도 '입소문'word of mouse은 커뮤니케이션의 저변에서 지속적으로 작동하고 있었다. 인간사에서 문자, 인쇄 등 입말언어 이외의 커뮤니케이션 미디어가 도입된 이후에도 대부분의 인간들은 일상생활에서 입말언어 환경에서 살고 있었기 때문이다.

따라서 매스미디어가 사회 전체의 정보 소통을 거의 독점하다시피 하고 있는 근대적 시각에서 보자면 새롭게 등장하고 있는 개인미디어가 다소 특이한 현상이겠지만 조금만 더 생각해보면 이것은 결코 특이한 현상이 아니다. 인류 역사상 대부분의 시기에서 미디어는 송신자와 수신자가 구분되어 존재하지 않는 사회, 즉 사람이 곧 미디어인 사회였기 때문이다. 사실 인쇄술이 본격적으로 사회에 보급되기 전까지 인류 대부분이 사용했던 주된 커뮤니케이션 양식은 사람의 입에서 입으로 전달되는 방식 즉 면대면 커뮤니케이션이었다. 인류 사회에 문자가 도입된 이후로 왕족이나 귀족, 관료들이 문자를 면대면 커뮤니케이션을 뛰어넘는 원격 커뮤니케이션의 도구로 사용하긴 했지만, 그들은 사회 전체 인구로 보자면 아주 극소수에 불과했다. 인쇄술이 보편화되고 근대적인 의무교육이 도입되는 20세기 전까지도 대부분의 사람들은 문맹이었고, 대다수의 사회 구성원들은 일상에서 여전히 입말언어에 기반을 둔 면대면 커뮤니케이션을 사용하였다.

요약하자면 인간 사회에 언어가 도입된 수천 년의 기간 동안 정보 생산자, 정보 전달자, 정보 수신자가 분리된 것은 그 중 몇 백 년

에 불과한 매스미디어 시대뿐이다. 우리는 역사적으로 단지 수백
년 동안만 존속했던 시대, 미디어가 전문화되어 사회와 독립적으로
존재했던 매스미디어 시대를 넘어, 다시 사람들 그 자신이 미디어
가 되는 사회로 진입하고 있다.[71]

5) 실시간 민주주의

2008년 2월 10일 발생한 숭례문 방화사건을 둘러싸고 벌어졌던
커뮤니케이션 과정들은 우리 사회 내부의 커뮤니케이션 속도가 하
루 단위에 도달했음을 잘 보여준다. 2월 10일 밤 방화가 발생해 11
일 새벽 숭례문이 불에 타 완전히 무너진 후, 12일 이명박 대통령 당
선자는 인수위원회 간사단회의에서 숭례문을 "안타까워하는 국민
들의 성금을 모아 복원하는 것이 어떻겠느냐"는 제안을 했다. 이 제
안은 곧 정권 인수위에 받아들여져, 인수위는 숭례문 복원을 위한 국
민모금운동을 준비하겠다고 발표하기에 이른다. 이 뉴스는 2월 12일
오전 9~10시 경 언론을 통해 처음 보도되었다. 발표 직후 서초구청,
〈경북도새마을회〉 등에서는 성금 모금을 위한 구체적인 작업들이
시작되었는데[72], 인터넷에서는 블로그와 뉴스의 댓글을 중심으로
반대여론이 거세게 제기되었다.[73] 인터넷 포털 다음의 아고라에서는
처음엔 모금운동 찬성 청원이 올라왔다가 즉시 반대청원이 대거 올
라오면서 찬성 청원이 바로 묻혀버리는 일도 발생했다. 그리고 바로
그 다음날인 13일, 이경숙 인수위원장은 간사단회의에서 "이 당선인
의 본의가 제대로 전달 안 돼 오해하는 부분이 있는 것 같다"며 "강제
적인 국민 모금운동은 하지 않겠다"고 정정했다.[74] 이 뉴스가 보도된

시간은 2월 13일 오전 10시경이다. 대통령 당선자의 즉흥적인 제안이 수용되었다가 국민들의 여론에 밀려 다시 철회되는 이 모든 과정이 진행되는 시간은 불과 24시간 남짓이었다. 정책의 제안에서부터 국민들의 여론수렴Feedback 과정을 거쳐 정책 수정/보완/폐기에 이르는 이 과정들이 거의 하루 사이에 일어난 것이다. 이런 사례는 숭례문만이 아니다. '어린쥐' 사건으로 유명한 이경숙 인수위원장이 2008년 1월 24일 발표한 '영어 몰입교육' 정책도 엄청난 논란 끝에 4일 후인 1월 28일 '오해'라는 말과 함께 다시 정정되었다.

시민들의 의견 표출 행동이 조직화되어 오프라인으로 표출되는 시간도 급격하게 짧아졌다. 촛불의 시발점이었던 '미선이·효순이' 추모 집회는 집회가 제안된 지 불과 3~4일 만에 만들어졌다. 2008년 야당이 아주 소극적으로 쇠고기 협상을 비판하고 있을 즈음, 광우병 소고기 수입 반대를 위한 최초의 촛불문화제가 5월 2일 거행된다는 소식이 인터넷을 통해 퍼지기 시작한 건 4월 28일, 채 일주일도 안 되는 시간이었다.[75] 그 며칠 사이 사람들은 스스로 정보를 공유하고 행동에 나서야 한다는 공감대를 만들고 급기야 수만 명의 인파가 청계광장에 촛불을 들고 모여든 것이다.

이런 정보 확산 속도 및 여론 수렴 속도 그리고 그에 따른 의견과 행동의 표출 속도는 예전에는 상상할 수 없었던 속도다. 정치적, 사회적으로 던져진 이슈들에 대해서 사람들은 인터넷으로 즉각 반응한다. 반대의 목소리, 찬성의 목소리, 정정의 목소리, 비난의 목소리, 그리고 또 다르게 무엇인가를 만들어보려는 아이디어들이 넘쳐나고, 이런 목소리 중 일부는 정책에 즉각 반영되기도 한다. 이제 우리는 어떤 이슈가 공론화되는 것은 하루면 충분하고, 큰 사안인 경우에도 다수의 사람들이 정보를 습득하고 공유하고 토론하고 입장을 정리하고 행동에 나서기까지 이 모든 과정들이 짧으면 하루, 길어야 일주일이면 가능한 시점에 다다른 것이다. 바로 이 속도, 즉 국민들이 정보를 습득하고 공론을 형성하고 온라인으로 자신들의 의사를 표현하는 하루라는 시간, 그리고 필요하다면 자신의 의견을 표현하기 위해 오프라인 행동으로 자신의 의견을 표현할 수 있는 시간이 불과 일주일 안팎으로 당겨진 지금의 속도가 직접민주제를 가능케 하는 현재의 커뮤니케이션 환경이다.

6) 직접민주제의 복원

인터넷이 도입되면서 직접민주제 시대가 도래할 것이라는 주장은 이미 1990년대 초반부터 자주 거론되었던 이야기이다.[76] 이미 1960년대에 맥루한은 전기시대에 이르러 대의제 민주주의가 직접민주제로 바뀔 것이라고 예언한 바 있다.

정보의 속도가 빨라짐에 따라, 정치는 대표를 선출하여 결정권을 위탁하는 경향에서 벗어났다. 전 사회 공동체가 의사 결정이라는 중추적 행위에 직접적으로 관여하게 된 것이다. **정보의 속도가 느려지면 대리자나 대표자가 필요할 수밖에 없다.** 그러한 대리자들을 내세움으로써, 사회의 다른 사람들이 처리되고 고려되기를 바라는 공공의 관심사에 대한 여러 분야의 견해들을 내세울 수 있게 되는 것이다. 그러나 전기의 속도가 이러한 대리, 대표 조직에 도입될 때, 이미 구식이 되어버린 이러

한 조직은 속임수와 임시변통이라는 방법으로 간신히 그 기능을 유지할 수밖에 없다.[77]

역사적으로 대의제 민주주의가 결코 제대로 된 민주주의가 아 님에도 불구하고 광범위한 동의를 얻을 수 있었던 것은, 근대국가 규모의 넓은 공간에서 최소 수백만에서 많게는 수억 명에 이르는 공동체 구성원들끼리 직접적으로 커뮤니케이션하는 것이 물리적으로 불가능하고, 따라서 직접민주제로는 공동체의 중요한 사안들에 대해 빠르게 의견을 수렴하고 의사결정 하는 것이 현실적으로 불가능했기 때문이었다.[78] 즉 대의제 민주주의의 존재 의미는 대의제가 근대 민족국가 규모의 공간에서 커뮤니케이션 속도의 시공간적 제약을 보완할 수 있는 유력한 장치로서 기능했다는 데 있었다. 그런데 공동체와 관련된 크고 작은 이슈들이 불과 하루 사이에 구성원 대다수에게 전파되는 상황, 공동체의 구성원들이 인터넷과 휴대폰으로 실시간 커뮤니케이션을 하고 있는 상황, 국민들이 직접 사회적인 의제를 설정하고 공론을 형성하고 3~4일 만에 직접 행동에 나설 수 있게 된 지금의 상황에 이르러, 우리는 대의제 민주주의가 지금 우리가 사는 사회적 환경에 적합한 제도인지 심각한 질문을 던져 보아야 한다. 왜냐하면 앞으로 대의제로 민의를 반영하는 속도와 국민들이 스스로 공론을 형성하고 행동에 나서는 속도 사이에는 점점 더 큰 격차가 생길 것이기 때문이다.

분명한 것은 대의제 민주주의는 이제 더 이상 인터넷으로 형성되는 민심의 속도를 좇아갈 수 없다는 것이다. 국민들의 집합적인 의

사형성 및 표현 시간은 점점 짧아지고 있으며, 대의제 정치인들이 이를 수렴하여 정책에 반영하는 시간과의 괴리는 점점 더 커지고 있다. 즉 우리 사회의 여론 형성 및 의사결정 구조에서 대의제 민주주의가 사회 전반적인 시간지체 현상을 불러일으키고 있다는 것이다. 소고기 수입 문제, 4대강 사업으로 포장된 대운하 사업, 미디어법 관련 공방, 공기업 민영화 정책, 세종시법을 둘러싼 공방, 제 2의 광우병 파동 등 이명박 정부 하에서 벌어졌던 여러 가지 이슈들은 대의제 민주주의가 민의를 반영하는 도구가 아니라, 오히려 민의의 반영을 지연시키고 권력자의 사욕을 챙기는 도구로 사용되고 있음을 보여준다.

안타깝게도 우리 사회에는 새로운 미디어 환경을 십분 활용하는 개인들의 적극적인 의사표현을 제도적으로 수렴할 수 있는 통로는 아직 마련되지 않았다. 그런데 우리가 놓쳐서는 안 되는 것은, 사회 내부의 전반적인 커뮤니케이션 속도가 예전보다 훨씬 빨라졌고 이에 따라 공론장에서 여론의 확산과 수렴 속도가 거의 실시간에 가까워졌으며, 이렇게 빠른 속도로 형성된 여론이 정치권 혹은 의사결정자들에게 무시하지 못할 압력으로 작용하고 있다는 사실이다. 부족한 사례이긴 하지만 숭례문 복원과 관련된 커뮤니케이션 과정에서 보았듯이, 비록 제도화되지는 않았을지라도 실제 사회의 커뮤니케이션 구조에서 직접민주주의적인 효과들이 발생하고 있는 것이다. 마을이라는 공간에서 구성원들 전체가 참여하는 의사결정과정을 거치지 않아도 내부적으로 직접민주제의 원리가 작동하는 것처럼, 우리 사회도 사회 구성원 다수의 직접적인 참여가 만들어내는 거부할 수 없는 압력이 사회 전반에 밀려오고 있는 시점에 와 있다.

이미 우리는 직접민주제의 단초라고 부를 수 있는 형태의 정치 행위들을 경험한 바 있다. 2002년 유시민 씨를 주축으로 만들어진 개혁당은 인터넷을 활용한 당원들의 직접 투표로 정당의 주요 정책을 결정하는 시스템을 도입했다. 하지만 이 실험은 당원들의 직접적인 의사결정 구조가 완벽하게 보장되지 않았다는 점, 개혁당이 제대로 된 실험을 하기도 전에 해체되고 말았다는 점 등에서 여러 가지 한계점을 가지고 있었지만, 그럼에도 불구하고 큰 의미를 지닌 실험이었다. 우리는 국민들의 직접적인 의사를 수렴하는 새로운 기술적인 방안도 경험했다. 2007년 민주통합당 대선 경선 때 한명숙 전 총리가 처음 제안 한 모바일 투표는 현실적으로 다소 어려워 보이는 '실시간 여론 수렴'에 대해 상당히 신뢰성 있는 방안을 제시한 역사상 최초의 실험이다. 그 이후 민주노동당과 창조한국당도 모바일 투표를 시행했고, 2012년 민주통합당 대표 선출 과정과 대선 후보 선출 과정에서도 모바일 투표를 실시함으로써, 모바일을 활용한 직접적인 참여가 향후 실시간으로 민심을 수렴하는 기술적 장치로 발전할 수 있는 가능성을 확인해 주었다.

물론 모바일 투표를 실행하는 과정에서 통합진보당에서 오류와 조작 등 여러 가지 잡음이 생기기는 했지만, 그것은 모바일 투표라는 기술적 도구 자체에 내재한 문제라기보다는 단지 그 실행 주체들이 시스템을 제대로 운영할 의지가 없었기 때문에 발생한 일이다.[79] 전 국민의 97%를 넘는 인터넷 보급률, 숫자상으로는 전 국민의 100%를 넘는 핸드폰 보급률은 실시간 여론수렴을 가능하게 해주는 기술적인 인프라가 이미 우리 사회에 존재한다는 것을 의미한다.

7) 평판체계의 재구성

평판체계는 어떨까? 평판이란 무엇보다 어떤 사람이 과거에 했던 말과 행위에 대한 기억과 평가다. 인터넷은 개인들의 발언과 행위의 흔적들이 기록으로 남는 공간이다. 개인들은 게시판, 블로그, 미니홈피에서 어떤 행위를 하면서 자신의 흔적들을 남긴다. 그리고 네티즌들은 타인이 남긴 행위의 흔적들을 추적하고 기록하고 공유하는 일들을 일상적으로 실행하고 있다. 어떤 개인이 사회에 대해 발언을 했을 때, 그의 발언이 공동체의 어떤 윤리적 기준에 합당한지, 그 개인 스스로 일관성은 있는지, 거짓말은 아닌지 혹은 돈이나 그 외의 어떤 이득을 위해 글을 쓴 것은 아닌지를 그의 과거 히스토리에 비추어 평가하는 행위들 말이다. 인터넷에 존재하는 방대한 데이터들, 기록 자료들은 언제든지 사람들이 재활용할 수 있는 자료들이며, 바로 이런 자료들이 우리 시대의 평판자료로 활용되는 것이다.[80]

정치인들은 물론이고 기자들, 평론가들이 일관성을 잃었을 때 네티즌들이 그가 쓴 과거의 글이나 평론을 찾아내어 그의 일관성을 심판대에 올리는 경우가 부지기수다. 각 포털이나 언론사의 댓글들 중 논쟁적인 글들에는 그 기자가 작성한 과거 기사를 들추어내어 현재 쓴 글과 비교하여 그의 일관성이 어느 정도인지를 드러내는 행위들이 일상적으로 행해지고 있다.

따라서 일부 정치인들, 권력자들 그리고 언론인들이 이러한 네티즌들의 움직임에 경기를 일으키는 것은 당연한 것 같다. 언론계에 종사하는 사람의 말에 의하면, 기자들 중에는 자신의 기사에 달린 인터넷의 댓글이 너무 폭력적이라며 자신이 쓴 기사의 댓글을 절대 보지 않는 사람들이 아주 많다고 한다. 아마도 자신이 제공한 정보에 대한 사람들의 반응이나 평가를 신경 쓰지 않아도 무방했던 매스미디어 환경에 익숙한 언론인들에게는 최근에 급격하게 진행되는 미디어 환경의 변화가 분명 낯설고 두려울 것이다. 하지만 이것은 피해갈 수 없는 것이다. 현재까지 사회적인 평판정보가 만들어지는 과정은 전적으로 사람들의 수작업으로 이루어지고 있지만, 이미 인터넷을 매개로 우리 사회 전반적인 영역에서 초보적인 평판체계가 작동하고 있다는 것을 인정해야 한다. 시대적인 환경이 제공했던 어떤 기득권에 취해 환경의 변화를 의도적으로 무시하고 거부하는 사람들에게 맥루한이 60년 전에 던진 경고는 의미심장하다.

기존의 환경에 충분히 적응한 사람은 그 환경에 아주 작은 변화가 일어나도 그 새로운 도전에 대처할 방법이 없게 된다. 또 〈관습적인 지혜〉를 대표하는 사람들은 그 어떤 사회에서나 이 같은 곤경에 처해 있다. 그들의 모든 지위와 안전은 기성 지식이라는 단순한 형태에 의존해 있기 때문에 혁신은 그들에게 새로움이 아니라 파멸이다.[81]

7. 마을의 귀환

위에서 우리는 우리가 사는 환경이 마을의 그것과 유사해지는 측면들을 살펴보았다. 구술문화가 복원되고 사람들 그 자신이 미디어가 되며 공적 영역과 사적 영역의 경계가 흐려지고 비록 초보적

이고 투박하나마 사회 전 영역에 걸쳐 평판체계가 부상하는 현재의
모습들은 얼핏 보면 대단히 낯설어 보이지만, 우리가 조금만 더 깊
숙이 들여다본다면 이미 우리가 마을이란 공간에서 익숙하게 경험
했던 현상들이다. 이런 정도라면 이제 우리가 사는 커뮤니케이션
환경은 '마을 단위 커뮤니케이션 구조'와 거의 비슷한 환경에 도달
했다고 보아도 되지 않을까? 맥루한은 그 자신이 "전기시대"라고 규
정한 현대사회에 대해 "전기시대란 다름 아닌 즉시성이 시간과 공
간을 제거하고 사람들에게 통합적이고 원시적인 지각을 되돌려준
시대"라고 규정하고 있다. 그리고 "전기시대"는 필연적으로 서로가
서로의 삶에 개입하는 시대다.

> 기계시대에는 …… 모든 움직임이 느리게 진행되었기 때문에 그에 대한
> 반응이 상당히 지연되어도 문제가 될 것이 없었다는 뜻이다. 그러나 오
> 늘날에는 어떤 행위와 그에 대한 반응이 거의 동시에 일어난다. ……
> 중추신경 조직이 기술적으로 확장되어 우리를 인류 전체 속에 개입시
> 키고 또 인류 전체를 우리 속에 통합시키는 전기 시대에, 우리 서구인은
> 필연적으로 우리의 모든 행위들이 가져올 결과에 심도 있게 관여하지
> 않을 수 없다. …… 현대 세계는 극적 반전을 일으켜 압축적으로 변하
> 게 되었다. 지구는 전기의 힘으로 응축되어 하나의 촌락이 된 것이다.
> 전기미디어 덕택에 우리가 그들의 삶에 〈개입〉하듯 그들도 우리의 삶
> 에 개입한다.[82]

이러한 일련의 현상들은 긍정적이기도 하고 부정적이기도 하다.

그런데 여기서 중요한 것은 그것의 긍정성과 부정성을 판단하는 것이 아니다. 그것보다 먼저 그것이 우리에게 주어진 환경 즉 비껴갈 수 없는 삶의 조건이라는 것을 인식하고 우리가 그러한 환경 속에 놓여 있다는 것을 인정하는 것이 필요하다. 그 다음으로는 그 환경이 만들어진 이유는 무엇이고 어떤 특성을 가지고 있는지를 파악해야 한다.

그렇다면 어떻게 도시성에 기반을 둔 현대문명에서 익명성이 사라지는 현상이 발생했을까? 어떻게 작은 공간과 적은 인구를 가진 마을 규모 공동체와 '대한민국'이라는 국가 규모 공동체의 커뮤니케이션 구조가 유사성을 띠게 되는 것일까? 그 이유는 단적으로 말하자면 우리가 지금 일상 속에서 경험하고 있는 **커뮤니케이션 속도의 변화**에 있다. 인터넷은 시공간을 '실시간'으로 압축함으로써 공동체 내부에 커뮤니케이션 속도와 정보 이동 속도에 급격한 변화를 가져온다. 새로운 통신기술의 도입으로 인한 사회 전반적인 커뮤니케이션 속도의 변화가 사회구조 전반에 엄청난 변화를 초래하고 있는 것이다.

정보, 속도 그리고 미디어

1. 1919 vs 2002

2. 속도와 정치

3. 문자의 도입

4. 문자 계급 vs 입말언어 계급

5. 인쇄기술, 대중사회를 만들다

6. 인터넷 : 절대속도의 일반화

정보, 속도 그리고 미디어

나는 〈국가〉라는 단어를 사용했지만, 그것이 뜻하는 바는 분명하다. 그것은 금발의 야수의 한 무리, 어떤 지배자, 정복자 종족을 일컫는 것으로 이들은 전투적 체제로 편성되어 있고 조직력을 지니고 있기 때문에 수적으로는 아마도 압도적으로 우세하면서도 아직 형태를 이루지 못하고 유랑하고 있는 주민에게 주저 없이 그 무서운 발톱을 들이댔다. 실로 이렇게 해서 지상에 〈국가〉가 비롯되었던 것이다 …… 이들은 운명처럼 오는 것이며 거기에는 아무런 이유도 고려도 구실도 없다. 이들은 번개처럼 거기에 와 있는 것이다.

— 니체, 『도덕의 계보』

6월 광장의 대치점은 세대도 이념도 아니었다. 낡은 상상력과 새로운 상상력의 대치였고, 아날로그적 속도와 웹 2.0 속도의 대치였다.

— 아고라 폐인들, 『대한민국 상식사전 아고라』

1. 1919 vs 2002

'1919년 3월 1일'로 상징화되어 있는 3·1운동에 대한 일반적인 통념은 3·1운동의 본 모습을 다소 왜곡시키는 측면이 있다. 그것은 '3·1운동'이 마치 한날한시에 전국적으로 벌어졌던 사건이라는 이미지를 만든다. 또한 민족 대표 33인으로 대표되는 어떤 시위의 주도세력이 있었고 이들을 중심으로 3 · 1운동이 벌어진 것 같은 신화를 만든다. 그런데 이들이 3 · 1 선언의 주체인 것은 사실이지만 이들이 3 · 1 만세운동을 주도했다는 기록은 없다. 실상 3월 1일 벌어진 일은 민족대표 33인이 태화관에 모여 성명서를 낭독한 후 총독부에 자진출두하고, 민족대표 33인이 나타나기를 기다리던 1천여 명의 학생들이 서울의 독립문에서 시위를 벌이면서 시작된 것이다.[1] 이후 고종황제의 장례식이 있었던 3월 3일 전국에서 50만 명의 인파가 몰려들면서 3월 1일의 만세운동 소식이 다양한 전파 경로를 타고 점차 인접한 도시와 농촌으로 자발적으로 퍼지게 되는데, 3 · 1운동 소식이 전국으로 확산되기까지는 거의 15일 정도가 소요되었다고 한다. 면 단위 이하의 마을이나 산간벽촌 그리고 국내뿐 아니라 만주, 일본, 미주 지역으로 확산되기까지는 더 많은 시간이 걸렸다. 즉 3 · 1운동은 3 · 1일 일거에 폭발한 일회적인 사건이 아니라 3월 1일에 점화되어 5월까지 지속적으로 확산되며 근 3개월에 걸쳐 진행된 장기간의 운동이었다.[2]

이때는 TV나 라디오 같은 전국적인 미디어도, 전국적인 규모의 정당이나 전국적인 소통망이나 영향력을 가진 사회운동 조직도 없었다. 게다가 1910년 한일합방 이후로 국가의 행정력이 미치는 모든 곳을 일본 제국주의가 감시하고 있었다. 전화는 이미 1903년에 부산까지 개설되었지만 주로 일본 관료들이 사용하였고, 일본인이 운영하는 우정국에서는 한국인들이 보내는 모든 우편물들을 검열했다고 한다. 당시 사람들은 서울과 부산 등 몇몇 대도시를 제외하고는 대부분 고립된 소규모 마을에서 살았고, 19세기 말 전국 각지

에 포와 접이라는 조직을 갖추고 조선 후기 최대의 민중항쟁을 주
도했던 동학운동 조직이 일본군과 조선왕조의 관군에 의해 철저하
게 괴멸된 이후, 각 지역에 걸쳐 있었던 민중들의 자발적인 사회적
연결망Social Network은 거의 끊어진 상태였다.

이러한 미디어 환경에서 정보의 확산 속도는 지리적 환경에 크
게 영향을 받을 수밖에 없다. 당시의 미디어 환경은 정보가 빠른 시
간 내에 확산될 수 없는 구조였기 때문에 3·1운동이 방방곡곡으로
확산되는 과정은 결국 사람들의 입에서 입으로 통하는 '구전 커뮤니
케이션'의 힘을 빌릴 수밖에 없었다. 물론 사회연결망이 전혀 없었
던 것은 아니다. 1900~1910년 사이에 폭발적으로 늘어난 사립학교
들3과 사립 고등학교 등을 중심으로 자생적으로 만들어지던 학생조
직들, 근대교육을 먼저 접했던 지식인들의 개인적인 인맥, 점조직으
로 은밀하게 남아 있던 동학 조직이나 활빈당 조직들, 이제 막 조직
되어가는 노동자 조직이나 독립운동 조직 등 어떤 목적과 이유로
사회적인 연결망을 가진 개인과 조직들이 일정한 역할을 했다. 또
한 소규모 마을들이 산재해 있던 시골에서 5일장이나 6일장 같은
정기적인 장터는 커뮤니케이션과 정보 유통의 중심지 역할을 했는
데, 이러한 장터를 통해 3·1운동 소식이 확산되었다. 장터에는 각
마을의 장터를 돌아다니며 의도적으로 만세운동을 유도하는 만세
꾼들도 있었다고 한다. 그러나 위에서 언급한 학생조직이나 개인적
인 인맥, 장터를 중심으로 한 소규모 조직들이 주로 사용했던 커뮤
니케이션 방식조차 면대면 커뮤니케이션이었기 때문에, 3·1운동
의 전파 속도는 상당히 느릴 수밖에 없었다. 3·1운동 소식이 전국

으로 확산되는 데 15일이나 걸린 것은 전혀 이상한 일이 아니다.

어떤 정보들은 시간이 지나면 그 정보를 바탕으로 한 판단이나 행위들이 결과적으로 효력을 상실하거나 전혀 쓸데없는 짓거리가 되거나 역효과를 내는 경우가 있다. 만약 그것이 전쟁 시기라면 유효기간이 만료된 정보는 아군에게 아주 치명적일 수도 있다. 시위, 운동, 집합행동이라는 것이 의견을 표출하고 정보를 확산시킴으로써 주장을 관찰시키기 위한 것이라면, 상당한 시간을 두고 순차적이고 산발적으로 벌어지는 시위는 당연히 그 효과가 반감될 것이다. 예컨대, 3·1운동 소식이 한 달 만에 어느 시골 마을에 전달되었을 때 그 마을 사람들이 행한 만세운동은 얼마나 큰 효과가 있었을까? 더구나 조선총독부는 자신들의 행정 조직과 우편전달망 그리고 실시간으로 정보를 전달하는 전화 등 근대적인 통신망을 이용해 전국에 '만세운동' 경보령을 내리고 즉각 진압할 준비를 마친 채 대기 중이었을 터이니 말이다. 사실 '속도'라는 측면에서 보자면 당시의 일본 제국은 조선의 지배계급이었던 양반이나 피지배계급이었던 민중들에게 압도적인 우위를 확보하고 있었다.

만세운동이 벌어지던 시대적 상황이 이러했기에, 독립을 희망하는 사람들의 염원을 표현해준다는 측면에서는 뒤늦은 만세운동조차 충분한 상징성을 가지고 있지만, 그 희생만큼의 값어치를 따져본다면 '그것이 얼마나 효과적이었냐'하는 문제에 있어서는 이야기가 조금 복잡해진다. 3·1운동의 의미나 그 효과를 폄훼하려는 것이 아니다. 3·1운동을 통해 당시의 미디어 환경과 지금의 미디어 환경이 어떻게 다른지, 그리고 서로 다른 미디어 환경 속에서 행해진 개인들의 행동이 결과적으로 어떤 차이점을 가지고 있는지를 확인해보자는 것이다.

만약 그 시대에 인터넷이 전국에 깔려 있고, 이러한 통신망을 통해 3·1운동 소식이 전국에 실시간으로 퍼졌다면? 석 달 넘게 전국 곳곳에서 산발적으로 벌어졌던 시위, 각각의 도시 단위, 읍/면 단위 혹은 5일장에서의 산발적이고 무계획적으로 벌어진 소규모 시위가 아니라 시위의 효과를 극대화하기 위해 한날한시 한 곳에서 일거에 벌어졌다면? 역사에서 '만약'을 가정하는 것은 의미 없는 짓이다.

그런데 약 1세기가 지난 2002년, 한반도에서 이와 같은 일이 실제로 벌어진다. 2002년 12월 2일, 미군 장갑차에 치여 비명횡사한 여중생 미선이·효순이의 죽음을 추모하고 미국에 항의하고자 시작된 '광화문의 촛불집회'는 '앙마'라는 한 명의 네티즌에 의해 처음 제안된 후 불과 3일 만에 거행되었다. 시위는 인터넷에서 자발적으로 조직되었고, 집회 장소는 '앙마'의 제안을 따라 서울의 광화문이라는 상징적인 장소로 집중되었다. 인터넷을 통해 자발적으로 확산된 메시지로 수만 명의 사람들이 한꺼번에 움직인 것이다.[4] 포털 사이트에 둥지를 틀고 있던 수십만 개의 카페들, 단지 누구를 좋아한다는 이유로 모여 있던 수천 개의 팬 사이트들, 다종다양한 취미를 매개로 모인 소규모 독립 커뮤니티들, 〈노사모〉 같은 정치인 팬 커뮤니티들, 〈우리모두〉 같은 언론비판 사이트들 그리고 『오마이뉴스』 같은 인터넷 언론의 독자들까지 …… 인터넷에 자리 잡은 무수하게 다양한, 자생적이고 자발적인 모임들이 네티즌 한 명의 제안에 공명하여 결국은 전국적인 규모의 오프라인 행동으로까지 발전한 것이다. 2002년 말 한반도에서는 가따리Pierre-Félix Guattari의 표현대로 그야말로 "눈덩이 효과"[5]가 발생했다.

근 한 세기를 두고 벌어졌던 3·1운동과 2002년 촛불집회의 유사점과 차이점을 이야기할 수 있을까? 단순히 비교하기는 쉽지 않지만, 두드러진 유사점 몇 가지가 발견된다. 첫째, 두 사건은 상당한 자발성을 가지고 있다는 데 공통점이 있다. 3·1운동은 '민족대표 33인'이라 불리는 소수의 선언으로 시작되긴 했지만 그들은 단지 시발점이 되었을 뿐이다. 전국에서 석 달 넘게 진행된 3·1운동은 3·1운동을 기획한 주체도 주도한 세력도 없었다. 그것은 당시 백성들 개개인의 판단들의 집합으로 만들어진 것이다. 2002년 촛불집회도 마찬가지다. 네티즌 '앙마'의 제안은 단지 시발점이었을 뿐이다. 연인원 수백만 명이 모였던 2002년의 촛불집회 역시 그 자리에 참석했던 네티즌들 개개인의 독자적인 판단으로 만들어진 것이다. 어떤 사람들은 이 촛불집회에 배후가 있다며 배후를 찾으려 하지만, 이것은 그들이 단지 인터넷과 새로운 사회현상에 무지하다는 것을 증명할 뿐이다.

두 번째, 시위를 만든 전국적인 조직 혹은 지도부나 리더 그룹도 없었다. 특히 2002년 촛불집회에서 지금까지 사회운동을 이끌어 왔던 기존의 시민운동 세력은 시위를 주도하지 못하였고 오히려 자발적으로 모여든 네티즌들과 크고 작은 충돌을 겪었다. 이런 충돌들은 필자도 참여한 바 있었던 '깃발 논쟁', '지도부 논쟁' 같은 온라인 논쟁으로 표출되었는데, 1980~90년대 사회운동의 연장선상에서 전위-대중, 지도부/선진대중 같은 전위운동 모델에서 크게 벗어나지

못했던 기존 시민운동조직들은 자발적으로 만들어지는 새로운 양
식의 대중운동을 이해하지 못했고 따라서 지도부의 역할을 하기는
커녕 거리로 나선 네티즌들과 매끄럽게 융합하지도 못했다.

인터넷을 통해 자발적으로 참여한 평범한 시민들과 시민운동
세력 사이의 크고 작은 충돌은 2003년 파병 반대운동과 2004년 노
무현 대통령 탄핵 반대운동에서도 계속 되었는데, 2008년 광우병
쇠고기 수입반대 운동에 이르러서는 두 개의 흐름이 '서로 가시에
찔려가며 서로를 찌르지 않으면서도 온기를 보존할 수 있는 적절한
거리를 찾는 고슴도치 무리'[6]처럼 적절한 공존의 방법을 찾는 양상
으로까지 변화한다.[7] 물론 2008년에도 자발적인 네티즌들과 운동단
체들 사이의 불협화음은 존재했지만 예전만큼 격한 정도는 아니었
다. 자발적인 시민들의 참여가 반복되면서 두 세력 사이에 보이지
않는 룰이 조금씩 만들어진 것이다. 어쨌든 2002년의 촛불집회나
2008년의 촛불집회도 시위의 지도부나 리더그룹이 없기는 마찬가
지였다.

세 번째, 두 집회 모두 전국적인 규모의 시위다. 3·1운동은 오
랜 기간에 걸쳐 순차적으로 진행되긴 했지만 전국 도시뿐만 아니라
시골 동네까지 만세운동이 펼쳐진, 진정한 의미에서 전국 단위 규
모의 시위였다. 일본의 공식적인 기록에 의하면 3·1운동 이후 3개
월간 만세운동에 참여한 사람은 연인원 200만 명이 넘었다고 한다.
2002년의 촛불집회도 마찬가지다. 그것은 2002년 12월 2일 시작해
연인원 수백만 명이 참여했던 전국적인 규모의 대중운동이었다. 비
록 광화문의 상징성 때문에 광화문에 시선이 집중되기는 했지만,

집회가 확산됨에 따라 부산, 대구, 광주, 대전 등 전국의 주요 도시에서도 매주 집회가 거행되었으며, 더 나아가 미국, 프랑스, 독일 등 해외에서도 촛불집회가 거행되었다.

마지막으로 네 번째, 두 사건 모두 '평화시위'였다는 공통점이 있다. 3 · 1운동의 주된 표현방법은 만세 운동이었다. 시위 도중 경찰서에 투석전을 하거나 폭력 사건이 발생하는 경우도 있었지만, 대부분의 경우 만세운동은 두 손에 아무것도 들지 않은 채 사람들이 모여 만세를 부르는 방식으로 진행되었다. 2002년 사람들은 억울하게 죽어간 두 어린 학생들을 추모하고 또한 억울한 죽음을 유발한 미군 당국의 사과와 재발방지를 촉구하기 위해 촛불을 들었다. 집회 과정에서 일부 과격한 행동이 없었던 것은 아니지만 두 사건에서 평화시위라는 기조는 일관되게 유지되었다.[8]

두 손에 아무것도 들지 않은 채 벌였던 만세운동과 추모와 항의를 표현하기 위해 촛불 하나를 쥐어든 손. 거의 1세기 가까운 시간을 두고 벌어진 두 개의 사건을 단순 비교하는 것은 쉽지 않은 일일 것 같다. 하지만 이런 정도의 공통점이라면 2002년의 촛불집회 — 그리고 그 이후의 촛불집회를 포함해서 — 와 1919년 벌어졌던 만세운동에 어떤 역사적 연속성을 찾아볼 수도 있지 않을까? 이 부분에 대한 판단은 역사학자들의 몫으로 남겨 놓기로 하자. 그렇다면 이와 같은 유사성을 가지고 있는 이 두 사건의 양태를 가르는 가장 큰 차이점은 무엇일까? 잘라 이야기하자면 그것은 바로 커뮤니케이션 속도다.

2. 속도와 정치

프랑스의 건축가이자 철학자인 비릴리오Paul Virilio는 우리 시대의 사회과학이나 인문학에서 아직까지 명시적으로 다루어지지 않았던 '속도'에 대해 근본적인 문제를 제기한다. 일상적으로는 대단히 익숙하지만 사회과학적 분석의 테마가 되지 않았던 바로 그 '속도' 말이다. 그는 『속도와 정치』에서 중세시대를 지탱하던 성벽이 무력화된 이유 중 하나로 속도가 빠른 무기가 등장했기 때문이라고 분석한다.9 중세시대에 사람들의 흐름(의 속도)을 통제하던 성벽은 그 새로운 속도의 무기 앞에서 무력화될 수밖에 없었다는 것이다. 즉 단순하게 말하자면 속도의 변화가 중세시대를 변화시킨 것이다.

속도에 대한 이론적인 분석이 우리들에게 낯선 것과 대조적으로, 우리는 속도에 대한 이미지에 익숙해져 있다. 예컨대 광고에서 경쟁력을 표현할 때는 흔히 속도감 있는 화면을 연출한다. 또한 영화에서 침략자가 마을을 습격하는 장면은 속도가 가지는 힘을 시각화해서 보여준다. 영화 〈반지의 제왕〉에서 말을 탄 오크족의 침략 속도는 그야말로 전광석화 같고 침략을 당해 혼비백산 피신하는 마을 사람들의 속도는 영화를 보는 관객들이 안타까워 어찔할 바를 모르게 만들 정도로 너무도 느리다. 20세기에 이르러 가장 중요한 사회변동의 요소로 작용하고 있는 기술 영역에서도 중요한 것은 기술의 발전 속도다. 보다 앞선 '속도'는 뒤처진 속도의 기술들을 무력화시키는 힘을 갖기 때문에 속도를 배가시키는 새로운 기술을 개발하는 것은 자본주의에서 경쟁우위를 확보하는 거의 1순위 방법이다. 자본주의는 맑스가 이야기한 저주의 법칙, '이윤율 저하 법칙'을 새로운 기술의 개발을 통한 '속도의 차이'로 도망가는 중이다.

인간이 어떤 행동을 하는 데 있어, 속도를 높임으로써 시간을 단축하는 것은 제한된 시간 내에 더 많은 행위를 할 수 있도록 함으로써 힘의 우위를 확보하게 해준다. 또한 물리적인 측면에서는 어떤 물체의 속도를 극대화해 에너지를 순간적으로 압축시킴으로써 경쟁 상대에 대해 (종종 압도적인) 힘의 우위를 확보할 수도 있다. 화살, 기마병, 총, 음속을 넘는 전투기, 미사일 등은 모두 속도를 기반으로 상대를 제압하려는 의도로 개발된 기술들이다. 사실 거의 모든 정치 투쟁, 전쟁, 정복의 역사에서 속도는 승패를 좌우하는 대단히 중요한 요인으로 작용했다. 그러므로 물리적인 이동 속도 혹은 정보의 이동 속도 그리고 커뮤니케이션 속도에서 상대에게 우위를 확보함으로써 정치적인 힘을 증대시키고 지배력을 증가시키려는 전략은 이미 권력의 역사에서 익숙한 방법론이다. 광대한 중국 영토를 처음으로 통일한 진시황의 '치도'馳道는 속도의 정치적 위력을 극적으로 보여준다.

중국의 진시황이 천하를 통일하면서 가장 중요하게 추진했던 일 중 하나는 중국 대륙을 관통하는 도로를 만드는 일이었다. 지금과 같은 중장비가 없던 시절, 황제의 마차 같은 거대한 운송장치가 마음대로 다닐 수 있는 넓이의 도로 수천 킬로미터를 뚫는다는 것은 상상하기도 힘든 대공사였다.[10] 그러나 끝내 '치도'를 건설한 진시황은 그 악명 높은 폭정에도 불구하고 죽기 전까지 권력을 유지할 수 있었는데, 그것은 '치도'를 활용해 각 지방의 반란에 대한 정보들을 **가장 빠르게** 수집하고, 정보가 보고되는 즉시 그 도로로 황제의 군대를 출동시켜 반란군이 미처 준비할 시간도 주지 않고 진압해버릴 수 있었기 때문이다. 진시황은 전국적인 정보의 이동망과 군사의 이동 통로를 독점하여 가장 빠르게 움직일 수 있는 '속도의 우위'를 확보하였고, 그것으로 자신의 권력을 유지할 수 있었던 것이다. 결국 이 토목사업이 민중들에게 가하는 피해가 너무 컸기 때문에, 치도는 진시황의 사후 진나라가 빠르게 멸망하는 하나의 원인이 되긴 했지만 그는 속도가 가지는 정치성을 가장 잘 이용한 황제 중 하나였다.

진시황의 사례에서 보듯이 속도는 단지 개인들 혹은 집단들 사이의 힘의 우위 문제가 아니다. 그것은 일개 정치집단의 존폐를 넘어 한 나라의 존폐를 좌우한다. 아니 사실은 한 문명의 운명을 좌우하기도 하고, 심지어 그것은 하나의 시대 ― 중세시대와 근대시대 같은 거시적인 시간대를 구분하게 만들기도 한다. 비릴리오의 말처럼 속도는 진정 무시무시한 것이다. 그래서일까? 속도의 문제에 대해 비릴리오는 상당히 비관적인 입장을 취한다. 물론 현대사회의 가공할 만한 속도는 충분히 두려운 것이다. 현대 사회와 기술이 만들어 놓은 '속도'는, 물리적인 영역에서는 인간의 신체가 감당할 수 없는 한계속도에까지 이르렀다. 자동차는 최고 시속 300Km를 넘었고, 고속철도는 시속 400Km를 넘보고 있고 비행기는 마하 9의 속도를 넘어섰다. 이런 속도들은 이미 인간이 일상적인 감각으로 느끼고 수용할 수 있는 범위를 넘어서는 것들이기에 근대사회가 만들어 낸 '속도'에 대해 두려움을 갖는 것은 당연한 것 같다.

비릴리오는 일관된 관점에서 "정보과학의 폭탄"이라는 말로 인터넷의 "실시간" 속도에 대해서도 경고한다.[11] 그는 인간들의 삶을 일구어가던 실제 공간이 인터넷의 실시간성으로 인해 의미를 잃게 될 경우 우리 삶은 어떻게 되겠냐고 끊임없이 반문한다. 그는 인터넷이 제공하는 "실시간" 환경이 결국 지리적 의미로서의 공간, 그리고 그 공간 속에서 살아가는 인간들의 공간적 체험을 파괴할 것이라고 분석한다. 정보 유통의 속도를 더 이상 빨라질 수 없는 절대속도, 빛의 속도로 끌어올려 사실상 공간의 의미를 없애버린 마법의 공간, 대지(땅)로부터 절대적으로 탈영토화되어버린 '하울의 움직이는 성'이 현존하는 이 시대가 그에게는 의심스러운 것이다. 잘못된 정보의 실시간 유포, 개인의 사생활에 대한 과도한 침해, 마녀사냥이라 불리는 개인에 대한 집단 공격 등 인터넷에서 벌어지는 여러 가지 부작용들을 보면 비릴리오가 느끼는 공포감이 전혀 근거 없는 것만은 아닌 것 같다.

하지만 비릴리오도 지적하듯 속도가 가지는 정치성은 속도 그 자체보다 속도의 '차이'가 만들어내는 효과라고 볼 수 있다. 3·1운동은 피지배계층의 커뮤니케이션 속도가 지배층에 비해 현저하게 느릴 때 처절하게 진압당할 수밖에 없는 현실을 잘 보여준다.[12] 몽고 징기스칸의 기마병들은 황제가 미쳐 도망갈 준비도 못할 정도의 빠른 속도로 말을 타고 만리장성을 우회하여 금나라의 수도 베이징을 순식간에 포위해 버렸다. 역사적 기록은 금나라 황제와 귀족들이 징기스칸의 침략에 대한 대책회의를 하는 와중에 이미 베이징은 포위되어 버렸다고 전한다. 금나라 이후 설립된 원 제국이 아시아를 정복한 후 유럽까지 진출해 세계 최초의 통일제국을 건설할 수 있었던 것은, 그들이 당시로서는 가장 빠른 이동수단이었던 말을 자유자재로 다룰 줄 아는 유목민이었기 때문이다.

여기서 주목해야 할 것은, 이런 인상적인 역사적 사례들 속에서 우리는 '속도'와 더불어 '속도의 차이'를 함께 발견한다는 사실이다. 도로를 건설하고 그것을 독점한 진시황의 속도, 말을 탄 몽고 기마 병들의 속도, 중세 성벽을 무너뜨린 공성전 장비들의 속도 등등 …… 이런 것들은 속도 그 자체가 아니라 속도의 '차이'가 힘의 차이 를 만들어낸다는 것을 보여준다. 수백 년에 걸쳐 이어져온 라다크 마을들의 문화가 무너지는 것 역시 내부적인 어떤 요인 때문이 아 니라 라다크 사람들의 전통적인 속도에 비교할 수 없을 정도로 빠 른 속도를 가진 도시화된 문명들이 국가의 주도 하에 라다크의 마 을들 속으로 유입되면서부터다.[13] 새로운 속도가 유입되기 전까지 라다크 사회는 수백 년 동안 거의 변하지 않는 모습을 간직하고 있 었다.

이런 측면에서 현대사회의 속도에 대한 비릴리오의 비관주의는 속도의 진정한 문제를 제대로 못 보게 만들 소지가 다분히 존재한 다. 때문에 비릴리오의 친구이기도 했던 가따리는 들뢰즈와의 공동 저작인 『천 개의 고원』에서 비릴리오의 속도에 대한 분석에 대해 충분히 동의하면서도 비릴리오가 여러 가지 종류의 속도를 구분하 지 않는 것에 대해 비판한다.[14] '속도의 정치성'에 대한 비릴리오의 탁월한 분석은 충분히 곱씹을 필요가 있다. 하지만 우리가 굳이 비 릴리오의 '다소' 비관적인 측면까지 따라갈 필요는 없을 것 같다. 우리가 주목해야 할 점은 속도가 주는 공포감보다 그 속도가 사회를 어떻게 재구조화하는지를 파악하는 것이 아닐까? 누가 어떤 의도로 새로운 속도를 개발했는지 혹은 어떤 새로운 기술이 이전의 기술들이 가졌던 속도를 무력화시키는지 그리고 새로운 속도로 재편된 사회가 어떤 특성을 갖는지를 파악하는 것이 중요한 것 아닐까? 특히나 커뮤니케이션 미디어는 우리 사회 내부의 권력구조를 결정하는데 중요한 역할을 하기에, 각각의 커뮤니케이션 미디어가 가지는 고유한 속도와 커뮤니케이션 미디어들 사이의 '속도 차이' 그리고 그것이 만들어내는 정치적 효과에 관심을 가져야 할 필요성이 있다.

3. 문자의 도입

역사적으로 현존했던 문자 계급과 입말언어 계급 사이의 권력관계는 서로 다른 미디어가 가지고 있는 정치적 효과를 잘 보여준다. 윤병철의 『조선 말이 통하다』라는 책은 조선시대의 커뮤니케이션 구조 분석을 통해 서로 다른 커뮤니케이션 미디어에 기반을 둔 계급지배 현상을 잘 보여준다. 그는 이 책에서 조선시대 지배계급이었던 양반계급과 피지배계급이었던 평민계급이 놓여 있던 미디어 환경을 분석한다. 먼저 조선시대의 양반계급(왕족과 귀족을 포함한 양반계급)은 무엇보다 문자라는 커뮤니케이션 미디어에 능통한 전문가들이었다. 양반계급에게는 사서삼경을 비롯한 온갖 책을 통달하는 것이 특권이었을 뿐만 아니라 무엇보다 중요한 과제, 의

무이기도 했다. 반면에 당시 대부분의 백성들은 문자 활용 능력을 거의 습득하지 못했고 입말언어를 주된 커뮤니케이션 미디어로 사용했다. 문자 언어와 입말언어, 이 두 미디어는 엄청난 차이점을 가지고 있다.

문자의 정보(지식)저장 능력은 단순한 기억에 의한 지식(정보)축적의 한계를 극복케 하여 시-공간을 초월한 지식(정보)을 저장할 수 있으므로 문자 지배에 의한 지식(정보)은 중요한 지배의 자원이 된다. …… 또한 문자가 시-공간을 초월하는 지속력을 가짐으로 커뮤니케이션 범위를 엄청나게 확장시켜 준다. 이러한 커뮤니케이션 범위의 확장은 문자를 지배하는 집단 사이의 지식(정보) 교환과 공유를 가능케 하여 시-공간을 초월한 지배집단의 결속을 강화시켜줄 뿐만 아니라, 다른 한편으로는 지배의 공간적 범위를 확대하게 해준다.[15]

위의 인용문은 상당히 짧은데 비해 많은 내용을 담고 있어서 조금 더 깊고 자세하게 분석해 보아야 할 필요가 있다. 이미 앞에서 입말언어의 특징을 살펴보았으니 여기서는 문자 미디어가 가지는 특징을 조금 더 자세하게 살펴보자.

1) 정보의 저장과 보존

문자가 도입되면서 생긴 가장 중요한 변화는 인간사회가 '정보'를 '명시적인 형태로' 저장하기 시작했다는 것이다. 정보의 저장은 문자가 인류 사회에 도입된 가장 중요한 이유일 것이다. 실제로 초기 문자는 마을 수준보다 훨씬 넓은 범위에 지배력을 행사하던 어떤 권력체가 다른 구성원들에게 받을 채권/채무 혹은 세금을 기록하기 위해 발전되었다고 한다.[16] 인류 역사상 최초의 문자로 알려진 메소포타미아의 상형문자는 일상적인 의사소통과는 무관하게 만들어진 행정 및 경제관련 기록들이다. 즉 최초의 문자는 말의 의미를 전달하기 위한 것이 아니라 행정 처리를 위한 단어들과 숫자들만 기록했던 것이다. 세금과 공물에 대한 기록, 납세자 명부나 전리품 목록, 식량 배급 명부와 봉급 명세서 같은 것들 말이다. 이것은 문자의 시작이 정보를 보존하려는 노력에서부터 시작되었다는 것을 보여준다. 특히 이런 기록들은 초기에는 그 언어에 해당하는 발성언어인 '음가'가 없었다. 그 이후로 한번 도입된 문자가 점자 고도화되고 변형되고 쓰임새가 넓어지면서 고유의 음가를 획득하게 되고, 현재와 같은 문자 언어로 발전하게 된다.[17]

문자가 도입되기 전까지 인간사회는 단지 입말언어를 통해서만 정보를 주고받았고, 그 정보는 전적으로 개인들의 기억 그리고 개인들의 기억을 매개로 한 공동체의 기억 속에 저장되어 있었다. 그런데 두뇌 속에 저장된 기억은 언제든지 왜곡되거나 사라질 위험성에 놓여 있다. 문자는 바로 인간의 두뇌 속에 기억되었던 지식 혹은 암묵지의 형태로 신체 속에 각인되어 있던 지식을 인간의 두뇌 외부에 저장하는 도구다. 즉 문자는 지식을 개인의 신체로부터 독립시키는 역할을 한 것이다. 이로부터 인류는 신화시대에서 역사시대로 진입한다.[18]

2) 지식의 축적과 기억의 확장

지식이 인간의 신체로부터 독립적으로 존재하며 공유될 수 있는 형태로 저장됨으로써 이전에는 없었던 매우 독특한 현상들이 발생하기 시작한다. 가장 먼저 지식을 두뇌 외부에 저장할 수 있고 이를 통해 정보의 원형 보존이 가능하게 됨에 따라 다양한 지식들을 문자로 기록하는 '지식의 축적' 현상이 일어난다.[19] 또한 이전의 학습이라는 것이 거의 체험 학습이었다면 이제는 지식이나 경험을 서술한 책을 통한 간접학습이 가능해진다. 나아가 기존의 지식들을 책을 통해 습득한 후, 그것을 기반으로 지식들을 새롭게 분류하거나 종합해서 새로운 지식들을 창출하는 것도 가능해진다. 즉 문자성을 기반으로 학문의 발전이 시작된 것이다. 이로써 인간은 문자를 기반으로 자신의 기억을 이론적으로뿐만 아니라 현실적으로도 거의 무한대로 확장할 수 있게 되었고, 과거의 경험치를 세대를 넘어 공유할 수 있게 되었다.

3) 정보의 독립적인 이동과 정보 전달 범위의 확대

정보가 신체로부터 독립되어 저장됨으로써 나타나는 또 하나의 특징은 정보가 인간의 신체와 독립적으로 이동할 수 있게 되었다는 사실이다. 입말언어는 당사자들이 그 현장에 같이 있지 않으면 작동이 불가능하기 때문에 최소한 두 사람이 같은 시간 같은 장소에 함께 있어야 하는 동시성 미디어다.[20] 반면 문자는 커뮤니케이션의 비동시성을 가능하게 한다. 즉 정보의 전송자와 수신자가 마주보고 있지 않아도 정보를 전달할 수 있게 됨으로써, 정보전송 행위가 시

공간적 속박을 탈피한 것이다. 입말언어의 이동 속도는 바로 인간
의 이동 속도와 같다. 그러나 정보를 인간의 신체 외부에 존재하는
'문자'에 기록함으로써 정보의 이동 속도는 인간의 이동 속도가 가
지고 있는 물리적 속도의 한계를 벗어날 수 있게 되었다. 예컨대 비
둘기와 같이 사람보다 훨씬 빠른 이동매체, 또는 전화와 같은 전자
적인 매체에 정보를 실어 보내는 정보의 원격 전송이 가능해진 것
이다. 여기에 문자의 도입으로 인해 정보가 복제 가능해졌다는 것
도 빼놓을 수 없다. 입말은 바로 그 공간에 있는 사람(들)에게만 정
보를 전달할 수 있는 반면 문자는 서로 같은 공간에 있지 않은 여러
사람에게 동시에 정보를 전송하는 것이 가능해진 것이다.

정보 원형이 보존되고 정보 복제가 가능해지고 정보 전송이 동
시성의 제약에서 벗어남으로써, 정보를 원형 그대로 전달할 수 있
는 범위가 급격히 확대된다. 이것은 곧 마을 범위를 뛰어넘어 광활
한 지역을 아우르는 조직화된 힘이 등장할 수 있는 배경이 된다. 맥
루한은 그리스 신화의 한 구절을 빌어 문자가 갖는 힘을 상징적으
로 표현한다.

알파벳에 관한 그리스 신화는, 그리스에 표음 문자를 소개한 것으로 유
명한 카드모스 왕이 용의 이빨을 촘촘히 박아 땅에서 무장한 병사들을
솟아나게 했다는 것이다. 다른 신화들과 마찬가지로 이 신화도 오래된
과정을 한순간의 번득이는 통찰에 담아 표현하고 있다. 알파벳이란, 권
력과 권위를 가지고 멀리 떨어져서도 통제할 수 있는 힘을 의미했다.[21]

맥루한의 말대로 그리스 신화는 (입말언어에서는 불가능한) 원거리 커뮤니케이션을 통해 조직화된 힘(무장한 병사)을 만들어내는 문자의 힘을 잘 드러낸다. 문자문화는 입말언어로는 포괄할 수 없는 규모의 네트워크(조직화)를 가능케 함으로써, 필요한 경우 광범위한 영역에서 엄청난 자원을 한꺼번에 동원할 수 있었고 그것을 통해 광범위한 지역을 지배할 수 있는 거대 권력의 탄생을 가능하게 한 것이다. 실제로 문자문화는 로마, 페르시아 같은 거대 제국이 출현하는 기반이 된다.[22] 어떠한 계기로 권력을 장악한 권력집단 혹은 권력자가 광범위한 범위에서 거둬들이는 세금, 빚 등을 문자로 세세하게 기록함으로써 마을 공간을 훨씬 넘어서는 범위까지 일상적인 통제력을 행사할 수 있게 된 것이다. 특히 문자에 기반을 둔 관료제의 성립은 광범위한 영역에 대한 일상적인 정보 수집을 가능하게 해줌으로써 로마 같은 '제국'이 수백 년을 존립할 수 있었던 것이다.[23] 그렇다고 문자가 일방적인 지배의 도구로만 활용된 것은 아니었다. 고대 그리스나 로마 공화정에서 문자는 입말언어를 보충해 정보 유통을 보다 원활하게 하고 민주주의를 심화시키는 역할을 하며, 학문적 분석을 발전시키는 형태로 사용된 사례도 있기 때문이다.[24]

4. 문자 계급 vs 입말언어 계급

이것은 동양의 경우도 마찬가지다. 중국이나 조선의 지배계급은 문자(한자) 미디어를 독점한 계급이었다. 문자 활용에 능숙했던 조선시대의 양반들은 국가 행정력을 기반으로 그들끼리 언제든지 지식과 정보를 공유할 수 있는 환경에 놓여 있었다. 그들은 사실상 문자와 도로, 그리고 수로뿐만 아니라 봉수제를 비롯한 다른 대다수의 미디어들[25]을 독점적으로 통제함으로써 항시적으로 정보를 전달할 수 있는 체계를 구성하고 있었는데, 바로 이런 항시적인 네트워크가 '양반'계급이 조선시대의 지배계급으로 존립할 수 있었던 기반이다. 조선 시대의 양반계급은 광범위한 지역과 영역을 매개하는 독점적 커뮤니케이션 장을 확보하여 지배에 유리한 위치를 장악하였던 것이다.[26] 조선시대의 양반들은 그야말로 조직화되지 않은 다수를 지배하던 "조직화된 소수"였다.[27]

이와 대비해 조선시대 인구의 다수를 차지했던 평민, 노예 등 피지배층은 자신들끼리 광범위하게 연결할 수 있는 커뮤니케이션 미디어를 가질 수 없었다. 그들은 거의 대부분 문자를 읽고 쓸 줄 몰랐고 주로 입말언어를 활용해 커뮤니케이션 했는데, 입말언어는 무엇보다 정보가 전달되는 범위에서 문자와 비교해 엄청난 차이를 가지고 있다. 앞에서 보았듯이 입말언어는 마을 수준에서는 대단히 원활한 커뮤니케이션을 가능하게 해주지만, 그 범위를 넘어서는 규모의 공간에서는 커뮤니케이션의 효용성과 효율성이 급격하게 떨어진다. 입말언어가 일상적으로 활용될 수 있는 공간적 범위는 거의 '마을' 수준 혹은 마을을 몇 개 연결한 정도의 크기 ― 원시사회로 보자면 마을 몇 개가 연결된 부족연합체 정도의 크기 ― 에 불과했기 때문이다. 바로 이것이 조선시대 피지배계층이 수백 년 동안, 아니 고려시대와 그 이전의 삼국시대와 그 이전의 시대까지 거슬러 올라가 대부분의 백성들이 수천 년 동안 마을 단위의 작은 공동체로 고립되어 존재하게 되는 미디어 환경적인 조건이었다. 즉 "피지배층은 고립적인 커뮤니케이션 단위를 형성할 뿐 광범위하게 산재해 있는 그들 간의 상호 긴밀한 커뮤니케이션에 의한 협력 관계를 가지지 못함으로 말미암아 결국 피지배층의 커뮤니케이션 단위는 지배층의 커뮤니케이션 단위에 흡수되기에"[28] 이른 것이다. 윤병철은 이를 다음과 같이 요약한다.

> 초기 조선조 사회의 피지배층의 커뮤니케이션 단위는 그들이 이용할 수 있는 미디어의 부재로 인하여 마을 공동체라는 자연적 환경에 의해 공간적 제약을 받을 수밖에 없었다. 더구나 그들의 일상생활 대부분의 커뮤니케이션 행위가 발생되는 중요한 커뮤니케이션 장으로서 생산 공동체(예컨대 두레)나 종교적 공동체(예컨대 동제) 등이 배타적인 성격을 가짐으로써 피지배층의 커뮤니케이션 단위는 거의 마을을 중심으로 고립, 분산적인 것이 될 수밖에 없었다.[29]

이처럼 입말언어에 기반을 둔 공동체는 작은 단위로 고립된 채, 서로서로 네트워크화되지 않았기 때문에, 문자 같이 공간적 제약을 벗어나는 또 다른 미디어로 조직화된 어떤 세력이나 계급에게 그 영속성을 위협받을 가능성에 노출되어 있었다. 그리고 이것은 단지 한반도에서 살아가는 우리에게 익숙한 조선시대를 예로 들어 분석한 것일 뿐, 인쇄술과 매스미디어가 등장하기 전 인간 사회의 일반적인 구조는 대부분 이것과 크게 다르지 않았다.

이상의 논의를 통해 우리는 왜 마을이 수천 년 동안 비슷한 모습으로 유지되었는지를 미루어 짐작할 수 있다. 역사적으로 마을 수준에서의 주된 커뮤니케이션 미디어는 거의 (수)천년 넘게 변하지 않았던 것이다. 또한 우리는 왜 그렇게 많은 마을들이 소수의 조직화된 권력에 복속될 수밖에 없었는지도 미루어 짐작할 수 있다. 새로운 미디어(문자)를 사용할 줄 알았던 어떤 이들은 새로운 미디어가 제공하는 보다 빠른 속도로 스스로를 조직화하여 조직화된 힘을 구축함으로써 주변의 소규모 공동체들을 복속시킬 수 있었던 것이다.

5. 인쇄기술, 대중사회를 만들다

인간 사회에 문자가 도입된 지 거의 2천년 후, 정보의 생산 속도를 비약적으로 발전시킨 인쇄기술은 다시 한번 인간 사회의 구조에 엄청난 변화를 가져온다. 현존하는 최초의 금속활자 인쇄본은 고려시대의 직지심경으로 알려져 있지만, 인쇄기술을 사회 전반적으로 보편화시킨 것은 15세기 유럽의 인쇄기술자였던 구텐베르크다. 사실 구텐베르크 이전까지 유럽에서 인쇄술은 어느 정도 그 윤곽을 드러내고 있었다고 한다. 구텐베르크가 한 작업은 활자를 만들고 그것을 일정하게 배열한 후 종이에 복사하는 방식으로 작동하는 최초의 대량생산 기계 즉 인쇄기계를 만든 것이다.[30] 그것은 책을 필사하는 필경사들의 수작업을 인쇄기계가 대신 하도록 한 것뿐이지만, 이 기술 하나가 근대 유럽의 역사를 여는 시발점이 된다. 15세기 유럽은 봉건제에서 벗어나 상업과 교역이 활발해지고, 대학, 수도원 등을 중심으로 학문적 활동이 점차 확대되던 시기였다. 이로 인해 책에 대한 수요가 증가했는데, 당시 책은 필경사들이 직접 손으로 일일이 베껴 쓰는 필사 형식으로 제작되었다. 이 시대에 책 한권을 제작하는 것은 책의 글자와 각종 도안들 그리고 그림들까지도 일일이 종이에 베껴서 옮기는 작업이었기 때문에 엄청난 시간이 소요되는 일이었다. 그런데 인쇄기술이 도입되면서 정보생산 속도가 비약적으로 발전한다. 아주 단순화시켜 이야기하자면 인쇄기술이 만들어 준 것은 정보의 생산 속도를 이전보다 수십 배 수백 배 빠르게 해준 것이다.

무엇보다 출판물의 양이 기하급수적으로 늘어났다. "콘스탄티노플에서 인쇄기술이 도입된 50년 동안 8백만 권의 책이 인쇄되었는데 이것은 기원 후 330년 콘스탄티노플 체제가 성립된 이후 유럽의 모든 필사생들이 쓴 책의 수량보다 많을 것"[31]이라고 말할 정도로 인쇄물이 기하급수적으로 늘어났다. 늘어난 것은 책만이 아니다. 종교개혁 운동, 농민운동, 민중운동 등 당시 중세 사회체제에 저항하던 운동의 주체들은 팜플렛, 전단지 등을 인쇄하여 민중들에게 유통시켰다.[32] 이처럼 인쇄기술은 사회에 생산되고 유통되는 정보량을 기하급수적으로 폭증시킴으로써 사회 전반적으로 정보가 넘쳐나는 환경을 만든 것이다. 그리고 이러한 미디어 환경의 변화는 필연적으로 사회 구조 전반의 변화를 초래한다.

1) 사제 권력의 몰락

정보의 대량생산체제가 가져온 변화 중 가장 잘 알려진 것은 중세시대를 지배하던 사제 권력의 몰락이다.[33] 인쇄기술의 도입으로 소수만이 소유할 수 있었던 성서가 무한 복제되고 누구나 접근가능하게 됨으로써 성직자 계급의 권력이 하락하고 마침내 종교혁명을 가능하게 했다는 것은 너무도 유명한 이야기다. 교황을 정점으로 하는 중세의 종교체제에 반기를 든 루터가 종교개혁을 외치며 실행했던 중요한 행동 중 하나는 라틴어로만 되어 있던 성서를 독일어로 번역, 인쇄해서 대량으로 보급한 것이다. 루터 이전까지 성서는 라틴어본만 존재했으며, 성서를 소유하거나 읽을 수 있는 권리 또한 성직자들이 독점하고 있었다. 그런데 루터가 독일어라는 '지방어'로 성서를 번역하여 대량 보급함으로써 라틴어를 모르던 평민들도 성서를 직접 읽을 수 있게 되었다. 또한 루터와 같은 종교개혁가들, 민중운동 세력들은 성서만 인쇄 배포한 것이 아니라 성서의 이야기들을 달리 해석한 전단지, 소책자 등을 활발하게 발행했는데, 이를 통해서 당시의 평민들도 인쇄물을 접할 수 있게 되었다. 이렇게 대량의 인쇄물이 보급됨에 따라 문자문화가 다수의 개인들에게 광범위하게 확산될 수 있었다. 이로부터 지식을 독점하던 사제 권력이 몰락하기 시작한 것이다.[34]

2) 근대 민족국가의 형성

루터가 성서를 독일어로 번역, 인쇄해서 보급한 것은 또 다른 효과를 낳는데, 그것은 이 성서가 확산된 지역을 중심으로 독일어의 표준어가 만들어지기 시작했다는 것이다. 인쇄술이 특정 '지방어'를 인쇄하여 대량으로 유포함으로써 책에 씌어진 지방어가 해당 지역을 넘어 광범위하게 확산되면서 강력한 영향력을 행사하고, 이에 따라 다른 지방어들이 한편으로는 인쇄어로 채택된 지방어에 흡수되고 또 한편으로는 주변부로 밀려나면서 표준어가 형성되기 시작한 것이다. 이것은 영어의 경우도 마찬가지다. 영국 최초의 인쇄출판업자라고 알려진 캑스턴은 『켄터베리 이야기』 등 무려 100종이 넘는 책을 인쇄한 것으로 알려졌다. 이런 과정을 통해 캑스턴이 사용한 런던영어가 'Good English'로 자리 잡으면서 철자와 발음의 균일화 과정이 진행되고, 그 책들이 유통된 공간을 중심으로 영어의 표준어가 형성된 것이다. 이와 같은 일련의 과정들은 같은 언어를 사용하는 문화권인 '근대 민족주의'의 형성으로 이어진다.

인쇄술의 보급은 언어를 표준화하는 데 절대적인 기여를 했다. 책에 씌어진 활자가 표준어 역할을 했기 때문이다. 그 결과 동등한 가치를 지녔던 각 지방의 방언들 체계가 하나의 표준화된 언어와 그 외 지역들의 방언들이라는 언어적 위계질서로서 대체되었다. 이것은 중심과 주변이라는 새로운 관계의 발생으로 이어져 근대국가 형성의 주요 요인으로 작용했다. 사실 국가란 그 경계 내에서의 균질성을 요구한다. 이런 균질성은 일차적으로 언어로서 나타나고, 이 언어를 통해 강도 높은 감시와 통제가 가능해지면서 결국 통일된 법체계를 갖춘 소위 근대국가가 탄생되었다.[35]

즉 인쇄기술은 두 가지 측면에서 근대 민족국가를 강화한다. 첫 번째는 공통된 언어를 기반으로 공동체의 영토적 경계를 형성하는 것이다. 단순화시켜 보자면 하나의 언어로 인쇄된 글 — 책, 신문, 팜플렛 등을 포함한 다양한 출판물들 — 이 유통될 수 있는 정도의 공간, 바로 그 공간의 범위가 근대 유럽에서 '민족국가'의 범위가 된 것이다.[36] 두 번째로 인쇄기술은 같은 언어를 사용하는 지역 내에서의 정보공유를 강화함으로써 공동체의 내적인 동질성을 강화한다. 앞서 우리는 공동체란 공통의 정보, 공통의 경험을 일상적으로 공유함으로써 형성되고 유지된다는 것을 확인한 바 있다. 인쇄기술은 일정한 범위 내에서 해당 공간 내의 소식들이 주기적으로 전달되도록 함으로써 공동체 구성원들이 공통의 정보와 공통의 경험을 공유할 수 있도록 하였고, 이를 통해 공동체의 내적인 동질성을 강화하는 역할을 한 것이다.[37] 특히 인쇄기술을 기반으로 탄생한 신문News Paper은 이 과정에서 큰 역할을 했다.

뉴스News란 새로운 소식을 의미한다. 물론 근대사회 이전에도 새로운 소식은 늘 인간의 관심거리였다. 새로운 소식에 대한 관심과 갈망은 인류의 근원적인 생존과 맞닿아 있다. 공동체 내외부에서 발생하는 사건, 사고에 관한 정보들을 필요한 시간 내에 파악하지 못할 경우 공동체는 한순간에 위기에 빠질 수 있기 때문이다. 이것은 원시공동체들도 마찬가지다. 아프리카의 줄루족과 함께 지냈던 유럽인은 그들에게 "몇 마일 떨어진 곳에서 일어난 일이라도 순식간에 알려"졌으며, "거리에 상관없이 아침에 일어난 일은 해지기 훨씬 전까지 모든 부족들이 알게 된다."고 전한다.[38] 줄루족과 같이 비교적 규모가 큰 공동체 중에는 일상적으로 소식을 얻기 위해 새로운 소식을 전담하는 메신저를 두는 경우[39]도 있었다. 그래서 『뉴스의 역사』를 쓴 미첼 스티븐슨은 "뉴스는 인간이 가진 감각 중의 하나로 보아야 할 것"이라며 그것은 "사람들 사이의 신경 조직을 뛰어넘는 감각, 즉 사회적 감각"이라고 평가한다.[40]

실제로 공동체 내부에 일상적이고 주기적으로 소식을 전달하는 체계 즉 정보유통시스템은 거의 모든 공동체에 공통적으로 존재한다. 위에서 본 원시공동체는 물론이고, 우리나라의 조선시대에도 국경에서부터 왕궁까지 연결되는 파발, 역 등을 설치해서 일상적으로 정보를 수집할 수 있도록 하는 정보유통시스템이 존재했다. 뉴스에 민감한 것은 유럽사회도 마찬가지였다. 유럽의 왕족, 귀족, 성직자들은 그들 사이에서 손으로 쓴 뉴스(수기 뉴스)를 사람이 직접 전달하는 방식으로 뉴스를 유통했다. 물론 근대 이전까지 이러한 뉴스 전달 체계는 권력자들만이 운영할 수 있는 것이었다.

그런데 17세기 초부터 인쇄기로 대량 복제된 뉴스가 유럽사회에 등장하기 시작한다.[41] 인쇄술의 발달은 매일 매일의 뉴스를 하나의 지면에 편집해서 다수의 사람들에게 배포하는 '신문'News Paper을 가능하게 한 것이다. 그리고 이 신문으로 인해 권력자가 아닌 평범한 개인들도 권력자와 비슷한 시간에 공동체 내에서 벌어지는 이슈와 사건 사고에 대한 소식을 접할 수 있는 미디어 환경이 만들어진다. 인류사회 최초로 매스미디어가 등장한 것이다.

이것과는 약간 다른 맥락에서, 신문이 사회에 자리 잡던 시기와 비슷한 시기에 발달하기 시작한 우편제도는 신문이 정기적으로 일정한 거리까지 배포되도록 하는 데 큰 역할을 했다. 우편의 전신은 인편을 통해 우편물을 먼 곳까지 전달하던 전령이었다. 전령이란 왕족이나 귀족들이 먼 곳까지 정보를 전달하기 위해 개별적으로 운영하던 것이었는데, 이것이 국가가 운영하는 우정국으로 발전하거나 혹은 돈을 받고 배송을 전담하는 우편 사업으로 발전한 것이다. 우편사업을 최초로 시작한 것은 폰 탁시스로 알려져 있다. 그는 신성 로마 제국 전역과 스페인에서 정부우편과 개인우편을 배달할 수 있는 권리를 보장받아 우편 사업을 시작했는데, 이를 위해 일정한 거리를 두고 중간지점마다 말을 갈아탈 수 있는 역참 제도를 만들었다. 사설 역참제도의 도입으로 유럽 사회의 정보전달 속도는 비약적으로 발전한다. 그는 "수 세기 동안 큰 변화 없이 하루에 25킬로미터씩 가던 중세의 운동 속도를 단숨에 166킬로미터로 끌어올린 최초의 인물"[42]이 된 것이다. 그리고 이렇게 시작된 우편망을 타고 인쇄 기술로 대량생산된 신문이 하루 단위로 배포되기 시작한다. 이것이 바로 일일 뉴스 체계의 시작이다. 일일 뉴스 체계란 정보가 하루 단위로 유통될 수 있도록 만든 것으로, 신문이 일정한 거리 안에 있는 다수의 개인들에게 매일매일 전달됨으로써 하나의 언어권 내에서 사는 사람들이 하루 단위로 동일한 소식을 공유할 수 있게 된 것이다.

신문의 발달과 우편제도의 발달은 근대 초기 유럽 사회의 민족국가 형성에 대단히 중요한 역할을 한다. 그것은 **공동체 내부의 정보전달 속도를 일일 단위로 축소함으로써** 같은 시간에 같은 뉴스를 공유하는 사람들끼리 강한 동질감과 유대감을 만들어낸 것이다. 문자시대에는 소수의 특권층과 관료들이 문자를 독점함으로써 사회 전

체의 정보를 독점했다면, 인쇄문화에서는 같은 언어를 사용하는 공
동체 내부의 다수가 비슷한 정보를 비슷한 시간에 공유할 수 있게
된 것이다.

3) 매스미디어 환경의 등장

인쇄기술에 기반을 둔 신문의 등장 그리고 전기통신기술의 발
달에 따른 라디오와 TV의 등장은 근대 매스미디어 사회를 완성시
킨다. 매스미디어란 신문사, 방송국처럼 송신자가 대규모로 조직화
되어 상당한 전문성과 기술을 가지고 메시지를 생산, 배포하고[43] 이
렇게 생산된 메시지를 일방적으로 수용하는 다수 익명의 개인들이
수신자 그룹을 형성하는 일련의 정보유통시스템이다. 매스미디어
의 등장으로 근대 유럽 사회는 이전의 사회와 또 다른 질적인 변화
를 겪는데, 그것은 "이전의 어떤 때에도 모든 계급, 모든 연령층, 모든 문
화들이 동일한 정보원에 노출되어 본 적도 없었고, 동일한 문화를 공유하고
영향을 받은 적이 없었"기 때문이다.[44] 이로써 사회 구성원의 대부분이
동일한 매체를 통해 동일한 정보와 문화를 공유하는 **대중사회**라는
것이 탄생한다.

그런데 매스미디어 시대에도 사회의 대다수 개인들은 정보를
생산하기보다는 정보를 수용하는 계층이었다는 사실에 주목할 필
요가 있다. 인쇄술의 발달로 책, 신문, 팜플렛 등 수많은 문자 미디
어들이 쏟아져 나왔지만, 문자에 기반해 어떤 컨텐츠를 생산할 수
있을 만큼 문자성을 통달한 개인들은 여전히 소수에 불과했다. 사
회의 대다수 구성원들은 기자, 교수, 정치인 등 미디어 사용에 있어

서 전문성을 획득한 (혹은 전문성을 획득했다고 자격증을 받은) 전문가들이 생산한 컨텐츠를 소비할 뿐이었고, 평범한 사람들이 문자를 활용해 컨텐츠를 생산하는 경우는 많지 않았다. 또 전문가 자격을 획득하지 못한 개인이 컨텐츠를 생산할 능력을 가지고 있다고 하더라도 그것을 혼자 힘으로 광범위하게 유통시킬 수 있는 방법이 별로 없었다. 인쇄 기술을 활용하기 위해서는 여전히 인쇄 시설과 유통망을 구축해야 하는 물리적, 재정적 장벽이 존재했고, 방송과 같은 실시간 미디어는 엄청난 규모의 장비가 투입된다는 재정적 장벽과 더불어 국가의 허가를 받아야 한다는 법률적 장벽이 존재했기 때문이다. 따라서 매스미디어 환경에서 사회의 대다수 개인들은 여전히 매스미디어를 소비하는 수동적인 위치에 머무를 수밖에 없었다.

이런 이유로 매스미디어 환경에서는 무엇보다 문자성에 익숙하고 그것을 자유자재로 활용할 수 있는 전문가들이 사회에서 중요한 위치를 차지한다. 그리고 이것은 근대사회의 지배계급만이 아니라 근대사회의 한 축을 담당해 왔던 저항운동, 시민운동에서조차도 마찬가지인데, 사회의 다수는 매스미디어가 만들어낸 정보를 수용할 수밖에 없었던 반면 지식인들은 자신들이 획득한 문자성을 기반으로 다른 정보에 접근하거나 혹은 다른 시각의 정보를 만들어내고 유통시킬 수 있었기 때문이다. 근대사회 전체가 그리고 근대사회의 저항운동조차도 지식인 혹은 전문가 편향적인 경향이 있었다면 그것은 근대사회가 바로 이러한 미디어 환경에 놓여 있었기 때문이다.

또 한 가지, 우리가 놓치지 말아야 할 점은 매스미디어 사회에서도 사회의 대다수 구성원들은 입말언어를 주된 커뮤니케이션 미디어로 사용했다는 점이다. 흔히 '대중'이라 지칭되던 사회의 다수 개인들은 인쇄기술이나 전기통신기술에 기반한 매스미디어들을 자유롭게 활용할 수 없었고, 대부분 커뮤니케이션을 '입말언어'에 의존했기 때문에 그들 내부의 커뮤니케이션 속도는 단순화의 위험성을 무릅쓰고 말하자면 마을에서 입말언어로 커뮤니케이션 하던 속도와 크게 다를 바가 없었다. 즉 그들은 라디오와 TV 같은 실시간 정보 전송 시스템 시대에도 단지 정보 수용에서만 실시간 환경에 놓여 있었을 뿐이고, 매스미디어가 전달한 어떤 정보에 대해 자신의 의견을 피력하거나 혹은 자신이 습득한 정보를 전파하거나 유통시키는 부분에 있어서는 여전히 입말언어 환경에 놓여 있었던 것이다. 따라서 근대사회에서 사회를 구성하는 대다수 개인들의 목소리는 존재하지만 들리지 않는 목소리였다. 근대국가가 여전히 조직화된 소수와 조직화되지 않은 다수가 지배-피지배의 관계를 형성한 측면이 있었다면, 그것은 바로 근대국가 환경에서도 사회 구성원의 대다수인 피지배층은 지배층에 비해 상대적으로 느린 커뮤니케이션 환경에 놓여 있었기 때문이라는 사실을 잊어서는 안 된다. 간접민주주의 혹은 대의제 민주주의로 대표되는 근대 민주주의 환경에서도 공동체 내부에서는 속도의 차이에 기반한 조직화된 소수의 지배현상이 여전히 관철되고 있었던 것이다.

6. 인터넷 : 절대속도의 일반화

20세기 말 인터넷과 무선통신(휴대폰)이 일반에게 보급되기 시작하면서부터 사회 내부 커뮤니케이션 속도의 양상이 또 한 번 바뀐다. 전기통신에서 정보의 전파 속도는 빛의 속도 즉 절대속도에 다다른다. 빛의 속도는 공간의 변화량이 무한대가 된다는 것을, 공간의 변화량이 무한대가 된다는 것은 사실상 공간거리가 없어진다는 것을 의미한다. 전기통신이 도입되기 전까지 '거리'distance는 커뮤니케이션 속도에 절대적인 요소로 작용했다. 그런데 이제 거리 자체가 점차 의미를 잃어버리는 시대에 들어선 것이다.[45] 인터넷은 사회 전반적으로 더 이상 빨라질 수 없는 절대속도를 일반화시킴으로써 커뮤니케이션에서 거리의 장벽을 없애버렸다.

인터넷에 기반한 실시간 정보 유통은, 인터넷 이전과 인터넷 이후의 시대를 두 개의 문명으로 나눌 수 있을 정도로 확연한 차이를 만든다. 여기서 감히 '문명의 구분'이라는 과감한 용어를 사용하는 이유는, 인터넷이 평범한 개인들도 실시간 정보이동 속도를 일상적으로 활용할 수 있는 환경을 제공하기 때문이다. 이것은 사회 전반적으로 절대속도가 일반화되고 있으며, 공동체 내부의 커뮤니케이션 속도가 균질화되고 있다는 것을 의미한다. 공동체 구성원 모두가 입말언어를 사용하던 원시공동체 시대를 제외하고 역사적으로 피지배 계층은 커뮤니케이션 속도 측면에서 거의 언제나 지배층에 뒤처지는 상황에 놓여 있었다. 그런데 이제는 지배층이나 피지배층이나 공동체 구성원 모두가 절대속도로 커뮤니케이션하는 환경에 놓이게 된 것이다. 여기서 우리는 다시 한번 우리의 커뮤니케이션 환경이 마을의 그것, 즉 모든 구성원들이 비슷한 속도로 커뮤니케이션했던 바로 그런 환경과 비슷해진다는 것을 확인한다.

　　그렇다면 사회 공동체 전체가 비슷한 속도로 커뮤니케이션하게 될 때 사회는 어떻게 변화할까? 커뮤니케이션 속도의 차이가 사회 내부의 지배-피지배 관계를 만들어내는 데 큰 역할을 했다면, 지배층이나 피지배층이나 서로 비슷한 속도로 정보를 유통하고 커뮤니케이션할 수 있는 환경에 이르러 우리가 사는 사회는 어떻게 변화되는 것일까? 여기서 사회 전반에 걸친 권력시스템의 변화가 올 것이라고 예상하는 것은 과도한 상상일까?

　　바로 이 지점에서 우리는 다수의 개인들, 정치세력도 아니고 기존의 사회운동 세력도 아닌 진짜 평범한 일상을 살아가는 개인들이 스스로 정보를 생산하고 공유하고 서로를 연결하고 자기조직화하여 급기야 수시로 오프라인 행동에 나서는 현상을 이해할 수 있게 된다. 인쇄나 TV 같은 매스미디어 환경에서 개인들은 단지 정보를 수용할 뿐이었지만, 인터넷은 누구나 컨텐츠를 생산하고 그것을 유통할 수 있는 환경을 제공한다. 그것만이 아니다. 단지 유통하는 것을 넘어 비슷한 관심사를 가진 사람들끼리 모이고 필요하다면 공동의 행동을 할 수도 있다. 더구나 실시간 정보유통 환경은 해당 정보를 접한 개인들이 판단하고 어떤 행동을 하는 데 있어 시간지연을 없앰으로써 그만큼 신속한 의견취합을 가능하게 하고 나아가 취합된 의견에 따른 공동행동 즉 개인들의 자기조직화를 가능하게 한다. 즉 어떤 사건, 사고, 이슈가 발생했을 때 그 사안에 관심 있는 모든 사람들이 한번에, 한꺼번에 움직일 수 있는 가능성을 제공하는 것이다.

　　이렇게 실시간으로 이루어지는 개인들의 자기조직화에 의해 기존의 조직화된 권력이 순식간에 무력화되는 현상이 발생한다. 실제 공간에서는 시간적 순서에 따라 산발적으로 표현되던 행위들, 공간적인 배치에 따라 곳곳으로 분산되어 표출되는 행위들, 더구나 아주 작고 사소해서 현실적인 힘을 행사하지 못하고 대부분 사그라들었던 어떤 행위들까지도 인터넷에서는 실시간으로 축적되고 압축됨으로써 엄청난 폭발력과 파괴력을 가질 수 있다. 즉 시간-공간에 따라 분산되던 행위들이 인터넷에서는 한 순간 한 지점에 응축됨으로써 거대한 힘으로 변화될 가능성이 상존하는 것이다. 바로 이것이 우리가 21세기 초입에 수차례 경험했던 촛불집회의 본질이다.

실시간 커뮤니케이션에 기반한 개인들의 집합행동이 조직화된 권력을 무력화시킨 사례는 촛불집회만이 아니다. 이미 우리는 사회에 실시간 커뮤니케이션 도구가 도입되는 초기, 실시간으로 연결되어 움직이는 개인들에 의해 권력이 무력화되는 현상들을 몇 번 경험했다. 개인들이 핸드폰과 인터넷의 실시간 커뮤니케이션을 활용해 철옹성 같아 보이던 거대 국가권력을 무력화시키거나 독재 권력을 무너뜨린 사례들 말이다.

1996년 민주노총은 당시 집권 여당이자 현재 새누리당의 전신이었던 민자당의 '노동법 날치기 통과'에 항의해 전국적인 파업을 선언했고, 정부는 노동자들이 대규모로 모이는 것을 막기 위해 모든 경찰력을 총동원해 집회 장소로 예상되는 서울 시내 주요 대학 등을 철저하게 봉쇄했다. 이에 민주노총 노동자들은 삐삐와 휴대폰을 사용하여 실시간으로 변경된 집회 장소를 연락 받고 신속하게 이동했고 결국 민주노총은 경찰의 철옹성 같은 봉쇄를 뚫고 전국적인 파업을 성사시켰다. 이것이 가능했던 이유는 정보를 주고받는 속도 그리고 그 정보에 따라 개인들이 움직이는 속도가 경찰보다 훨씬 빨랐기 때문이다. 이 전국적인 파업의 여파로 날치기로 통과된 노동악법은 결국 철회되었다. 1996년 한국의 노동자 파업은 실시간 커뮤니케이션 기술이 개인들에게 막 보급되기 시작한 시기에, 개인들이 바로 그 실시간의 커뮤니케이션 속도를 활용해 억압적인 국가기관의 물리력을 무력화시킨 사례다.

1999년 미국의 시애틀에서 있었던 반세계화 운동 역시 실시간 커뮤니케이션 도구를 활용해 세계무역기구WTO 회의를 무산시킨 대표적인 사례 중 하나다.[46] 당시 미국 시애틀에는 WTO가 주도하는 일방적인 세계화에 반대하기 위해 전 세계에서 시민운동가들이 모여들었는데, 시위대들은 회의 장소를 봉쇄하기 위해 휴대폰으로 연락을 주고받고, 거리에서 노트북으로 무선인터넷에 접속하여 실시간으로 시위정보를 주고받으며 행동을 조율했다. 이로 인해 일부 국가의 정상들이 교통이 막혀 제 때 회의장에 나타나지 못했고, 결국 당일 예정되었던 WTO 세계 각료회의가 무산되었다. 이것은 수만 명의 시위대가 실시간으로 현장 정보를 주고받으며 거리 곳곳에서 각자의 판단 아래 실시간으로 행동을 조율한 결과다. 앞에서 언급했듯이 필리핀 역시 비슷한 경험을 했다.[47] '엄지 혁명'이라고도 불리는 필리핀의 '제 2차 피플 파워'는 실시간 커뮤니케이션의 위력이 매스미디어의 통제력을 무력화시키고 부패한 권력을 전복시킨 사례다.

전 세계적으로 발생하는 이런 새로운 흐름을 경험한 후, 각 나라의 독재자들은 자신들의 권력이 위협받을 상황이 되면 제일 먼저 인터넷을 끊어버리기 시작했다. 2007년 미얀마 군사정권은 20년 만에 군부통치에 대한 저항이 일어나자 무차별 발표로 맞대응한 후 인터넷을 전면 차단했다.[48] 2009년 이란 정부는 대선 결과에 항의하는 시위가 격화되자 인터넷을 차단시켰으며[49], 중국은 2009년 7월 신장 지구에서 유혈시위가 발생하자 신장 지구의 인터넷 사용을 전면 차단했다.[50] 이런 일은 우즈베키스탄 등 세계 곳곳에서 지금도 벌어지고 있다. 하지만 우리는 이런 일들이 인터넷이 사회의 인프라로 정착되지 않은 나라에서나 가능하다는 것을 잊어서는 안 된다. 인터넷이 정보소통 뿐만 아니라 정치, 사회, 경제 전체의 중추적인 정보망 역할을 하는 국가들에서 인터넷을 끊는다는 것은 곧바로 정권의 붕괴만이 아니라 경제와 사회구조 전반의 붕괴를 초래할 것이기 때문이다.[51]

불과 10년 전까지만 해도 평범한 개인들이 경찰력과 정보기관, 그리고 경우에 따라서는 군대의 물리력까지도 동원할 수 있는 국가권력과 맨손으로 싸운다는 것은 거의 불가능한 일이었다. 그런데 위에서 보듯이 다수의 개인들이 실시간 커뮤니케이션으로 연결되었을 때, (개인들이 무장을 하지 않아도) 종종 국가기관이 무기력해지는 경우가 발생한다. 단지 무기력해질 뿐만 아니라 튀니지, 이집트, 리비아, 예멘, 시리아 등에서 연쇄적으로 폭발한 아랍의 민주화 혁명, 아랍의 봄Arab Spring에서 볼 수 있듯이, 무장한 권력이 전복되고 정권이 교체되는 사례도 종종 발생한다. 이와 같은 사례들은 공동체 구성원들 사이의 실시간 커뮤니케이션, 그리고 이에 기반한 개인들의 자기조직화로 인해 사회 내부의 권력구조가 필연적으로 변화할 수밖에 없음을 보여준다. 즉 사회 전반적인 커뮤니케이션 속도의 변화가 사회 구조의 성격을 바꾸고 있는 것이다. 21세기 초, 우리는 바로 그 역사적인 변화의 현장 한가운데에 있다.

5장

홀롭티시즘 : 개인이 전체를 보다

1. 네트워크화된 개인들의 출현

2. 더 이상 통제할 수 없다

3. 판옵티콘을 넘어 홀롭티시즘으로

홀롭티시즘 : 개인이 전체를 보다

임계성이라고 하는 이런 조건이 형성되면, 근거리에서만 감지되고 말았을 사소한 섭동이 거침 없이 퍼져나가 무한에 가까운 시스템이라도 구석구석 확산될 수 있다. 그러므로 시스템은 전체 적으로 조정된 것처럼 보이지만 중앙의 지배는 전혀 없다. 시스템이 임계성에 이르면 중앙의 이런 통제 센터는 불필요한데, 센터만이 아니라 모든 지역이 다른 모든 지역에 영향을 미칠 수 있기 때문이다. 사실상 모든 지역이 동등하고 모두가 똑같이 연결되어 있기 때문에 …… .

— 던컨 와츠, 『Small World』

1. 네트워크화된 개인들의 출현

2008년을 뜨겁게 달구던 촛불집회가 경찰의 물리력과 검찰의 사법권력, 심지어 군 정보기관인 기무사까지 내세운 이명박 정부에 의해 강제로 진압되고 서서히 잦아들 무렵인 2009년 초, 지금의 미디어 환경에서 강제적인 탄압이 진행될 경우 개인들이 어떻게 움직일 것인가를 예측할 수 있게 해주는 사건이 있었다. 2009년 3월 9일 용산 철거민 점거 농성에 대한 폭력진압에 항의하기 위한 시위가 있었는데, 이날 밤늦게 남은 수백 명의 시위대들이 촛불집회를 강

압적으로 막는 경찰에 항의하고자 지하철을 타고 이동하며 촛불집
회를 벌인 것이다. 너무도 즉흥적이고 게릴라적인 방식에 경찰들은
망연자실할 수밖에 없었다. 다음날 보수신문들은 경찰의 말을 인용
하여 '이런 일은 도저히 발생할 수 없으며 고도로 조직화된 배후가
존재할 것'이라는 뉘앙스로 보도했다. 왜냐하면 전통적인 시위나 조
직 관념에 비추어보자면 이러한 움직임은 사전에 치밀하게 계획하
지 않으면 만들어질 수 없는 현상이었기 때문이다.

그런데 촛불집회에서 즉흥적이고 자연발생적인 게릴라 시위는
그리 낯선 것이 아니다. 2008년 촛불집회가 본격적인 가두시위로
전환되기 시작한 5월 24일 이후부터 자연발생적으로 도심 게릴라
시위가 시작되었다. 5월 24일의 시위는 사전에 계획된 것도 아니었
고 시위를 주도하는 사람도 없었다. 매번 자리에 앉아서 노래를 부
르고 구호를 외치는 데 지친 사람들 중 일부가 무작정 거리로 나섰
고 이에 집회 참가자들이 대거 합류하면서 가두시위가 시작되었는
데, 경찰이 나타나면 피하는 방식으로 움직이다보니 종로 일대의
도심 전체를 헤집고 다니는 게릴라 시위가 된 것이다. 그 이후에도
종종 의도치 않은 게릴라 시위가 벌어졌는데, 그것은 시위대가 경
찰에 쫓기고 피하다가 때론 동대문, 청량리, 신촌, 홍대까지 이동하
면서 만들어진 현상이다. 그리고 2008년 말, 경찰의 폭력진압이 되
풀이됨에 따라 보다 지능화된 '지하철 게릴라 시위'라는 것이 본격
화된다. 지하철 게릴라 시위란, 지하철을 타고 이동하여 시위를 벌
인 후 경찰이 나타나면 다시 지하철을 타고 이동하여 또 다른 장소
에서 시위를 하는 것을 말한다. 이렇게 수차례 반복되었던 지하철

게릴라 시위가 언론에 크게 보도된 것은 2009년 3월 10일이다. 조선일보는 이에 대해 다음과 같이 보도했다.[1]

경찰은 이들 연행자 8명의 휴대전화 통화내역을 분석, 그 배후를 밝힐 방침이라고 이날 밝혔다. 이들의 뒤에 시위 경험이 풍부한 배후그룹이 있다고 보고 있기 때문이다. 경찰에 따르면, 지난 7일 200명의 시위대는 지하철로 이동하면서 경찰이 배치되지 않은 곳을 찾아 20분~1시간 동안 시위를 벌인 뒤 경찰이 투입되면 지하철을 타고 사라졌다. 이런 식으로 시위대는 서울역 → 동대문 → 종로5가 → 시청 → 영등포구청을 옮겨 다녔다. 누군가의 지시나 선도先導 없이 200명이 순간순간 행선지를 바꾸며 이처럼 일사불란하게 움직이기가 쉽지 않다는 것이 경찰의 분석이다.

실제로 지난 7일 밤 영등포에서 시위대에게 폭행당한 경찰관은 "시위대 가운데 흰색 마스크를 쓰고 귀에 무전기 '리시버'를 꽂고 다니는 사람이 현장상황을 어디론가 계속 보고하고 있었다"고 했다. 시위대는 또 가는 곳마다 경찰 무전기를 뺏어, 경찰 연락망을 차단했다.

비슷한 내용을 보도한 동아일보의 기사[2]는 더 구체적이다.

경찰에 따르면 시위대는 경찰 부대처럼 치밀하게 움직인다. 일단 정찰조가 오토바이 등을 타고 다니며 가두행진 장소를 물색한다. 해당 장소의 경찰 배치를 확인하면 전위대가 시위를 시작해 경찰의 대응을 떠본다. 이들 전위대는 이리저리 오가며 경찰을 압도할 수 있는 지역을 선택한다. 전위대의 연락을 받은 본대는 지하철을 이용해 해당 지역으로 이동한다. 이동 중에도 경찰이 많다는 연락이 오면 장소를 바꾼다.

이 과정에서 소위 '밥풀데기'로 불리는 정보원들이 움직인다. 이들은 인도의 인파 속을 돌아다니며 시위대와 대치한 경찰 인원, 사복경찰 수 등 동향을 파악한 후 본대에 정보를 제공한다. 경찰 관계자는 "야간 교통체증 속에서 경찰은 버스로 이동하지만 이들은 지하철로 이동해 속도전에서 밀린다"며 "이들이 현장 지휘부를 공격하는 것을 보면 서울시내 정보과 주요 형사들의 얼굴을 파악하고 있는 것 같다"고 말했다.

경찰의 증언은 마치 007과 같은 대단한 첩보영화를 연상케 한다. 경찰의 발표에 따르면 지하철 게릴라 시위는 전체를 지휘하는 지도부가 있어 사전에 치밀하게 조직되었으며, 각자 정찰조, 정보원, 행동대원 등 역할이 명확하게 분담되어 있고, 심지어 자기들만의 무전기를 사용하면서 200여명의 시위대들이 어떤 지휘에 따라 일사분란하게 움직였다는 것이다. 이런 경찰의 시트콤적인 상상력에는 웃음을 참을 수가 없다. "흰색 마스크를 쓰고 귀에 무전기 '리시버'를 꽂고 다니는 사람"이 무전기로 누구에게 보고를 한다는 부분에서는 이제 경찰청에도 '작가 한 명 놔드려야' 할 시대가 되었다는 생각마저 든다. 전 국민이 핸드폰을 하나씩 들고 있 마당에 도청당하기도 쉬운 무전기를 사용할 이유가 있을까? 경찰이 증언한 흰색 마스크는 차라리 민간인 복장을 하고 시위대를 쫓아다니던 사복경찰일 가능성이 더 높지 않을까?

마뉴엘 카스텔은 전 세계의 이동통신 문화를 비교검토하면서

"가장 중요한 통신 행위 중 하나는 사전에 계획되지 않은 자발적인 행위 공동체가 순식간에 출연하는 것"이라고 결론을 내린다.[3] 이제 "누군가의 지시나 선도先導 없이 2백 명이 순간순간 행선지를 바꾸며 이처럼 일사불란하게 움직이"는 것은 전혀 어려운 일이 아니다. 다음 아고라 같은 토론 게시판, 각 포털 서비스의 카페들에는 현장 상황에 대한 정보들이 실시간으로 올라온다. 아프리카 같은 인터넷 서비스에서는 개인들이 노트북과 카메라 그리고 와이브로, LTE와 같은 무선 인터넷망을 활용해 시위 현장을 생중계한다. 트위터는 바로 그 현장에서 움직이는 사람들이 바로 그 현장의 소식을 실시간으로 공유한다. 사정이 이러한데 정보를 얻기 위해 사전에 치밀하게 준비하는 것 자체가 이상하다. 단지 '경찰이 보이면 다른 사람들과 함께 다른 역으로 움직인다'는 아주 간단한 행동 규칙 하나만으로도 수백 명이 경찰을 피해 다니는 것은 식은 죽 먹기보다 쉽다. 인터넷에 접속 가능한 스마트폰은 널려 있고, 다른 공간에 있는 일행에게 문자 몇 번만 보내도 실시간 현황파악이 가능하다. 사람들은 언제나 서로 연결되어 있다. 이런 환경에서 실시간으로 정보를 얻고 바로 그 상황에 맞추어 실시간으로 자신의 행동을 조율하는 것은 결코 어려운 일이 아니다.[4]

경찰은 현장에서 체포된 '여덟 명의 통화 내역'을 분석해 배후를 찾겠다고 했으나 그 이후 이 게릴라 시위를 조직했다는 주도자나 배후를 찾았다는 이야기는 듣지 못했다. 그럴 수밖에 없는 것이 '지하철 게릴라 시위'는 배후가 존재하는 사건도 아니었고, 전체를 지휘하는 상층부가 존재하는 사건도 아니었으며, 시위의 참여자들이 어떤 조직에 속한 사람들도 아니었기 때문이다. 그것은 네트워크화된 개인들이 서로를 순간적으로 연결하면서 실시간으로 정보를 소통하고 서로의 행동을 조율하면서 만들어낸 지극히 자발적이고 즉각적인 집합행동이다. 늘 정해진 공간에서 집회를 하거나 정해진 경로로만 이동을 하거나 혹은 어떤 공간을 점유하기 위해 경찰과 실랑이를 벌이는 '시민단체형' 시위에 익숙했던 경찰로서는 경찰을 피해 다니는 이런 유목민nomad적인 시위가 당황스럽겠지만, 이제 이런 일들은 현장에서 즉각적으로 만들어지는 네트워크화된 개인들의 집합적인 판단에 의해 언제든지 재현될 수 있다. 국정원과 검찰, 경찰, 매스미디어에 속한 기자 등 구시대의 조직 형태에 익숙한 사람들로서는 이런 현상들이 단지 개인들의 즉각적인 네트워크만으로 만들어질 수 있다는 사실이 이해하기 어려운 것이겠지만, 이런 현상은 앞으로도 언제든지 훨씬 더 큰 규모로도 발생할 수 있는 일이다.

그나마 경찰과 정부가 안도할 수 있는 것은 그 시위에 참가한 사람이 그리 많지 않았다는 것이다. 만약 이것이 대규모 반정부시위였다면 어떻게 되었을까? 광화문을 막고 세종로를 막고 시청을 막았을 때 그 수많은 사람들이 지하철역과 역을 지나 신촌과 신도림과 강남과 신천과 잠실과 건대와 동대문을 거쳐 순회시위를 벌인다면? 심지어 수백 명이 수십 개의 조로 나뉘어 서로 다른 경로로 도심을 헤집고 다니는 것도 불가능하지 않다. 실제로 촛불집회가 한창일 때 집회가 경찰에 의해 원천 봉쇄되는 일들이 발생했을 때, 인터넷 카페나 게시판 등에서는 한 곳에 모이지 말고 각자 자기가 가고 싶은 곳에서 시위를 하자고, 즉 도심 전체를 헤집고 다니는 게릴라 시위로 바꾸자는 제안들이 올라오기도 했다. 시민단체들이 익숙하게 해 왔던 공간을 점령하는 방식의 집회, 시청광장이나 광화문 광장 같이 상징적인 공간에 모두가 집결하는 그런 방식이 아니라 수백 명 혹은 수천 명 단위로 지하철 주위로 산개해서 시민들에게 목소리를 알리자는 것이다. 경찰이 고도로 조직화된 배후가 있다고 지목했던 지하철 게릴라 시위는 단지 이런 주장 중 일부가 현실화된 것뿐이다. 애초에 시위라는 것이 자신의 주장을 알리기 위한 것이라는 측면에서 보자면, 그리고 사람들이 실시간으로 커뮤니케이션하며 서로의 행동을 조율할 수 있다면 이런 방식이 훨씬 효과적인 시위가 아닐까?

아마도 어떤 순간엔 이런 흐름을 막는다는 것 자체가 불가능한 상황이 도래할 것이다. 물론 2009년처럼 경찰과 검찰을 동원한 강압적인 방법으로 일시적으로 사람들의 비판을 막을 수는 있지만, 그것은 단지 몇 달 혹은 길어야 몇 년 동안만 유효할 뿐이다. 정권 중후반기에 의례 나타나기 마련인 레임덕 시기가 도래하거나 억압적인 체제를 유지하던 권력지형 자체에 어떤 균열이 발생하는 순간, 그리고 더 이상 이대로는 참을 수 없다는 판단이 사람들 사이에 광범위하게 동의를 얻는 순간, 그 동안 권력을 지탱하던 강압적인 진압 방식이 순식간에 무기력해지는 상황은 언제든지 발생할 수 있다. 따라서 정치가들은 정권에 대한 비판을 막기 위해 강압적인 힘을 동원하는 것은 이제는 더 이상 효과가 없는 시대에 살고 있다는 것을 명심해야 한다.

2012년 지금, 우리는 1997년의 서울의 노동자 총파업, 1999년의 시애틀, 2001년의 필리핀보다 훨씬 더 나아간 지점에 서 있다. 당시의 사건들은 그와 같은 기술들을 처음 경험한 세대들이 만들어낸 것이다. 그런데 지금 한국의 네티즌들 — 한국뿐만 아니라 인터넷과 이동통신 인프라가 어느 정도 확보된 대다수 국가들의 국민들 — 은 일상적으로 그런 기술을 활용하고 있다. 언제든지 네트워크에 접속하여 움직일 줄 아는 사람들, 나이도 성별도 불문하고 실시간으로 정보를 공유하고 수평적으로 토론할 줄 아는 사람들, 이들이 바로 수차례의 촛불집회라는 형식으로 한국 사회에 본격적으로 모습을 드러내기 시작한 '네트워크화된 개인들'이다. 고립된 소규모 집단 속의 개인이 아닌, 전체 공동체와 연결되어 있는 네트워크화된 개인들 말이다.

언제 어디서나 서로 연결 가능한 개인들, 언제 어디서든 자신이 필요한 순간에 필요한 정보에 실시간으로 접근할 수 있는 개인들, 그리고 실시간으로 획득한 정보를 기반으로 실시간으로 자신의 행동을 조율할 수 있는 네트워크화된 개인들의 출현은 사회에 새로운 동학을 만들어낸다. 그것은 기존에 지도부, 전문가, 지식인 중심으로 구성되었던 사회운동이 발 딛고 있던 것과는 전혀 다른, 새로운 형태의 사회 참여방식, 새로운 형태의 사회운동 방식이 예전보다 훨씬 더 강력한 형태로 성장하고 있다는 것을 의미한다.

2. 더 이상 통제할 수 없다

이런 현상이 가능해진 이유는 무엇보다 **평범한 보통 사람들**, 피지배 계급의 위치에 있던 사람들이 그들끼리 서로 소통할 수 있는 장치가 생겼기 때문이다.[5] 공동체 내부의 계급분화가 크지 않았던, 공동체 구성원 모두가 같은 입말언어를 사용했었던 마을이라는 작은 공간을 제외하면 역사상 어떤 시대에도 지배층과 피지배층이 같은 속도의 미디어를 사용한 적이 없었다.『조선, 말이 통하다』라는 책에서 보았듯이, 역사적으로 피지배 계층은 서로를 연결할 아무런 도구도 가지지 못했다. 이것은 TV와 신문으로 대표되는 근대 매스미디어의 시대에도 마찬가지였다. 매스미디어 시대에도 다수의 개인들이 일상적으로 활용할 수 있는 커뮤니케이션 미디어는 '입말언어'였기 때문에 이들은 지배계급에 비해 커뮤니케이션의 속도 면에서 한참 뒤떨어진 환경에 놓여 있었다. 단지 시민운동이나 저항운동을 하는 집단에서 다수에게 '정보'를 알리기 위해 전단지, 팜플렛, 책과 같은 인쇄 미디어를 적극적으로 활용하는 것이 전부였을 뿐이다. 따라서 사회의 대다수 구성원들은 그저 신문과 TV가 일방적으로 쏟아내는 정보들을 수용할 수밖에 없는 환경에 놓여 있었다. 물론 헨리 젠킨스가 꾸준히 주장했던 것처럼 일방적으로만 보이는 매스미디어의 수용과정 속에서도 전유와 전복, 재해석과 비틀기와 같은 현상이 존재하긴 했지만[6], 그것은 사회 저변의 밑바닥 흐름을 볼 수 있는 눈을 가진 사람에게만 보이는 현상이다. 근대미디어 환경에서 다수의 개인들은 표면적으로 여전히 매스미디어의 지배를 받는 수동적인 대중들로 간주되었다.

나아가 지금까지의 역사에서 커뮤니케이션 도구들이 평범한 개인들에게 주어진 적도 없었다. 공동체의 규모가 커지면서 지배자들은 다양한 방법과 기술을 도입하여 커뮤니케이션 속도와 밀도를 높여왔지만,

사회의 대다수인 피지배자들에게는 입말언어를 제외하고는 원거리에 있는 개인들끼리 서로서로 커뮤니케이션할 수 있는 기술이 보급된 적은 없었다. 따라서 국가, 제국과 같은 거대 공동체가 생겨난 이래, 개인들은 파편화된 개인들, 고립된 작은 공동체 속에 힘없는 민초들로 존재할 수밖에 없었다.

그런데 인터넷은 커뮤니케이션 방식과 커뮤니케이션 속도라는 두 가지 측면에서 기존의 질서를 뒤집는다. 특히 최근에 급격히 발달하고 있는, 디지털 카메라와 스마트폰으로 대표되는 개인화 기기들은 이런 현상을 더욱 강화시키고 있다. 네트워크 기능을 갖춘 개인화된 장비의 광범위한 보급은 곧 커뮤니케이션 기술(기기)이 개개인들에게 주어지고 있다는 것을 의미한다. 불과 얼마 전까지만 해도 국가의 전유물이었던 실시간 통신기술을 다수의 개인들이 손안에서 활용할 수 있는 상황이 된 것이다. 따라서 우리는 현재 벌어지는 미디어 환경의 변화가 그저 좀 더 빠르고 색다른 미디어가 도입되는 것이 아니라, 기존의 사회관계들을 전면적으로 바꿀 만한 문명의 전환점이라고 보아도 될 것이다.

개인화된 통신기기들의 확산, 언제 어디서나 접속할 수 있는 네트워크망의 보편화 그리고 그것을 자유롭게 활용할 수 있는 개인들이 어우러지는 우리 시대에는 과연 어떤 일들이 벌어질까? 네트워크화된 소형장비들을 이용해 다른 사람들의 판단과 행동에 대한 정보를 실시간으로 참조할 수 있다면 개인들의 행동 패턴에는 어떤 변화가 생길까? 단지 신문이나 잡지에 나온 어떤 지식인의 글 한 조각을 참조하는 것이 아니라 특정한 정치인에 대한 다른 개인들의 집합적 판단, 특정한 정치적 사안에 대한 다수 개인들의 의견을 참조할 수 있다면 즉 어떤 정보와 더불어 그 정보에 대한 평가와 판단까지도 실시간으로 참조할 수 있다면 개인들의 판단과 의사결정 패턴에는 어떤 변화가 생길까? 여기서 지금까지와는 다른 정치적 구조, 지금까지와는 다른 경제 구조가 만들어질 것이라고 예상하는 것은 과도한 상상일까?

앞에서 보았듯이 1990년대 후반 삐삐와 핸드폰을 이용한 파업 노동자들의 움직임에 정부는 비록 짧은 시간이나마 무력화되고 말았다. 브로드밴드가 확산되던 시기에 벌어졌던 2002년의 촛불집회, 무선인터넷 망이 막 보급되기 시작할 시기에 발생한 2008년의 촛불집회에서 정부는 판단불능의 상황에 빠져 있었다. 불과 일주일도 안 되는 사이에 인터넷에서 실시간으로 정보를 습득하고 자율적으로 판단하는 개인들의 거대한 집합적 행동에 국가가 통제불능의 상황에 빠져든 것이다. 단지 핸드폰과 인터넷의 활용만으로도 이러한 일들이 가능했었는데, 네트워크화된 장비들이 일반화되어 있는 지금은 어떤 일들이 벌어질까? 다수의 개인들이 네트워크로 연결되어 억압적인 권력보다 훨씬 빠른 속도로 판단하고 행동하게 된다면 국가권력이 지금처럼 억압적으로 작동하는 것이 가능할까?

이런 측면에서 『테크놀로지와 통제혁명』에서 앤드류 사피로가 제기하는 문제는 곱씹어볼 필요가 있다. 앤드류 사피로는 현재의 테크놀로지 환경에서 더 이상 기존과 같은 "통제는 작동하지 않는다"고 말한다. 그가 말하는 "통제혁명"Control Revolution이란 새로운 형태의 통제가 만들어진다는 주장이 아니라, 더 이상 개인들을 통제할 수 없다는 주장이다. 그는 인터넷이라는 테크놀로지에 기반한 "개인의 권력화" 현상을 피할 수 없다고 말한다.

그것이 우리에게 제안하는 것은 잠재적으로 커다란 기관에서 개인에게 권력을 이양하는 것이다. 인터넷으로 인한 진정한 변화라면 사실, "통제혁명"Control Revolution이며, 이것은 정보와 경험, 자원 등을 통제하는 거대한 변혁이다. 점진적으로 그 통제의 주체는 "우리"가 되어가고 있다 …… 지금까지 각종 권위적인 상징들은 점차 사라져 갈 것이다. 국회의원을 비롯한 다른 고위 공무원, 뉴스 전달자, 상업 중개자, 교육자들이 바로 그 예이다. 계급은 점차 사라져갈 것이다. 게이트키퍼들 또한 그렇게 될 것이다. 권력은 결국 '엔드 유저'에게로 이양될 것이다.7

아마도 이러한 사회에서는 기존에 전문가로 불렸던 사람들 중 진정한 전문가로 인정받는 소수의 전문가들을 제외한 대다수의 전문가들은 점점 더 권위와 발언권을 잃게 될 것이다. 고압적이던 기업은 점점 더 강해지는 소비자들의 힘에 굴복할 수밖에 없을 것이며, 무소불위의 권력을 행사하던 정부와 고위 관리들은 사회 곳곳에서 자신들을 바라보는 수백만 개의 감시 눈길을 의식하지 않을 수 없는 환경에 놓이게 될 것이다. 이러한 변화는 매스미디어 영역에서도 마찬가지다. 이미 한국은 기존 언론권력이 독점해 왔던 역할들, 즉 공론장에서 사회적 논제(아젠다)를 제기하고 주도하고 선점하고 때로는 조작하면서 여론을 장악했던 역할들이 블로그와 SNS를 주축으로 활동하는 개인들에게 상당 부분 이양되었다.8

그런데 이러한 변화는 비단 기존의 시스템화된 권력이나 권력자들에게만 해당되지 않는다. 평범한 일상에서 평범한 개인들의 사회적 익명성은 지켜지겠지만, 어떠한 계기로 어떤 이슈에 휘말렸을 때는 보잘 것 없던 개인의 행위도 어느 순간 공동체 전체의 관심을 받아 모든 사람들이 그의 일거수일투족을 바라보게 될 것이다. 기존에는 단지 개인적이고 국지적인 일로 다루어졌던 개인의 비윤리적 행동은 공동체 전체의 관점에서 재해석되고 공동체 전체의 관심사로 받아들여질 것이다.

이러한 상황에서 우리는 우리 스스로를 통치할 수 있을까? 앤드류 사피로는 『테크놀로지와 통제혁명』에서 개인들에게 권력이 이양되는 것은 피할 수 없다며, 더 이상 통제가 불가능한 상황에서 과연 개인들이 스스로를 자율적으로 조율할 수 있을지에 대해 의문을 제기한다. 과연 기존의 통제가 점차 권력을 잃어가는 새로운 공간에서, 개인들 스스로 새로운 방식으로 자신들의 행동을 조율하고 조절하며 공동체 전체가 협력하는 것이 가능할까?

3. 판옵티콘을 넘어 홀롭티시즘으로

푸코는 근대사회를 관통하는 권력의 메커니즘으로 판옵티콘을 제시했다. 판옵티콘이 지배하는 사회는 소수의 개인들이 자신들을 노출하지 않은 채로 다수의 개인들을 감시할 수 있는 공간이었다. 그런데 이제는 상황이 달라졌다. 물론 기존의 감시자들은 IT 기술을 활용해 보이지 않는 곳에서 더 많은 사람들을 더 효율적인 방식으로 감시할 수 있게 되었다. 그런데 반대로 개인화된 장비들의 광범위한 보급에 따라 감시자 역시 감시받을 가능성도 커지고 있다. 아니 감시자와 피감시자를 구분할 필요도 없이, 이제는 모두가 모두를 볼 수 있고 개인이 사회 전체를 볼 수 있는 그러한 사회가 되고 있다.

이러한 상황에서 감시자와 피감시자의 위치가 바뀌는 역판옵티콘reverse Panopticon, 서로가 서로를 볼 수 있다는 시놉티콘Synopticon이란 개념도 오히려 구시대적이다. 장 프랑스와 누벨은 현재 벌어지고 있는 사회의 변화를 "홀롭티시즘"9이라는 새로운 용어로 구체화한다. 누벨은 그리스어의 'holes'(전체적인 — whole, holistic, all)와 'optiké'(시야, 시각 — vision) 그리고 'tekhné'(기술 — art, technique)라는 세 개의 단어를 조합하여 'Holopticism'(홀롭티시즘)이란 용어를 만들었다.10 홀롭티시즘의 성격은 다음과 같이 정의된다.

> 그것은 어떤 조직(혹은 그룹) 내의 행위자들이 조직(혹은 그룹) — 그것이 물리적인 공간이든 혹은 온라인Virtual 공간이든 — 의 전체를 마치 하나의 개체unique entity인 것처럼 인식할 수 있는 능력을 의미한다. ……홀롭티시즘적인holoptical 공간은 각각이 참여자들이 '전체'를 생생하게 지각할 수 있는 공간이다. 각각의 행위자들은 그들의 경험과 전문 지식 덕분에 그/그녀의 행동을 조율하고 자신을 다른 이들의 움직임과 조화시키기 위해 전체에 대해 이야기한다. 따라서 개인과 집합 사이에는 마치 거울처럼 끊임없는 왕복 여행, 되먹임 고리가 존재한다. …… 개인과

전체 사이를 연결하는 홀롭티시즘은 행위자들에게 주권적이고 독립적이고 (다양한) 방법으로 움직일 수 있는 능력을 제공한다. 왜냐하면 그들은 전체를 위해 그리고 그들 스스로를 위해 무엇을 해야 할지를 알고 있기 때문이다. 따라서 거기에는 **수평적인 층에서의 명료함**(조직이나 그룹 내의 모든 참여자들에 대한 통찰)뿐만 아니라 '전체'와의 **수직적인 소통**도 존재한다.[11]

홀롭티시즘적인 공간은 판옵티콘 혹은 파놉티시즘Panopticism 유형의 공간과 정반대의 공간이다. 판옵티콘에서는 소수의 권력자가 다수의 개인들을 일방적으로 보기만 했다면, 홀롭티시즘에서 개인들은 공동체 전체를 볼 수 있다.[12] 그뿐만 아니라 그들은 공동체 그리고 공동체에 속한 다른 이들의 움직임을 실시간으로 확인하고, 그에 따라 자신들의 행동을 조절할 수도 있다. 사실 앞에서 분석했던 마을이라는 공간이 바로 홀롭티시즘적인 공간이다. 개인들이 서로가 서로를 잘 알고 있었으며, 정보의 격차가 별로 없이 비슷한 정보를 공유하고, 공동체 전체가 어떻게 돌아가는지를 개개인이 파악하고 있으며, 그에 따라 자신의 행동을 스스로 조율할 수 있는 그런 공간 말이다. 이제 우리는 '마을'이라는 한정된 공간보다 훨씬 큰, 국가 단위 공동체가 어떻게 돌아가고 있는지를 개인들이 투명하게 볼 수 있는 환경에 접어들었다.

아마 어떤 분들은 이런 것이 가능하냐고 묻고 싶을 것이다. 그런데 이미 우리는 1997년의 노동자 총파업, 2001년의 시애틀 그리고 2009년 서울의 '지하철 게릴라 시위'에서 실시간으로 정보를 확인하고 그에 따라 바로바로 자신들의 행동을 조율하는 사례들을 이미 확인하였다. 그리고 이런 경험들은 단지 우리 사회가 앞으로 어떻게 변화할 것인가를 보여주는 예비적인 단초일 뿐이다.[13]

집합지능과 사회적 정보

1. 웹 2.0 : 협력의 새로운 방법

2. 홀롭티시즘적 지식 만들기

3. Government 2.0

4. 커뮤니케이션을 디자인하라

6장

집합지능과 사회적 정보

즉각적 정보의 시대가 되면 인간은, 파편화되고 전문화하는 데 몰두하던 자신의 직업에 종언을 고하고 정보 채집자로서의 역할을 맡게 된다. 오늘날 정보 채집은 포괄적 개념의 〈문화〉를 재개시킨다. 이는 꼭 원시 시대의 식량 채집자가 자신의 모든 환경과 완전히 균형을 이룬 상태에서 일을 했던 것과 일치한다. 이 새로운 유목적이고 〈노동 없는〉 세계에서 우리가 가지게 되는 절박한 관심사는 인생과 사회의 창조적 과정들에 대한 지식과 통찰이다.

— 맥루한, 『미디어의 이해』

로버트 라이트Robert Wright는 『넌제로』*Non Zero*라는 책에서 사회적 협동을 가능하게 하는 기술의 발전에 대해 이야기한다.[1] 여기서 Non Zero란 '제로섬이 아님'이란 뜻을 가지고 있다.[2] 제로섬Zero sum 이란 제로섬 게임Zero Sum Game으로 흔히 사용되는데, 이것은 둘을 합쳤을 때 0이 되는 계산, 거래 혹은 관계를 말한다. 제로섬 게임에서는 이득을 보는 이가 있다면 반드시 그 만큼 손해를 보는 이가 생긴다. 반대로 Non Zero란 제로섬이 아닌, 즉 합쳐서 '+'Plus가 되는 계산, 거래 혹은 관계를 말한다. 로버트 라이트는 "남은 음식을 저장하기에 가장 좋은 장소는 바로 다른 이의 위장"[3]이라는 에스키모의

속담을 인용하여 역사적으로 여러 개인들의 협동을 도모하는 인간
사회의 자기조직화Self-Organization 현상 및 개인들의 협업을 유도하는
사회기술들을 추적한다.

먼저 그는 원시 부족이 사용하던 산토끼 그물의 사례를 분석한
다. 산토끼 그물 — 아마도 그것은 큰 그물을 여러 명이 잡고 토끼가 있는 공
간을 포위한 후 포위망을 좁혀가며 토끼를 잡는 그물일 것이다 — 이란 토끼
를 잡을 때 사용하는 그물로, 한 사람 혹은 한 가족이 잡으려면 쉽지
않은 토끼를 여러 사람이 협동하여 쉽게 잡을 수 있게 해주는 도구
다. 여기서 산토끼 그물이라는 도구(기술)는 여러 사람들의 협동을
가능하게 해주는 매개체로 기능한다. 그는 이런 기술들이 바로 사
람들 사이의 협력을 가능하게 하고, 협력을 통해 잉여Non Zero를 만
들어내는 기술들이라고 평가한다.

로버트 라이트는 "협업을 할 수 있도록 유도하는 특정한 방식의
기술"들의 역사를 추적하면서, 인류의 역사는 다수의 협력을 유도
하는 기술의 발전에 의해 추동되어 왔다고 말한다. 즉 사회는 다수
의 협력을 가능하게 하는 어떤 기술들의 발전에 의해 더 많은 잉여
(물)를 만들어내는 형태로 발전했다는 것이다. 이때 기술이란 다수
의 상호작용을 원활하게 하는 조직운영론과 같이 사람들이 상호작
용하는 관계를 조정하는 사회공학적 기술일 수도 있고, (산토끼 그
물처럼) 사람들의 행위들을 특정한 방식으로 연결하여 혼자서 하기
어려운 일을 여러 명이 공동으로 수행할 수 있도록 해주는 물리적
인 기계(도구)일 수도 있다. 중요한 것은 이 기술들이 사람들을 특
정한 방식으로 배치하거나 연결함으로써, 혹은 기존의 연결방식 중

비효율적인 어떤 것을 개선하여 사람들의 협업을 더 쉽게 만들어준다는 것이다.

물론 모든 기술이 다 이런 성격을 갖는 것은 아닐 것이다. 군사무기나 핵무기 같은 것들은 인간뿐만 아니라 지구생명체 전체를 소멸시킬 수 있는 수준까지 진화했다. 그것은 협동하도록 하는 기술이 아니라, 모든 것을 소멸시키는 기술이다. 하지만 오랜 시간을 거쳐 인류가 협동을 위한 기술들을 발전시켜 온 것도 분명한 사실이다. 그리고 우리는 마침내 인터넷이라는, 인류 전체가 실시간으로 협업할 수도 있는 기술(도구)을 가지게 되었다. 하워드 라인골드는 정보기술의 도입으로 나타나는 가장 중요한 변화는 "이전에는 결코 가능하지 않았던 규모와 방식으로 협력할 수 있는 가능성이 생겼다는 것"[4]이라고 말한다. 인터넷은 지금까지 인류가 발전시킨 기술 중 다수의 협력을 가능하게 하는, 이론적으로는 무한대의 사람들의 일상적인 협력까지도 가능하게 하는 최고의 기술이다. 우리는 "과거에는 불가능했던 방식으로 누구나 생산에 참여하며 거대한 문화, 정치, 경제시스템에 가치를 부여할 수 있는 시대"[5]에 다가서 있다.

1. 웹 2.0 : 협력의 새로운 방법

필자는 2004년 언론 구조에서의 직접민주제를 구현해보고자 〈미디어몹〉[6]이란 서비스를 만든 적이 있다. 〈미디어몹〉은 당시 막 보급되기 시작했던 블로그에 기반해 새로운 유형의 미디어를 만들려는 시도였다. 이를 위해 〈미디어몹〉은 개개의 블로거들이 기자 혹은 정보원이 되고, 신문의 1면에 해당하는 〈미디어몹〉 메인화면에 노출되는 글은 전적으로 사용자들의 참여에 의해 결정되는 '독자 편집 시스템'을 구현하고자 했다. 여기서 '독자 편집시스템'이란 사용자들의 추천, 조회, 댓글, 글을 쓴 사람의 평판 등 사용자들의 행위 중 수치화할 수 있는 데이터들을 취합하여 메인에 노출되는 글을 자동으로 선별하는 시스템을 말한다.[7] 필자가 독자 편집시스템을 구상했던 것은 언론의 마지막 권력인 편집권을 독자들에게 넘김으로써, 더 정확하게는 소수의 편집진 혹은 한 명의 편집장이나 언론사 사주가 가지고 있는 편집권을 떼어내 독자들의 집합지능[8]에 부여함으로써 미디어의 의제설정 기능 자체를 사용자에게 넘기려는 의도였다.

〈미디어몹〉을 서비스하던 비슷한 시기 미국에서는 다수 개인들의 집합지능을 활용하는 서비스들이 한참 주가를 올리고 있었다. 인터넷에 있는 글을 사용자들이 추천한 추천수대로 노출하는 디그닷컴(http://digg.com), 인터넷에서 가장 이슈가 되는 글을 자동으로 뽑아내는 테크노라티(http://www.technorati.com), 〈미디어몹〉과 유사한 서비스 모델인 슬래시닷(http://www.slashdot.com), 각 개인들이 북마크한 링크값과 태그들을 모아서 어떤 주제에 대해 가장 유용한 사이트를 보여주는 소셜 북마크 서비스Social Bookmark Service 딜리셔스(http://del.icio.us)[9], 아무나 들어가서 글을 쓰고 수정할 수 있는 온라인 백과사전 위키피디아(http://www.wikipedia.org) 등 웹 2.0 서비스로 분류되는 서비스들이 급격하게 성장했다.

이런 사이트들은 사용자들이 직접 참여해서 컨텐츠를 만들거나 혹은 클릭, 추천, 댓글, 북마크, 저장, 공유 등과 같이 인터넷에서 사용자들이 의식적으로 혹은 무의식적으로 하는 행위들을 평가 항목으로 추출하고 이것을 시스템적으로 처리하여 인터넷에서 가치 있는 글들을 자동으로 뽑아 올리는 서비스들이다. 이런 유형의 서비스들에서는 글을 선별해서 노출하는 운영자 혹은 의제설정의 독점 권한을 가진 편집인이 존재하지 않는다. 여기서 메인 페이지에 노출되는 글들은 어떤 약속된 기준 — 〈미디어몹〉에서 시도했던 '독자 편집 시스템'과 같은 자동화된 알고리즘 — 에 의해 자동으로 선별된 것들이다.

이것만이 아니다. 브리태니커 백과사전을 무력화시켜버린 위키피디아의 성공은 다수 개인들의 자발적인 참여로 가치 있고 신뢰성 있는 컨텐츠를 생산하는 것이 가능하며 심지어 위력적이기까지 하다는 것을 증명한다.[10] 독창적인 알고리즘으로 검색시장을 평정한 구글도 마찬가지다. 구글 검색 엔진의 핵심 알고리즘을 지칭하는 '페이지랭크'는 웹에서 사람들이 행하는 가장 일상적인 행위 중 하나인 '링크'의 빈도와 검색어와의 관계를 시스템으로 처리해서 가시적인 검색 결과로 뽑아낸 것이다. 즉 구글 검색 엔진의 핵심에는 인터넷을 사용하는 네티즌들 전체의 집합적인 판단(집합지능)이 내포되어 있다.[11] 상거래 영역에서도 사용자들의 집합적인 판단을 집적해서 그 결과를 사용자들이 활용할 수 있는 형태로 제공하는 서비스들이 보편화되어 있다. 온라인 서점으로 유명한 아마존은 협업 필터링 Collaboration Filtering이란 알고리즘으로 사용자들에게 책을 추천해 주는데, 그것은 a란 책을 산 사람들이 b라는 책을 많이 샀으면 a를 구매

하는 또 다른 사람(A)도 b에 관심을 가질 가능성이 클 것이라는 전제하에 A에게 b를 추천해 주는 시스템이다. 협업필터링은 어떤 것을 선택하는 각 사용자들의 개별적인 행위들을 집적해서 가시적인 정보로 추출한 것인데, 이것은 너무도 효율적이어서 이제는 한국의 알라딘이나 Yes24 등의 온라인 서점과 여러 상거래 서비스, 그리고 다양한 스팸 메일 필터링 시스템에도 두루 활용되고 있다.

이런 경향을 가진 서비스들을 통칭하여 '웹 2.0 서비스'라고 부른다.[12] 물론 웹 2.0이란 개념은 단일하지도 명확하지도 않다. '웹 2.0'이란 명확한 개념규정을 가진 것이 아니라, 위에서 언급한 서비스들이 만들어진 이후 그 서비스들이 가지는 공통적인 특징을 지칭하기 위해 사후에 도입된 개념일 뿐이다. 또한 웹 2.0은 사용하는 사람마다 그 의미가 조금씩 다르다. 더구나 그것은 투자자들을 꾀기 위한 매력적인 슬로건으로 종종 사용되었기에, 웹 2.0 비판론자들은 웹 2.0이 죽어가는 벤처 열풍을 다시 한번 우려먹으려는 상업적인 슬로건이라고 비판하기도 했다. 그러나 그것이 상업적인 슬로건일지라도 그 속에는 부정할 수 없는 공통적인 철학과 기술적 방법론들이 내재되어 있는데, 그것은 웹 2.0으로 분류되는 서비스들은 대부분 '다수 개인들의 집합적 판단'(집합지능; Collective Intelligence)을 활용한다는 것이다.

이 세상에 존재하는 전체 지식에 비하면 네티즌 개개인이 가지고 있는 지식과 정보는 비교할 수 없을 정도로 적다. 하지만 개개인들이 가지고 있는 정보들이 실시간으로 공유되고, 자신이 필요한 순간에 다른 개인들이 가지고 있는 정보를 즉시 활용할 수 있다면 개인들이 활용할 수 있는 정보량은 무한대로 늘어날 것이다. 인터넷은 바로 이런 방식의 정보 공유를 가능하게 해 준다. 즉 인터넷을 통해 사람들의 개인적인 경험과 개별적인 판단들이 집적되고 체계화되어 누구나 활용할 수 있는 가시적인 정보로 만들어지는 것이다.[13] 인터넷 시대에 이르러 사람들 사이에서 드러나지 않은 채 무형으로 존재했던 지식, 어느 누가 소유한 것이 아니라 말 그대로 '사람들 사이人間'에서만 존재했던 비가시적인 지식을 가시적인 정보로 추출하여 서비스화 하는 것이 가능해진 것이다. 필자는 이런 유형의 정보들을 **사회적 지식**Social Knowledge 혹은 **사회적 정보**Social Information 라 부를 것을 제안한다. 사회적 정보Social Information란 개인이 혼자 생산하는 것이 불가능하거나 대단히 어렵지만 다수 개인들의 협업으로 비교적 쉽게 생산해낼 수 있는 정보를 말한다. 위에서 언급한 위키피디아, 구글, 아마존 등은 대표적인 '사회적 정보' 생산 시스템이다. 사실 이런 종류의 지식은 전문가들도 만들어낼 수 없는 지식이다. 즉 '다수 개인들의 집합적 판단'은 전문가들이 만들어 낼 수 없는 전혀 다른 종류의 지식과 정보를 생산해낼 수 있다.

그렇다고 사회적 정보가 이렇게 거창한 서비스들에만 있는 것이 아니다. 예컨대 뉴스 사이트에서 익숙한 메뉴인 '많이 본 기사', '오늘의 인기글', '최다 댓글'과 같이 다수의 행위와 판단을 집적시켜 추출해낸 결과 역시 사회적 정보의 일종이다. 요즘 조작 논란으로 이슈가 되고 있는 네이버 검색엔진이 '원래' 뽑아내야 하는 '실시간 검색' 정보란 실시간으로 사람들이 가장 많이 검색하는 단어를 자동으로 색인하여 노출해 주는 것인데, 이것 역시 해당 시간에 가장 많은 사람들의 관심사를 보여준다는 측면에서 사회적 정보를 추출하는 유형의 기술이라고 볼 수 있다. 즉 인터넷에는 다수 개인들의 집합적 행동과 집합적 판단을 토대로 새로운 정보를 만들어내는 서비스들이 널려 있다.

여기서 우리가 주목해야 할 점은, 이러한 서비스들이, 상업적인 면과 서비스 자체의 성패라는 측면을 모두 포함하여, 서비스로서 성공했다는 것이다. 이들 서비스가 성공했다는 것은, 개인들이 위와 같은 시스템들에서 생산되는 새로운 유형의 정보(사회적 정보)들에 대해 유용하다고 판단하고 적극적으로 이용하고 있다는 것을 의미한다. 이것은 또한 다수의 개인들이 각자각자 매순간 행하는 어떤 판단과 행위들을 취합해서 만들어진 집합적인 판단은 또 다른 사람들이 어떤 판단을 하고 행위를 하는 데 도움이 되는 정보라는 사실을 확인시켜 준다.

이와 같은 형태의 서비스에서는 독점적인 판단 권한을 가진 특정 개인이 필요 없다. 여기서는 최대한 많은 사람들이 어떻게 협력할 수 있도록 만드는가가 중요하다. 그리고 이것의 의미를 적극적으로 해석하자면 소수 엘리트가 사회를 지도하고 이끌어가는 것만 가능한 것이 아니라, 이제는 이러한 서비스들을 활용해 다수 개인들의 협업과 그를 통해 생산되는 사회적 정보들을 기반으로 사회를 이끌어가는 것도 가능하다는 의미를 내포하고 있다.

불과 10년 전까지만 해도 '다수 개인들의 집합적 판단'을 추출한다는 것은 대단히 어려운 일이었다. 인터넷 이전의 사회에서 사회적 정보를 대량으로 생산해내는 것은 결코 쉽지 않았는데, 그것은 다수 개인들의 행위와 판단을 실시간으로 수집하고 종합해서 어떤 결과를 만들어낼 수 있는 기술적 도구가 없었기 때문이다. 단지 개인만이 아니라 근대국가 차원에서도 이러한 정보를 산출하는 것이 쉬운 일이 아니다.[14] 사정이 이러할진대, 근대국가에서 개인들에게 그러한 지식을 생산하고 활용하는 것을 기대하거나 요구한다는 것 자체가 이상한 것이다. 따라서 근대인들은 공동체 전체와 관련된 혹은 공동체가 놓여 있는 자연 환경이나 사회 환경에 대한 지식에 있어서는 대단히 빈약한 정보만을 얻을 뿐이었다. 근대국가의 개인들이 파편화된 개인들이라거나 혹은 구경꾼들[15]이었다는 지적은 전적으로 틀린 분석은 아닌데, 그것은 근대인들이 (본인이 대단한 노력을 하지 않는다면) 자신들이 사는 공동체의 현황과 공동체가 놓여 있는 환경에 대한 지식이 거의 없이, 단지 자신이 삶을 영위하는 좁은 영역만을 볼 수 있고 그것에 대한 협소한 지식만을 얻을 수 있었기 때문이다. 사실 근대국가는 너무도 거대한 공간이어서 개인이 전체를 본다는 것이 물리적으로 불가능했다.

그런데 IT 기술은 개인들의 행위와 판단을 모아 그것으로 가시적인 정보를 추출할 수 있는 새로운 정보처리 방식을 제공한다. 로버트 라이트의 말을 빌자면 집합지능에 기반한 서비스들은 개인들 사이에 엄청난 규모의 협업을 가능하게 함으로써 새로운 잉여를 생산할 수 있도록 해주는 기술이다. 웹 2.0이라 통칭되었던 어떤 기술적이고 문화적인 경향들은, 다수 개인들의 참여를 통해 이전에는 가능하지 않았던 지식과 정보를 생산하고 새로운 협력을 가능케 하는 새로운 기술적 트렌드를 의미한다.

만약, 집합지능을 내재한 서비스들이 사용하고 있는 협력의 철학과 기술과 방법론들을 정치, 경제, 문화 등 사회의 전 영역으로 확장할 수 있다면 우리는 사회 내부적인 협력을 지금보다 훨씬 더 증진시킬 수 있지 않을까? 돈 탭스코트와 앤서니 윌리엄스는『매크로위키노믹스』에서 집합지능을 이끌어내는 방법론이 금융 서비스, 과학, 대학, 에너지, 교통, 의학, 정부 등 사회의 각 영역에 적용되어 엄청난 위력을 발휘하고 있다는 것을 잘 보여주고 있다.[16] 이미 미국에서는 집합지능이 그럴싸한 이론적 주장을 넘어 산업현장 곳곳에 적용되고 있는 것이다.

이 책에서 철지난 유행 취급을 받고 있는 '웹 2.0' 그리고 '집합지능'에 대해 이야기하는 것은 이러한 서비스들에 내재해 있는 철학, '집합지능'이 작동하도록 개인들 사이의 협업을 가능하게 하는 기술적 방법론, 그리고 이와 같은 방법론으로 추출된 새로운 종류의 지식과 정보들이 다른 무엇보다 이 시대, 사회 전체가 홀롭티시즘적 정보공간으로 변화되어 가는 이 시대에 필요한 것들이기 때문이다. 사회적인 협업을 통해 생산되는 사회적 정보, 사회적 지식은 공동체 전체에 관한 모습을 재구성하여 개인이 공동체 전체를 조망할 수 있는 지식을 제공해 주기 때문이다.

2. 홀롭티시즘적 지식 만들기

다시 마을로 돌아가 보자. 우리는 앞에서 마을이라는 공간이 비제도적이지만 직접민주제가 통용되는 공간이라는 사실을 확인했다. 그리고 어떤 공동체의 구성원들이 공동체 전체에 관한 의사결정을 하기 위해서는 공동체가 놓여 있는 상황과 환경 전체를 조망할 수 있는 지식과 정보가 있어야 하며, 마을의 구성원들은 그 마을 공동체 전체가 운영되는 데 필요한 어떤 자원, 지식, 정보를 각자가 비교적 균질하게 공유하고 있다는 것도 확인했다. 예컨대 어떤 마을 공동체가 멧돼지 사냥을 주식으로 하는 경우, 그들은 부족 전체의 한 달 먹거리를 위해 멧돼지를 몇 마리 잡아야 하는지 또한 생활공간 주변의 멧돼지 수가 줄어들지 않게 하기 위해 한 달 평균 몇 마리 이하로 잡아야 하는지도 알고 있었다. 즉 그들은 그들에게 필요한 식량이 얼마이고, 그들이 주변의 환경에서 가용할 수 있는 식량 자원이 얼마인지도 알고 있었던 것이다. 그래서 그들은 필요 이상으로 자원을 착취하지 않았고, 또한 과도한 잉여물을 만들어내기 위해 필요 이상으로 노동을 하지도 않는다. 즉 마을의 구성원들은 자신들의 공동체가 사회적으로 지속하기 위해 자연환경을 어떻게 활용해야 하는지를 알고 있었고, 자신들이 놓여 있는 환경 전체를 조망할 수 있는 이러한 지식들에 기반해서 그들 스스로의 행동을 조절할 수 있었다. 마을 공동체에서 흔히 발견되는 지혜들은 바로 이와 같은, 자기 공동체의 생존 조건에 대한 파악 그리고 그들이 살고 있는 주변 환경에 대한 지식들에 기반해 있다. 이런 측면에서 우리는 마을이란 공간은 바로 그 마을 공간 안으로만 한정해서 본다면, 개인이 공동체 전체를 일상적으로 조망하고 있는 홀롭티시즘이 작동했던 공간이라고 보아도 될 것이다.

이제 인류가 다시 마을 구조의 커뮤니케이션 환경으로 진입하면서, 홀롭티시즘적 지식을 생산하고 활용하는 것이 가능해지고 있다. 우리가 최근에 경험한 새로운 사회 현상들은 사회의 구성원 개개인들이 공동체의 현황을 실시간으로 조망할 수 있고, 다른 구성원들의 반응과 판단을 실시간으로 확인하는 것이 가능하다는 것을 보여준다. 그리고 우리는 이러한 시대적 흐름에 부응하여 이러한 흐름을 더욱 가속화시킬 수 있는 어떤 사회적 장치들을 구축할 수도 있다. 그것은 어떤 산업군에 속한 개인들이 해당 산업의 현황을 실시간으로 파악하고 실시간으로 자신들의 행동을 조율할 수 있도록 해 주는 경제 모니터링 시스템일 수도 있고, 정치인, 언론인, 공무원, 교수 등 공인의 위치에 있는 개인들의 행위와 발언의 흔적들 즉 평판을 쉽게 알 수 있도록 해주는 '평판시스템'으로 구현될 수도 있으며, 객관적인 사실Fact을 집단적으로 검증하고 공유하는 '검증 시스템'일 수도 있고, 정부의 어떤 정책 영역에 대해서 실시간으로 구성원들의 의사를 확인할 수 있는 의사결정 시스템일 수도 있다. 즉 우리는 다양한 형태로 사회 및 공동체에 관한 정보를 실시간으로 산출함으로써 우리의 판단을 도울 수 있는 장치들, 개인이 전체를 조망하며 전체 속에서 **자신의 위치를 파악하고 자신의 행동을 실시간으로 조율할 수 있는 홀롭티시즘적인 도구들을 만들 수 있는** 것이다. 홀롭티시즘적 정보를 생산하기 위해 필자가 고민하고 있는 몇 가지 아이디어들을 소개해 본다.

아이디어 1 : 농산물 생산량 모니터링 시스템

우리나라의 농업은 도박성이 대단히 강한 산업이다. 지금은 수

출입을 통해 어느 정도 생산량과 소비량의 간극을 조절하긴 하지만, 지금도 한국에서는 거의 매년 농산물 파동이 반복된다. 이런 파동이 반복되는 이유는 자연재해나 기후변화 등 여러 가지 원인이 있지만, 그 중 대단히 큰 요인으로 작용하는 것은 농부들이 무슨 농산물을 심어야 실패하지 않을지를 예측할 근거, 데이터가 전혀 없다는 데에 있다. 물론 정부가 농촌진흥청과 같은 기구를 통해 매년 농산물 생산에 대해 지도를 하긴 하지만, 주먹구구식 데이터 때문에 정부의 말을 따라한 농부들이 오히려 더 큰 피해를 보는 경우도 허다했다. 이런 상황에서 농부들이 자신들의 판단에 사용할 수 있는 유력한 데이터는 '작년의 농작물 작황'이다. 즉 작년에 수박 농사가 흥했으니 올해 '나도 수박을' 심는 것이다. 그런데 많은 농부들이 이런 판단을 동시에 하기 때문에 그 해는 수박이 공급과다 현상으로 가격폭락을 맞는다. 반면 어떤 이유로 수박이 아닌 참외를 심은 농부는 자신의 노력과 상관없이 대박을 맞는 것이다. 또한 솟값이 어떤 이유로 갑자기 올라 많은 농부들이 너도나도 소를 키우기 시작하면 소가 본격적으로 출하되기 시작하는 2~3년 후에는 필연적으로 솟값이 폭락한다. 농민들은 송아지를 키우기 시작하는 그 시점에 다른 농부들이 송아지를 얼마나 입양을 했는지를 알 방법이 없기 때문에, 지금 소가 부족한 시점에 소를 키우기 시작하면 2~3년 후에는 제 값을 받을 수 있으리라고 판단할 수밖에 없기 때문이다.

이런 농작물 파동이 몇 십 년에 걸쳐 반복되면서 농사는 목가적이고 안정적인 산업이 아니라 대박 아니면 쪽박을 차는 투기산업이 되어버렸다. 아주 성실하게 자기 일을 묵묵해 해온 농부도 단지 작물 하나 잘못 고르는 것으로 순식간에 빚더미에 올라앉는 것이 농촌의 일상이다. 안타깝게도 2012년 9월에도 이와 똑같은 솟값 파동이 반복되고 있다.[17]

여기서 농산물 생산량을 실시간으로 모니터링 하는 '대풍'이라는 시스템을 상정해보자. 대풍이란 시스템은 농부가 자신이 생산하는 농작물의 종류와 양을 직접 기록하고 실시간으로 결과를 확인할 수 있는 시스템이다. 예컨대 감자를 심기로 한 농부 A가 '대풍'에 자신이 심은 감자 량을 기록한다. 이런 방식으로 각각의 품목마다 농부들이 자신이 심은 것을 기록하면 '대풍'은 그것을 합산해서 현재까지 어느 농산물이 어느 정도 심겼는지 그리고 출하 시점에 예상 생산량은 어느 정도인지를 연간 필요량과 비교해 실시간으로 보여준다. (국가 단위에서 필요한 농산물의 양이 어느 정도인지는 이미 지금도 통계치가 발표되고 있다.) 또 다른 농부 B가 있다. 아직 어떤 농작물을 심을지 결정하지 못한 그는 '대풍'에 들어와 검색을 한다. 그는 자기가 기를 줄 아는 농산물 중에 감자는 이미 연간 필요량에 근접하게 재배가 시작되었고, 아직 고추는 연간 필요량에 못 미친다는 것을 확인한다. 그리고 그는 자기 밭에 고추를 심을 것을 결정하고 '대풍'에 〈고추, 1000평〉 이라고 기록한다.

이런 방식을 축산물에도 동일하게 적용할 수 있다. 예상치 못한 전염병으로 전국적으로 소 개체수가 확 줄어든 이후, 지금 소를 키우면 몇 년 후 좋은 값을 받지 않을까 하는 생각에 송아지를 키울까 고민하는 농부가 '대풍'에 들어와서 새끼소 사육 현황을 확인한다. 확인 결과 전염병 이후로 많은 농부들이 송아지를 키우기 시작했고,

출하 시점인 2~3년 후에는 소 개체수가 다시 연간 필요량에 근접할 것이라는 시뮬레이션 결과를 확인한다. 농부는 소가 아닌 다른 축산물을 키우기로 마음을 바꾼다.

이처럼 농부들이 자신이 심은 농작물 혹은 자신이 기르는 가축들에 관한 정보를 등록하고 그 정보를 실시간으로 공유한다면 어떻게 될까? 생산단계에서의 공급량을 농부들이 자율적으로 조절하도록 하는 것이 어느 정도는 가능하지 않을까? 물론 인간이 통제할 수 없는 자연재해 등의 환경 문제, 농민들이 전혀 개입할 수 없는 유통과정에서의 매점매석 문제, 가축 전염병 등 농부 개인이 대처하기 힘든 생산관리 문제 등은 여전히 존재하겠지만, 적어도 과대생산으로 인한 농산물 가격 폭락과 과소생산으로 인한 시장교란 및 소비자들의 피해는 최소화할 수 있을 것이다. 만약 태풍이나 가뭄의 피해 혹은 전염병으로 어떤 농작물이나 가축의 생산량이 감소되었을 경우, 감소량까지도 실시간으로 기록하도록 한다면, 정부는 부족한 농산물은 수입처를 미리 확보하는 등 대책을 마련할 수도 있고, 또한 반대로 평년과 다르게 날씨가 너무 좋아 사과 농사가 대풍을 이루어 가격 폭락이 예상된다면 관련 기관이 미리 수출을 준비해 놓을 수도 있다.

이 과정에서 정부는 정보 생산을 주도하는 것이 아니라 단지 정보가 생산될 수 있도록 유도하는 플랫폼만을 제공한다. 즉 정부는 정부의 본래 역할인 "플랫폼으로서의 정부"[18]로 기능하는 것이다. 그리고 이 시스템에서 개인은 누구의 지시가 아니라 자기 스스로 판단하고 결정한다. 하지만 그들은 현재의 상황에 대한 실시간 정보를 기반으로 판단할 수 있게 됨으로써 현재 시점에서 할 수 있는 가장 정확한 판단을 내리는 것이 가능해지는 것이다. 이와 같이 개인들이 자신이 놓여 있는 상황에서 공동체 전체의 상황을 고려하여 판단할 수 있도록 도와주는 것은 1) 개인이 현재 상황을 잘 알고 판단하도록 도와줌으로써 개인의 실패를 최소화하고 2) 사회 전체적으로 필요한 자원의 분배가 골고루 이루어질 수 있도록 유도함으로써 사회의 실패도 최소화한다. 즉 이 시스템은 개인의 선택이나 판단의 실패가 누적됨으로써 발생할 수 있는 공동체 전체의 실패 위험을 줄여주는 것이다.

물론 이 시스템을 실제로 구현하는 것은 결코 쉬운 일이 아니다. 무엇보다 먼저 정부가 자신들이 독점적으로 관할하고 있는 정보들을 공개하고 적극적으로 공유해야 하고, 전체 농부들 중 임계치 이상의 농부들이 이 시스템에 자발적으로 참여해야 하며, 시스템을 교란하기 위한 의도적인 데이터 조작 같은 것들을 제어할 수 있는 관리장치들을 만들어야 한다. 그렇다고 결코 불가능한 것은 아니다. 당장 현재의 IT 기술로 이와 같은 시스템을 구축하는 것은 전혀 문제가 없다. 또한 정부가 농부들에게 인센티브를 제공하는 방식으로 참여를 유도하고, 농협이나 농민회, 지자체 등이 적극적으로 참여를 유도한다면 '대풍'은 의외로 어렵지 않게 구축될 수도 있다.

농산물 영역에서 '대풍'이란 시스템이 가능하다면, 이와 같은 장치들이 농산물의 영역을 넘어 다른 경제 영역에도 적용할 수 있지 않을까? '대풍'이란 시스템은 아직까지는 상상력에 기반한 다소 '이상적인 시스템'이지만 이러한 방식을 여타의 경제 영역에까지 하나씩 넓혀 나감으로써 어느 순간에는 '집합지능에 기반한 자율경제'를 구현할 수 있다고 말한다면 과도한 상상일까? 공동체 내부 경제의 흐름에 관한 정보를 개인들이 실시간으로 파악하고 이에 따라 자신들의 행동을 실시간으로 조율함으로써 경제적 효율성을 극대화하고 위험요소와 낭비요소를 최소화할 수 있는 경제시스템 말이다. 만약 이런 것이 가능하다면 우리는 자본주의의 무정부적이고 파괴적인 생산체제를 넘어, 구성원 개개인이 사회 전체를 조망하고 그에 따라 자신의 행동을 조율하는 홀롭티시즘에 기반한 경제체제를 만들 수도 있을 것이다.[19]

아이디어 2 : 검증인

2009년 10월 조두순 사건으로 전 국민이 경악하고 있을 즈음, 『매일경제신문』이 인터넷 판에 조두순의 직업을 '목사'로 표기했다가 지운 사건이 있었다. 도저히 인간이 행할 수 없는 종류의 범죄를 저지른 조두순의 직업이 '목사'라는 사실에 네티즌들은 경악을 금치 못했다. 그런데 이 정보가 아무런 해명도 없이 갑자기 사라지자 네티즌들은 가해자가 '목사'라는 것을 감추려는 기독교계의 압력이 있었을 것이라고 추측할 수밖에 없었다. 결과적으로 이 사건은 기자가 또 다른 성폭행과 연루된 다른 목사의 사건과 조두순 사건을 같은 사건으로 오해해서 오보를 낸 것으로 확인되었다.[20] 오보를 낸 해당 신문사는 사과 한마디로 끝내 버렸지만, 흥분했던 수많은 네티즌들은 머쓱해지는 순간이었다.

입말언어에 기반한 사회와 인터넷에 기반한 사회의 공통적인 문제점 중 하나로 거론되는 것은 확인되지 않은 소문, 풍문들이 너무 쉽게 확산된다는 것이다. 인터넷을 통한 정보 공유와 확산이 쉬워진 것과 비례해서 정보의 수정, 확대, 왜곡 역시 쉬워졌기 때문이다. 또한 인터넷에서는 이미 수개월 전에 심지어 몇 년 전에 이슈가 되었던 '도와주세요'라는 메시지가 뒤늦게 그 메시지를 발견한 착한 사람에 의해서 재차 삼차 유포되는가 하면, 조두순 사건에서는 '조두순'의 사진이라며 엉뚱한 사진이 나돌아 사진의 당사자가 사진 유포자들을 고소하는 사건도 발생했었다. 2009년에는 공직자가 네티즌들을 허위사실 유포로 고소하는 사건도 있었다. 11월 16일, 청와대 이동관 홍보수석과 안병만 교육과학기술부 장관은 자신들의 병역사항을 인터넷에 허위로 유포한 네티즌들을 무더기로 경찰에 고소했는데[21], 결국 네티즌들이 유포한 정보가 잘못된 것으로 밝혀졌다.

이처럼 인터넷에는 습관적으로 혹은 장난이나 재미로 또는 잘못된 정보를 사실로 오인하여 왜곡되거나 확인되지 않은 정보를 유포하는 사람들이 있다. 또한 인터넷의 여론을 특정한 방향으로 몰고 가기 위해 암약하는 '알바' 집단들이 실제로 활동하고 있으며, 어떤 사건에 직간접적으로 이해관계가 얽혀 있는 개인들이 관계자가 아닌 것처럼 가장하여 악의적으로 개입하기도 하고, 혹은 그 사건들의 언저리에서 개인적인 악감정을 풀어내려는 '찌질한' 개인들도 존재한다. 여기에 속보 경쟁과 이슈 선점을 위해 확인되지 않은 정보를 그냥 공표해버리는 언론들, 더 나아가 권력에 아부하기 위해 잘못된 정보를 적극적으로 유포하는 언론사들도 인터넷을 오염시키는 주범 중 하나다.

잘라 말하자면 인터넷에서 잘못된 정보나 왜곡된 정보가 의도적으로 혹은 의도치 않게 유포되는 현상을 근본적으로 차단하기는 어렵다. 그리고 앞으로도 잘못된 정보의 유포에 의해서 사건의 당사자, 관련자, 주변인 그리고 허위사실인지도 모르고 정보 확산에 동참한 바로 그 개인들까지 예상치 못한 피해를 입게 되는 일들은 반복될 것이다. 인터넷 환경에서 이런 일들은 의례 발생하게 마련이다. 그런데 이러한 일들이 자주 반복된다면 아마도 죄 없는 개인들이 종종 치명적인 피해를 입게 되고, 공동체 전체적으로 구성원들 사이의 신뢰가 감소되는 부작용이 발생할 것이다. 그런데 우리가 기억해야 할 것은 인터넷은 정보가 잘못되었다고 확인된 경우, 수정된 정보를 확산시키는 작업도 대단히 빠르게 진행된다는 사실이다.

필자는 바로 이 부분에서 전문적인 언론인들이 해야 할 역할이 있다고 생각한다. UCC나 블로그 혹은 트위터에서 정보를 유통시키는 개인들이 가지는 한계는 비교적 명확한데, 그것은 그 개인들은 자신의 전문 영역이 아닌 부분에서는 이미 누군가가 만들어놓은 1차 정보를 기반으로 판단하고 발언할 수밖에 없다는 사실이다. 왜냐하면 네티즌들은 대부분 생활인이기에 어떤 사건이나 이슈의 현장을 직접 취재할 수 없고, 따라서 본인과 관련된 분야나 사건이 아닌 한 누군가 만들어놓은 (때로는 사실 여부가 확인되지 않은) 정보를 사용할 수밖에 없기 때문이다. 따라서 각 개인들이 정확한 사실을 확인할 수 있도록 해 주는 것은 개인들을 위해서든 사회 전체를 위해서든 대단히 중요하고 필요한 작업이다.

밀양 성폭력 사건 발생 시『한겨레신문』의 김광수 기자가 했던 역할은 정확히 이런 것이었다. 당시 인터넷에는 사건과 관련하여 엄청나게 많은 정보들이 유포되었는데, 그 중에는 가해자들이 폭력 조직을 결성했다거나 혹은 가해 학생 부모들이 검·경찰 간부, 의사, 변호사 등 사회지도층과 지역 유지여서 가해자들이 가벼운 징계를 받았다거나 하는 것과 같은 잘못된 정보들이 다수 섞여 있었다. 유언비어가 만연한 상황에서『한겨레신문』의 김광수 기자는 밀양 현지 취재를 통해 인터넷에 떠도는 온갖 풍문들을 일일이 확인하고,「밀양 집단성폭행 사건의 오해와 진실」[22]이라는 기사를 통해 사실인 것과 사실이 아닌 것을 구분해 주었다. 이렇게 현장 취재를 통해 확인된 정보는 순식간에 온라인에 퍼졌고, 다수의 네티즌들이 이 기사의 인터넷 주소URL를 확산시키거나 관련 글에 댓글을 달면서 잘못된 정보를 정정하는 작업에 동참했다. 필자는 이 기사가 나간 후 인터넷에서 유포되었던 잘못된 정보 중 상당수가 거의 반나절 사이에 개인들에 의해 자발적으로 필터링되는 장면을 게시물이나 기사의 여러 댓글들을 통해 확인하였다. 기자 한 명의 사실 확인 기사가 네티즌들에 의해 적극적으로 활용되어 잘못된 정보의 확산을 차단하고 또 다른 무고한 개인들의 피해를 막는 데 큰 역할을 한 것이다.

사실 인터넷에 정보는 차고 흘러넘친다. 정보만이 아니다. 어떤 사건과 이슈에 대한 정보가 주어졌을 때, 그것을 해석하고 평가하고 그에 대응하기 위한 행동의 방향을 제시하는 목소리들도 차고 넘친다. 게시판과 블로그, 인터넷에 셀 수 없이 많은 커뮤니티들, 트위터나 페이스북 같은 SNS 서비스들에서는 정보를 공유하고 해석하고 평가하고 필요한 경우 공동의 행동을 기획하는 일들이 늘 진행되고 있다. 무수한 욕망으로 들끓고 있는 이 왁자지껄한 공간에서 유일하게 부족한 것이 있다면 그것은 바로 어떤 사건이나 이슈와 관련된 정확한 사실Fact에 대한 정보이다. 즉 인터넷에서 부족한 것은 사실Fact이다.

바로 이 부분에서 전문가와 기자들이 해야 할 역할이 존재한다. 개인들이 사회 전면에 등장하고 있는 지금 시대에 전문가들의 역할이 있다면, 그것은 네티즌들에게 가장 정확한 정보를 전달함으로써 그들이 정확하게 판단할 수 있도록 도와주는 것이다. 그것은 개인들이 정확한 정보를 기반으로 판단하고 행동하게 함으로써 사회 전반적으로 낭비를 줄여 줄뿐만 아니라, 또한 개인들이 잘못된 정보에 의해 미필적 고의로 또 다른 개인들에게 피해를 입히는 것도 상당부분 줄여줄 것이다.

더불어 이러한 검증 작업에 집합지능을 활용하는 것도 가능하다. 우리는 이미 '네티즌 수사대'라는 실체 없는 활동가들이 가지고 있는 엄청난 수사력과 검증 능력을 확인했다. 〈디씨인사이드〉의 게시판 댓글놀이, 미국 이바나의 사례, 중국 막고굴 단장부인의 사례, 루마니아 강아지 사건 등은 다수 개인들이 협력해서 만들어낼 수 있는 정보의 위력이 어느 정도인지를 확인시켜준다. 바로 이러한 다수 개인들의 참여를 시스템화함으로써, 어떤 사안을 전문가들과 다수 개인들이 협업하여 집단적으로 검증하는 일명 '검증인'이라는 서비스를 제공하는 것도 가능하다. 자신이 사는 공간에서 수백 개

수천 개의 눈으로 정보를 취합하고 검증하는 개인들, 그리고 개인들이 직접 할 수 없는 현장 취재, 심층 조사, 전문 지식의 활용 등을 통해 직접 사실을 확인하는 기자 시스템을 적절하게 결합시킨다면 인터넷에서 유포되는 잘못된 정보들의 상당 부분을 걸러낼 수 있을 것이다.

물론 '검증인'이 검증할 수 없는 영역이 존재한다. 정치인들의 비리를 확인하는 것은 상당부분 경찰과 검찰의 조사가 필요한 작업[23]이고, 황우석 사건이나 광우병 쇠고기 사건 때와 같이 대단히 전문적이고 과학적인 지식이 필요해서 검증 행위 자체가 대단히 어려운 경우도 있다. 하지만 예컨대 이웃 나라의 쇠고기 수입 및 검사 관련 절차와 법령은 어떻게 되어 있는지, 광우병 소고기 전수검사를 하는 나라가 어디 어디인지, 미국인들이 먹는 소고기가 몇 개월 짜리인지는 일상적으로 검증이 가능하다.[24] 이렇게 검증이 가능한 영역에서 사실관계를 정확하게 확인 해 주는 작업만으로도 인터넷에서 잘못된 정보의 유통은 확연하게 줄어든다.

실제로 미국의 유력한 언론들은 개인들이 광범위한 영역에 대해 제보를 하거나 이슈를 제기하고 이것을 전문가가 정리하거나 검증하는 형태 즉 전문가와 네트워크화된 개인들이 결합된 형태의 새로운 미디어를 추구하고 있다. 『허핑턴 포스트』가 그 대표적인 사례인데, 『허핑턴 포스트』는 전형적인 사용자 참여형 미디어로 이미 2011년에 『뉴욕타임즈』 웹사이트의 방문자수를 넘어섰다.[25] 『허핑턴 포스트』에서 급여를 받는 직원은 150명에 불과한 반면 3천여 명의 인증된 블로거가 글을 올리고 1만 2천여 명의 자원봉사자들

이『허핑턴 포스트』의 눈과 귀의 역할을 대신하고 있다고 한다.[26] 즉
『허핑턴 포스트』는 소수의 전문가가 (편집자가 아니라) 큐레이터의
역할을 하고 수만 명의 개인들이 컨텐츠의 생산과 검증에 참여하는
집합지능 기반의 미디어를 구축한 것이다.『허핑턴 포스트』만이 아
니다. 영국의『가디언』지는 자신들이 생산한 컨텐츠의 저작권을
포기하고 개인들이 마음대로 사용할 수 있도록 공개했으며, 또한
편집회의까지 공개하여 독자들의 적극적인 참여를 이끌어내고 있
다.[27]『가디언』지는 현재 세계 최대의 온라인 독자를 가진 매체로
성장하고 있다.

사실 우리나라 언론들은 너무도 시대에 뒤쳐져 있다.『오마이뉴
스』는『허핑턴 포스트』보다 훨씬 먼저 사용자 참여형 모델을 정착
시켰음에도 10년이 넘게 그 모델에 머물러 이미 시대에 뒤떨어진
매체가 되어버렸으며, 전통적인 매체들은 컨텐츠 생산이나 검증 방
식, 유통방식에 있어서 여전히 수백 년도 더 된 매스미디어 모델만
을 고집하고 있어 안타까울 뿐이다.

아이디어 3 : 평판 시스템

우리는 앞에서 마을이란 공간에서 유통되는 정보의 오류 가능
성을 줄여주고 공동체의 신뢰성을 강화하기 위해 자생적인 '평판시
스템'이 작동한다는 사실을 확인하였다. 그리고 반윤리적인 범죄를
저지른 범죄자들, 부정을 저지르고도 권력의 힘으로 자신의 권력을
유지하는 정치인들, 사회적 윤리를 벗어난 개인들 등 인터넷 시대
에 사회적 이슈로 떠오른 이들의 행적과 신상을 공개하는 데 다수

의 개인들이 적극적으로 참여하는 행위들은, 비록 그것이 현재는 다소 거칠고 부작용이 많기는 하지만, 그 저변에는 사회의 안전성을 확보하기 위해 평판시스템을 작동시키려는 네티즌들의 자발적인 노력이 깔려 있다는 것도 확인하였다. 단적으로 밀양 성폭력 가해자의 옹호자가 성인이 되어 경찰이 되었다는 사실이 다시 수면 위로 올라온 것은 우리 사회에 자생적인 평판시스템이 작동하고 있다는 직접적인 증거다. 이미 2002년에 하워드 라인골드는 무선네트워크가 활성화되고 네트워크가 더 촘촘해질 때, 사회적으로 평판의 문제가 크게 대두될 것이라고 말한 바 있다. 그것은 사람들이 보다 촘촘해진 네트워크를 기반으로 무수하게 많은 사람으로 관계를 확장할 때, 상대방을 아는 만큼 신뢰할 수 있고 신뢰할 수 있는 만큼 협력할 수 있기 때문이다. 라인골드는 다음과 같이 이야기한다.

> 내가 더 많은 사람들과 협력하려면 그들에 관해 더 많이 알아야 할 필요가 있다. 그리고 그것은 그들 또한 나에 대해 더 많이 알게 되리라는 것을 의미한다. 협력을 가능하게 만든 도구는 동시에 많은 사람들에게 우리 각자의 내밀한 자료들을 공개한다.[28]

사실 우리는 우리도 모르는 사이에 우리 자신의 평판이 축적되는 사회에 살고 있다. 인터넷이란 그 자체가 거대한 기록 보관소여서 우리는 필연적으로 행위의 흔적을 남기게 되기 때문이다. 이러한 사회적 경향성을 잘 유도한다면 우리는 개인들의 활동 흔적과 타인의 평판에 대해 알고 싶어 하는 네티즌들의 요구를 보다 체계적이고 유용한 형태로 결합하여 (부작용을 줄이고 사회 전체적인 유익함을 증가시키는 방향으로) 사회 전반적인 영역에 걸친 평판시스템을 구축할 수도 있다. 즉 '공인'의 성격을 갖는 정치인들, 검사나 판사와 같은 법조인들, 공동체의 자원을 집행하는 데 있어 의사결정 권한과 실행 권한을 가지고 있는 고위 공무원들, 사회에서 공식적으로 정보 유통 역할을 담당하고 있는 언론인이나 영향력 있는 전문가들까지, 사회에 어떤 영향력을 가진 개인들의 행위와 발언들을 기록하고 평가하고 조회할 수 있는 서비스 말이다. 물론 어떤 이들은 이것이 지나친 사생활침해라고 비판할 수 있지만, 적어도 사회적인 '공인'이라고 할 만한, 즉 사회에 어떤 형태로 영향을 미칠 수 있는 위치에 있는 개인들에 대해서는 사회 전체가 감시해야 하는 것은 당연한 것이다. 왜냐하면 이들은 비록 개인이지만 그들이 결정하고 실행하는 것들은 공동체의 재화를 분배하거나 공동체가 위임한 권한을 행사하는 것이며, 따라서 그 개인의 선택과 행동이 곧 공동체에 그리고 그 공동체에 속한 개개인들에게 사소한 불이익부터, 쌍용차 강제진압 사건이나 용산참사 사건에서 확인할 수 있듯이, 죽음에 이르게까지 할 수도 있는 영향력을 가지고 있기 때문이다. 또한 근대 민주주의에서는 이론적으로는 매스미디어가 권력 혹은 권력자들을 적극적으로 감시하는 역할을 맡는다고 상정하고 있기 때문에, 감시의 주체가 소수의 매스미디어에서 다수의 개인들 즉 실질적인 국가권력의 주권자들로 바뀌었다는 것 이외에 달라지는 것은 없다.

이것을 구글의 에릭 슈미트가 이야기한 '진실 검증자'와 같은 거대한 정보처리 시스템으로 구현하든 혹은 네티즌들의 참여에 의해 구현하든 혹은 그 둘을 적절하게 결합하는 방식으로 구현하든, 현재의 기술 수준에서 사회 전반적인 평판시스템을 구축하는 것은 불가능하지 않다. 물론 여기서 이 평판시스템을 활용하는 개인들은 이 평판시스템이 무고한 개인 혹은 집단에게 피해를 주지 않도록 스스로의 행동과 습득된 정보를 점검하는 내적인 윤리가 필요할 것이다.

아이디어 4 : 대한민국실록

우리나라 드라마에서 사극의 비중은 대단히 높다. 일 년 열두 달 방송에서 사극이 끊기는 시간은 거의 없으며 마치 계절이 순환하듯 때가 되면 사극 열풍이 불기도 한다. 우리가 이렇게 많은 역사 이야기를 가질 수 있게 된 것은 무엇 때문일까? 그것은 우리나라의 역사를 세세하게 기록한 기록물이 남아 있기 때문이다. 이중에서 특히 『조선왕조실록』은 왕의 발언과 행적 그리고 왕조 내에서 벌어졌던 여러 가지 사건들을 바로 옆에서 세밀하게 기록한, 유례를 찾아보기 힘든 세계적인 기록물로 인정받고 있다. 바로 그 기록들이 우리 세대에 이르러 한편으로는 과거의 역사를 해석하는 자료로 또 다른 한편으로는 상상력의 원천으로 사용되어 '한류'라는, 거대한 문화적 경제적 가치를 창출하고 있다.

이와 같은 전통을 계승하여 노무현 전 대통령은 국가기록원을 만들고, 통치와 관련된 가장 세밀한 기록을 남기기 위해 많은 노력을 했다. 그것은 청와대를 중심으로 한 권력의 최전선에서 있었던 일들을 사료로 남겨놓는다는 측면에서 후손들에게 선대의 역사가 어떻게 진행되었는지, 그리고 그 시대에 무엇을 잘했고 무엇을 잘못했는지를 정확하게 보여줄 수 있는 기록물이다. 또한 박원순 시장은 시정을 수행하는 바로 그 현장에 '사관'을 배치하여 자신의 모든 발언과 시정 일체를 기록으로 남기고 있다. 아마도 후대의 우리 후손들은 우리들처럼 이 자료들을 한편으로는 이 시대를 들여다보는 역사적 자료로, 또 다른 한편으로는 이 시대를 반추하며 상상력을 곁들여 이 시대와 호흡하는 문화적 자료로 사용하게 될 것이다.

그런데 이것을 보다 확장된 형태로, 단지 청와대나 시청을 중심으로 한 부분적인 역사가 아니라 대한민국 전체에서 발생한 주요 사건들을 기록할 수 있는 '대한민국실록'을 만들 수도 있지 않을까? 필자는 2008년에 '대한민국실록'의 프로토타입을 만들다가 중도에 포기한 적이 있다. 필자가 만들고자 했던 대한민국실록이란 네티즌들이 매일매일 벌어지는 대한민국의 사건, 사고, 정치인의 발언, 국회에서 처리된 법률, 법원에서 이루어진 판결 등을 자발적으로 기록하는 서비스다. 즉 대한민국에서 벌어진 일들을 하루 단위로 기록하는 것이다. 조선왕조시대에는 '사관'이 왕과 관료들의 공식적인 역사를 기록하는 역할을 맡았다면, '대한민국실록'에서는 사관이나 전문가가 아니라, 보통의 삶을 사는 사람들, 평범한 네티즌들이 기록을 남기게 된다. 물론 그 기록의 상당부분은 신문, 방송과 같은 매스미디어에서 제공한 뉴스를 재정리하여 기록하는 것이겠지만, 네티즌들이 직접 찍은 어떤 사건의 사진, 촛불집회에서 핸드폰으로 직접 촬영한 집회 현장, 집회 참가자에게 날아온 법원의 출석요구서, 언론의 침묵 속에 은근슬쩍 금액이 올라간 의료보험 청구서, 4대강 공사 전의 마지막 강의 모습 혹은 폭우에 무너진 4대강 자전거길 등 역사적 가치가 있고 분명하게 '사실'을 확인할 수 있는 것이라면 영역과 범위에 상관없이 기록할 수 있다. 만약 이런 기록물들이 축적된다면, 우리는 매스미디어가 자신들의 잣대로 걸러낸 사회의 기억만을 저장하는 것이 아니라, 일상의 삶을 살아가는 사람들이 보고 체험하고 느끼는 살아 있는 역사를 기록할 수 있게 될 것이다.

필자가 이 작업을 중도에 포기하게 된 주된 이유는 첫 번째는 협업에 기반한 역사 기록을 위한 적절한 서비스 화면UI; User Interface을 찾지 못했기 때문이고, 두 번째는 부끄러움을 무릅쓰고 고백하건대 이명박 정부 하에서 서비스를 열었다가는 서비스에 적합한 UI를 찾는 테스트도 제대로 못해보고 잡혀갈지 모른다는 두려움 때문이었다. 첫 번째 문제는 여전히 답을 찾기가 쉽지 않은데, 어쩌면 이미 성공한 서비스 모델인 위키피디아의 아주 단순한 변형만으로 구축할 수 있을지도 모른다. 아니면 상당히 내공 높은 UI 기획자가 참여해서 화면을 기획해야 하는 어려운 프로젝트일지도 모르겠다. 어떤 방식이든, 우리는 이런 서비스를 상상하고 실제로 그것을 구현하는 것이 가능한 시대에 살고 있다. 만약 다수의 사람들이 이러한 서비스가 필요하다고 공감한다면, 유일한 문제는 누가 그것을 어떻게 실현하느냐 하는 것이다.

3. Government 2.0

위에서 다수 개인들이 집단적인 참여로 생산해낼 수 있는 사회적 정보의 유형들 그리고 비록 아직까지는 상상 속의 것이긴 하지만, 사회의 여러 영역에서 사회적 정보를 생산할 수 있는 몇 가지 서비스들을 이야기했다. 이런 장치들 중 일부는 민간에서 구축할 수 없는 것들도 있다. 농산물 생산량 모니터링 시스템 같은 것들은 민간에서 개별적으로 추진하기 보다는 국가와 지자체, 농민단체들이 협력해서 만들어야 효과적일 것이다. 검증인과 같은 모델은 기존의 기자 시스템을 가진 언론과 활동적인 네티즌들이 결합하는 것이 더 효과적일지도 모른다. 대한민국실록은 국가기록원의 공식적인 기록들, 국회와 각 지자체 및 시의회의 회의록 그리고 정부의 각 부처에서 생산하는 여러 가지 정책 자료들이 유기적으로 연계된다면 훨씬 더 풍부하고 효율적인 기록물이 될 수도 있다.

그런 측면에서 최근에 논의되고 있는 Government 2.0은 충분히 주목할 필요가 있다. 이미 미국, 호주, 영국 등에서는 Government 2.0이라는 제목으로 국가와 정부의 운영에 대한 새로운 접근 방법이 시도되고 있는데, 그것은 기본적으로 정부가 적극적으로 정보를 공개하고, 이를 네티즌들의 적극적인 참여와 공유문화 그리고 창조적 능력과 결합하여 정부의 정책 생산과 집행 영역에서 개인들의 참여와 감시를 제도화하려는 것이다. 미국 오바마 대통령은 국정업무 첫날 "정보의 투명성과 시민 참여, 협업 체계를 마련하라"는 메모를 전 기관장들에게 발송하여, 취임 초기부터 양방향 인터넷

기술과 서비스를 이용해 시민의 참여와 협업, 투명한 정보 공개를 추진하였다.[29] 이후 정부가 가지고 있는 데이터를 공개하는 〈Data. gov〉, 정부가 사용한 예산을 공개하는 〈Recovery.gov〉 사이트 등을 오픈하면서 Government 2.0 구현을 위한 노력들을 구체적으로 추진하고 있다. 미국에서 진행되고 있는 Government 2.0의 현황과 과제들은 팀 오라일리가 주도하여 만든 『열린정부 만들기』란 책에 집대성되어 있다.[30] 영국 또한 〈Data.gov.uk〉에 인구, 범죄, 건강 등 2500여개에 달하는 공공정보를 공개하고 있다. 호주의 사례도 빼놓을 수 없는데, 호주는 2001년 "지리데이터 액세스 및 가격 정책"이라는 프로그램으로 정부의 데이터를 무료로 개방한 것을 시작으로 Government 2.0을 구현하기 위해 많은 노력을 기울이고 있다. 특히 2009년 민간과 정부가 협력해 운영한 『호주정부2.0 태스크포스 보고서』는 정부의 공공정보 공개와 관련된 가장 풍부하고 현실적인 고민과 해결방안들을 담고 있다고 평가받고 있다.[31] 이러한 흐름은 한국에까지 확산되어 2010년 1월 15일 국회에서 Government 2.0 관련 토론회[32]를 진행한 바 있으며 민간 영역에서는 〈코드나무〉[33]라는 단체가 결성되어 2012년 상반기부터 공식적으로 활동을 시작했다. 이런 세계적인 흐름에 부응하여 서울시는 매일 매일 집행되는 서울시의 예산을 실시간으로 공개하는가 하면, 시청에서 진행되는 모든 결재 문서를 일반에 공개하는 작업까지 추진하고 있다.[34]

이와 같이 전 세계에서 동시다발적으로 진행되는 일련의 흐름들은 무엇보다 네트워크화된 개인들이 사회 영역 전반에 관여하기 시작했으며, 심지어 공식적인 국가의 공무에 참여하는 것조차 피할 수 없는 시대에 이르렀다는 것을 의미한다. 아니 피할 수 없는 수준이 아니라, 개인들의 참여를 정부의 영역에까지 확장시키고 제도화하는 것이 사회 전체의 원활한 운영을 도모하고 사회의 효율성을 제고하는 데 필요한 요소라는 것을 보여주는 것이다. 더 나아가 만약 우리 사회가 네트워크화된 개인들의 참여를 제도화하지 않으면 사회 시스템이 제대로 돌아가지 않을 것이라는, 현재의 커뮤니케이션 환경의 위치를 보여주는 것이다. 만약 이런 정보들을 공유하고 참여하는 문화가 더 활성화되어, 다량의 정보들이 이용하기 쉬운 방식으로 공동체의 구성원들에게 제공된다면, 개인들 스스로 자신이 속한 공동체 전체를 조망하고 이에 따라 자신의 행동을 조율하는 것이 훨씬 더 쉬워질 것이다. 물론 개인들의 사회적 참여가 활성화되도록 도와주는 사회적 장치들을 구현하는 것은 쉬운 일이 아니다. 그렇다고 결코 불가능한 작업도 아니다. 이미 네트워크화된 개인들의 정치적 사회적 경제적 참여를 제도화하려는 노력들이 지구 곳곳에서 시작되었으며, 인터넷 기술은 다수의 협력을 유도하는 형태로 커뮤니케이션 구조를 디자인하고, 그것을 필요에 따라 수정 변경하는 것을 가능하게 해주기 때문이다.

4. 커뮤니케이션을 디자인하라!

이상에서 우리는 우리 사회가 어떤 측면에서 '마을'에 근접하고 있는지 그 근거는 무엇인지 살펴보았다. 공동체의 공간적 규모와 공동체 내부 구성원 수가 비교할 수 없을 만큼 차이가 난다는 점을 제외하면, 공동체 내부의 커뮤니케이션 속도, 사회의 중추적인 미디어가 작동하는 방식, 사적 영역과 공적 영역의 경계가 모호한 사회적 환경, 사생활이 보장되지 않는 얇은 막을 가진 사회, 사회 저변에서 작동하는 자생적인 평판 시스템들, 개인들의 사회에 대한 높은 관여도 그리고 직접민주제가 작동할 수 있는 가능성까지 우리는 진정 마을 커뮤니케이션의 환경에 들어서 있다. 나아가 우리 사회는 개인들이 실시간으로 현재 자신이 살고 있는 공동체의 현황을 모니터링하면서 자신들의 판단과 행동을 조율할 수 있는 홀롭티시즘적인 공동체로 나아가고 있다는 것도 확인하였다. 또 우리 사회 내부의 협력을 증진시키고 협력을 저해하는 부정적 요소들을 제어하기 위해 우리가 사용할 수 있는 도구들이 어떤 것이 있는지 그리고 이를 위해 어떤 도구들을 만들 수 있는지도 확인하였다.

상황이 이러하다면 인터넷에 기반한 새로운 커뮤니케이션 도구가 국가기관과 개인 사이의 관계, 정부 관료와 평범한 시민 사이의 관계, 기업과 소비자의 관계까지 바꾸어낼 것이라고 예상하는 것은 그리 과도한 상상은 아닐 것 같다. 인터넷이 도입되기 전까지 우리는 우리에게 필요한 커뮤니케이션 도구들을 만드는 것이 대단히 어려웠다. 특히 평범한 개인들이 자신에게 필요한 커뮤니케이션 도구를 만들고 활용한다는 것은 거의 불가능에 가까웠다. 그런데 지금 우리는 감히 사회 전반적인 커뮤니케이션 구조를 우리의 상상력과 우리의 필요에 따라 작동하도록 디자인할 수 있는 시대에 도달했다.

웹 2.0 전도사에서 최근 Government 2.0의 전도사로 발전한 팀 오라일리는 "인류 역사상 시민들이 지금처럼 서로 연결되어 있었던 적은 없다. 지역사회와 국제사회 전반을 통틀어 시민들이 지금처럼 높은 기술과 자원을 가졌던 적도 없다"고 말한다.[35] 정말로 인류 역사상 이렇게 효율적인 커뮤니케이션 도구가 아무런 권력도 없는 평범한 개인들에게 주어진 적은 없었던 것이다. 아마도 우리는 우리들의 일상적인 커뮤니케이션 구조를 우리에게 필요한 형태로 디자인할 수 있는 인류 최초의 세대가 될 것이다.[36] 왜냐하면 디지털로 구축된 '하울의 움직이는 성'은 딱딱하고 무거워서 한번 만들면 바꾸기 어려운 하드웨어(굳은 모)가 아니라, 필요에 따라 수시로 수정하고 변경하는 것이 그리 어렵지 않은 소프트웨어(무른 모)이기에, 다양한 형태로 커뮤니케이션 구조를 디자인하고 필요하다면 수정하고 변경하여 재디자인하는 것도 가능하기 때문이다.

커뮤니케이션 구조를 디자인하고 그것을 다시 재디자인하는 행위는 사실 지금 우리 곁에서 늘상 진행되고 있는 일이다. 인터넷 서비스를 기획하고 운영하는 작업이란 사실상 특정한 용도와 목적에 맞는 커뮤니케이션 구조를 설계하고, 사용자의 반응에 따라 커뮤니케이션 구조를 수정하고 보완하고 재디자인하는 작업에 다름 아니다. 많은 사람들이 일상적으로 사용하는 게시판, 카페, 블로그 혹은 그 외의 웹사이트들 뒤에서 벌어지는 일이란 바로 이런 것들이다. 댓글이 없던 곳에 댓글을 달아 커뮤니케이션을 활성화한다든가 추천수를 달아 게시물에 대한 사람들의 반응을 가시적으로 볼 수 있도록 한다든가 혹은 댓글수가 제일 많은 글을 자동으로 노출해 가장 이슈가 되는 글을 밖으로 끄집어낸다든가 트위터처럼 리트윗Retweet 버튼 하나로 글을 수천 명, 수만 명에게 실시간으로 확산시킬 수 있는 구조를 만든다든가 혹은 블로그의 RSS나 트랙백처럼 사용자가 쓴 글이 자동으로 다른 곳으로 확산되도록 한다든가 등등 …… 즉 우리는 이미 우리의 일상적인 커뮤니케이션 구조를 만들고 변경하고 재구성하는 작업이 수시로 진행되는 시대에 살고 있는 것이다.

우리 사회의 개인들은 이전 사회에서와 같이 파편화된 개인들이 아니다. 또 우리 사회의 개인들은 이전 사회에서와 같이 단지 사회의 구경꾼, 방관자로 머무르라고 강제할 수 없는 개인들이다. 그렇다면 집합지능을 활용하여 개인들의 판단을 도와주는 장치들, 사회 각 분야를 조망할 수 있도록 사회적 정보를 생산하는 장치들, 그리고 개인 사이의 네트워크를 더욱 원활하게 해주는 커뮤니케이션 장치들, 이런 것들을 통해 우리의 사회 시스템을 서서히 바꾸어 가는 것이 가능하지 않을까? 수많은 커뮤니케이션 과정을 통해 스스로 만들어가는 사회적인 윤리규범과 규칙들, 그리고 그 윤리 규범과 규칙들을 서로가 지키도록 유도하는 수많은 개인들의 눈, 이런 것들이 그 동안 정부가 일방적으로 독점해 왔던 사회에 대한 감시 기능을 네트워크화된 개인들에게 이양할 수도 있지 않을까? 마치 원시 부족의 마을에서 개개인들이 스스로의 윤리적 규범들을 가지고 공동체 전체의 의사결정에 참여하고 공동체 전체를 감시했던 것처럼 말이다.

아마도 앞으로 10~20년의 시간에 걸쳐 '국가'라는 거대권력이 독점했던 의사소통 및 의사결정에 관한 권한들 중 상당 부분을 네

트워크화된 개인들의 연대체에 넘겨주는 거대한 변환이 진행될 것
이라고 말한다면 지나치게 낙관적인 상상일까?

:: 후주

서문

1. '입말언어'란 표현은 아직까지는 잘 사용되지 않는 생소한 표현이다. 이것의 또 다른 표
현은 '구어', '구두 언어' 등이 있고, 연관된 단어로 '구술', '구술성' 같은 개념들이 있는데
이런 표현들 역시 생소하기는 마찬가지다. 그래서 여기서는 천정환의 『대중지성의 시
대』(푸른역사, 2008)에서의 표현을 좇아 '구어', '구두 언어'를 '입말' 혹은 '입말언어'로
표기하기로 했다. '입말언어'란 '입으로 하는 말 혹은 언어'라는 뜻으로 약간은 생소하지
만 훨씬 직관적으로 인지되기 때문이다. 다만 '구어 문화가 가지고 있는 고유의 특성'을
의미하는 '구술성'(Orality)이란 단어는 그대로 사용하며, 다른 자료를 인용한 문구 중
'구어'로 표기된 문장은 인용문 그대로 '구어'로 표기해 둔다.
2. 이에 대해서는 해럴드 이니스의 『제국과 커뮤니케이션』(커뮤니케이션북스, 2007)을
참고하라.

1장 하울의 움직이는 성

1. 클레이 셔키, 『끌리고 쏠리고 들끓다』, 송연석 옮김, 갤리온, 2008, 23쪽.
2. 미야자키 하야오의 애니메이션 〈하울의 움직이는 성〉(2004)에는 거대한 몸체로 세상
을 돌아다니는 움직이는 성이 등장한다. 주인공 '하울'이 사는 이 성은 다이얼을 돌리는
방향에 따라 진입 공간이 달라지는 문을 가진 마법의 성이다.
3. 김대중, 2009년 3월 18일자 일기, 『김대중 마지막 일기 : 인생은 아름답고 역사는 발전
한다』, 2010. 김대중 대통령의 마지막 일기는 포털 사이트에서 검색 등의 방법으로
PDF 파일 버전을 다운받을 수 있다.
4. 숭례문 화재 사건은 관공서들의 무능함을 드러낸 사건이었다. 국보급 문화제에 대한 재
난 대비책이 거의 없었던 것도 문제지만, 문화재를 다루는 그들의 '마인드'는 정말 너무
도 한심한 것이었다. 자신들의 관리소홀 문제를 감추기 위해 단지 화재 현장을 안 보이
게 만드는 데 급급했던 공무원들이, 화재의 잔해들을 모두 단순 쓰레기로 분류하여 20
톤의 문화재를 무심히 트럭에 실어 내다버린 것이다. 이러한 관공서들의 행위에 대해 많
은 사람들이 문제제기하였고, 그들은 그제야 문화재에 대한 선별작업을 진행하기 시작
했다. 행정편의주의적 발상이라고 말하기도 어려운 정도의 무지함에 대해 사람들은 즉
시 문제제기를 하였고, 관공서의 정책을 바꾸어버렸다. 인터넷 여론이 순식간에 관공서
나 정부기관의 잘못된 정책들을 바꾸어버린 이런 사례들은 무수히 많다.
5. 이런 일들은 종종 공격받는 사람들이 갑작스런 상황에 적절하게 대응하는 방법을 몰라
서 더 커다란 사건으로 확대된다. 반면 조직의 일원인 경우 사태는 훨씬 덜 파괴적으로

진행될 수 있다. 이슈의 중심에 서게 되는 관공서의 공무원들은 조직이라는 것을 일차적인 보호막으로 활용할 수 있고, 정치인은 대의와 명분 혹은 자신이 속한 정치집단의 지원을 받을 수 있다. 이슈의 중심이 된 지식인이나 언론인은 자신들의 지식권력과 언론권력을 통해 대처할 수 있고, 그나마 인터넷의 생리에 능숙한 개인들은 사태가 더 확산되지 않도록 신속하게 최소한의 조치를 취할 수도 있을 것이다. 하지만 대부분의 개인들은 자신도 모르게 수만, 수십만 명의 시야에 노출되었을 때, 어떻게 대처해야 하는지 잘 모른다. 그래서 종종 파국적인 사태가 초래된다.

6. 'infodemics'란 정보(information)와 전염병(epidemics)의 합성어로 부정확한 정보 확산으로 발생하는 각종 부작용을 일컫는 용어다.

2장 인터넷, 인터넷, 인터넷!!

1. http://www.dcinside.com. 〈디씨인사이드〉는 디지털카메라 전문 커뮤니티로부터 출발해 인터넷 문화의 한 측면을 대표하는 '개죽이', '폐인'과 같은 유행어와 더불어 수많은 패러디물들이 만들어졌던 사이트로, 2천 년대 중반 한국 인터넷 문화를 주도했던 사이트 중 하나다.

2. 김유식, 『인터넷스타 개죽아, 대한민국을 지켜라』, 랜덤하우스코리아, 2004, 18쪽.

3. 클레이 셔키, 『끌리고 쏠리고 들끓다』, 9~23쪽.

4. 「중 '안하무인 관료' 파면, 영 '양심불량 대기업' 폭로」, 『한겨레신문』, 2009년 10월 15일자, http://www.hani.co.kr/arti/international/international _general/382067.html.

5. 「'밀양 집단 성폭행' 옹호자 女警 근무 논란」, 『서울신문』, 2012년 4월 11일자, http://www.seoul.co.kr/news/newsView.php?id=20120411010016.

6. 다수의 개인들이 한꺼번에 움직이면서 그 안의 개개인은 익명화되어버리는 그런 현상을 필자는 '군중효과'라고 명명하고 싶다. 실명으로 비판한 개인들은 '군중효과' 때문에 사실상 익명의 개인들이 되는 것이다.

7. 2009년 국정감사에서 민주당 서갑원 의원이 방송통신위원회의 조사결과를 토대로 제출한 자료에 따르면 실명제 도입 이후 전체 댓글의 수는 줄었지만, 악플의 비율은 줄어들지 않고 오히려 늘어났다. 기사는 다음과 같이 전한다. "국회 문화체육관광방송통신위 소속 서갑원 의원(민주당)이 6일 방송통신위원회로부터 제출받은 '2008년 본인 확인제 효과 분석' 자료에 따르면 인터넷 포털 '다음' 아고라의 경우 지난해 2월 8.3%이던 악성 댓글 비중은 2008년 8월 14.1%로 2배 가까이 증가했다. '머니투데이'와 '디씨인사이드' 게시판 댓글도 같은 기간 각각 8.6%와 9.9%에서 12.4%와 16.2%로 증가했다. 인터넷 실명제 시행(2007년 7월) 직후인 2007년 8월과 비교했을 때 이들 사이트 전체 댓글 1만 3,472개 중 1,867개(13.9%)이던 악성 댓글은 1년 뒤 13%로 큰 변화가 없었다. 반면 이들 사이트의 전체 댓글은 2007년 8월 1만 3,472개에서 2008년 2월 1만 1,587건,

2008년 8월 8,380건으로 급감했다.”(「인터넷실명제 강화로 악플 비중 늘어」, 『경향신문』, 2009년 10월 7일자, http://news.khan.co.kr/kh_news/khan_art_view.html?artid= 200910070301525&code=940100).

8. 「'인터넷실명제' 위헌, 업계 “만세 부르고 싶은 심정”」, 『한겨레신문』, 2012년 8월 23일자, http://www.hani.co.kr/arti/economy/it/548436.html. 인터넷 실명제 사안에 대한 헌법재판소의 비겁함은 충분히 비판받아야 한다. 2010년 헌법소원이 제기된 인터넷 실명제에 대해 2년 만에 판결을 내렸기 때문이다. 헌재가 정부의 눈치를 보지 않았다면, 통신사, 쇼핑몰, 포털 등이 차례로 해킹당하면서 대한민국 국민들의 개인정보가 전 세계 공용 정보가 되는 사태로까지 발전하지 않았을 것이기 때문이다.

9. 하워드 라인골드, 『참여군중』, 이운경 옮김, 황금가지, 2003, 28쪽.

10. 「구글CEO “정치인 거짓말 찾아내는 SW 곧 등장”」, 『한겨레신문』, 2006년 10월 4일자, http://www.hani.co.kr/arti/international/international_general/162143.html. 7년이 지난 현재 시점에 IT 기술에 기반을 둔 사회 전반적인 평판시스템이나 정치사회 분야를 제대로 모니터링 할 수 있는 시스템은 아직 출현하지 않았다. 물론 해외와 마찬가지로 국내에서도 IT 기술을 활용해 사회적 평판시스템을 구축하려는 작은 벤처의 실험들이 몇 번 진행되긴 했지만 시도에 그치고 번번이 사라졌다. 그렇지만 평판시스템이 사회적으로 모습을 드러낼 가능성은 얼마든지 존재한다.

11. 미셸 푸코, 『감시와 처벌』, 박홍규 옮김, 강원대학교 출판부, 1996.

12. David Lyon, 『전자감시사회』, 한국전자통신연구소, 1995.

13. 리처드 헌터, 『유비쿼터스』, 윤정로·최장욱 옮김, 21세기북스, 2003.

14. 「감시와 통제가 쌓은 인터넷 강국. 중국은 '거대한 방화벽(Great Firewall)'」, 『전자신문』, 2011년 9월 20일자, http://www.etnews.com/news/international/2512561_1496.html.

15. 데릭 젠슨·조지 트래펀, 『웰컴 투 머신』, 신현승 옮김, 한겨레출판사, 2006, 284쪽.

16. 「2007년 맹활약 '네티즌 수사대' 명과 암」, 『스타뉴스』, 2007년 12월 14일자, http://star.moneytoday.co.kr/view/stview.php?type=1&no=2007121415392649140.

17. 실제로 한나라당의 당직자가 평범한 개인을 가장하고 악성 댓글을 달다가 네티즌들에 의해 그가 주로 사용하는 ID, 그의 블로그, 그가 썼던 댓글 들이 샅샅이 밝혀졌던 사건이 있었다. 주류 언론들은 이 사건을 거의 보도하지 않았지만, 이 사건은 인터넷을 통해 삽시간에 전파되었다. (「심재철 의원실 이어 한나라당 간부도 댓글 알바?」, 『오마이뉴스』, 2008년 6월 2일자, http://media.daum.net/politics/others/newsview?newsid=20 080602181108813.

18. 「네티즌 수사대, 다리서 강아지 던진 범인 잡아」, 『나우뉴스』, 2009년 11월 19일자, http://nownews.seoul.co.kr/news/newsView.php?id=200 91119 601005.

19. 역판옵티콘에 대해서는 「벤담의 파놉티콘(Panopticon)에서 전자 시놉티콘 (Synopticon)까지 : 감시와 역감시, 그 열림과 닫힘의 변증법」(홍성욱,『한국과학사학회지』제23권 제1호, 한국과학사학회, 2001년 6월)을 참조하라. 이와 관련해 최근엔 홀롭티시즘(Holopticism)이라는 새로운 개념이 제시되고 있다. 이것에 대해서는 이 책 5장을 참조하라.

20. 하워드 라인골드,『참여군중』, 353쪽.

21. 다니엘 솔로브,『인터넷 세상과 평판의 미래』, 이승훈 옮김, 비즈니스맵, 2008.

3장 마을 커뮤니케이션의 구조

1. 「Interactive Map : Urban Growth」, BBC News Website, http://news.bbc.co.uk/2/shared/spl/hi/world/06/urbanisation/html/urbanisation.stm.

2. 피터 홀·울리히 파이퍼,『미래의 도시』, 임창호 옮김, 한울 아카데미 2005, 24쪽.

3. 헬레나 노르베리-호지,『오래된 미래 ─ 라다크로부터 배운다』, 김종철·김태언 옮김, 녹색평론사, 1996, 142쪽.

4. 같은 책, 56~7쪽.

5. 에드워드 홀,『침묵의 언어』, 최효선 옮김, 한길사, 2000, 142쪽.

6. 헬레나 노르베리-호지,『오래된 미래 ─ 라다크로부터 배운다』, 53~4쪽에서 발췌(강조는 필자).

7. 루이스 헨리 모건,『고대 사회』, 정동호·최달곤 옮김, 문화문고, 2000.

8. 재미있는 것은 개인이 공동체 전체를 조망한다는 상상력은 동양의 고전들이나 소설에서 확인할 수 있다는 것이다. 삼국지에 나오는 제갈공명이 바로 그런 캐릭터의 전형이다. 또한 우리나라의 고대 설화나 소설 등에서는 항상 전국을 떠돌아다니는 도인들이 등장한다. 예컨대 홍명희가 전래되는 이야기를 기반으로 소설화한 임꺽정이나 황석영이 쓴 장길산 그리고 시대를 거슬러 올라가 조선시대 허균이 쓴 홍길동전, 작자 미상의 전우치전 등에는 항상 공동체 전체를 조망할 줄 아는 도인 캐릭터가 등장한다. 이처럼 우리 영웅 소설에는 이들 도인 캐릭터가 공통적으로 등장한다. 이들은 그 시대의 노마드로, 전국 각지를 돌아다니며 자신들만의 네트워크를 형성하고 정보를 수집하여 공동체에 대해 누구보다 많은 정보를 가지고 있는 자들이다. 그들은 바로 그러한 정보를 기반으로 공동체 전체를 조망할 수 있었다. 그들이 '도인'이란 타이틀을 부여받은 것은 그 시대의 다른 개인들은 얻을 수 없는 정보들을 가지고 있기 때문이었다.

9. 헬레나 노르베리-호지,『오래된 미래 ─ 라다크로부터 배운다』, 56쪽.

10. 하트 필링,『티위사람들 ─ 북호주 원주민의 문화』, 교문사, 18~9쪽.

11. 레비스트로스가 쓴『슬픈 열대』(삼성출판사, 1990)는 남아메리카 원주민들이 사는 모습을 기술한 책인데, 거기에는 씨족들의 구성원 수를 18명, 34명(304쪽), 25명(331

쪽) 등으로 기록하고 있다.

12. 루이스 헨리 모건, 『고대 사회』, 107쪽.

13. 피에르 클라스트르, 『국가에 대항하는 사회』, 홍성흡 옮김, 이학사, 2005, 263쪽.

14. 이렇게 구성원의 수에 따라 늘어나는 상호작용의 횟수를 수학적으로 표현하면 $K_n = n(n-1) / 2$ 로 표현된다. 즉 집단의 크기가 산술적으로 증가할 경우, 내부에서 발생하는 관계의 횟수는 제곱수의 형태로 증가하는 것이다.

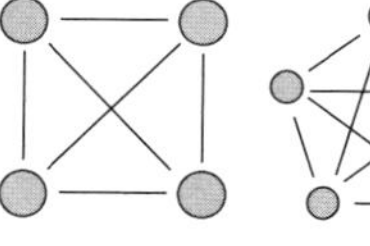
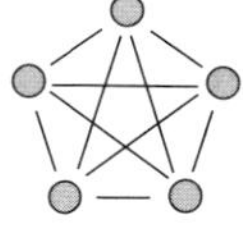

15. 최근 본격적으로 발달하기 시작한 사회연결망 이론(Social Network Theory)은 위와 같은 사회적인 네트워크의 관계를 분석하는 데 큰 도움을 준다. 이에 대해서는 김용학의 『사회 연결망 이론』(박영사, 2010)을 참고하라.

16. 로베르 에스카르피, 『정보와 커뮤니케이션』, 김광현 옮김, 민음사, 1996, 271쪽.

17. 요나 프리드만은 헝가리 태생의 건축가이자 도시계획가로, 현대 건축에서 주요하게 다루는 인물 중 한 명이다.

18. 로베르 에스카르피, 『정보와 커뮤니케이션』, 264쪽.

19. 사회 내부의 권력을 커뮤니케이션의 문제와 연관된 것으로 접근하는 시각은 지금까지 권력을 다루었던 방식과 사뭇 다른 접근법이다. 지금까지 사회 내부의 권력에 대한 분석은 물리적으로 가하는 힘(폭력)의 우열의 차원, 알튀세르의 이데올로기론과 같이 '자발적 동의'와 같은 심리적 기제에 근거한 분석 혹은 푸코와 같이 권력을 사회체제에 내재한 어떤 관계로 분석하는 경향이 많았다. 하지만 아직까지 권력의 작동을 커뮤니케이션 구조 혹은 정보의 순환구조와 연관시켜 분석하는 작업은 크게 진척되지 않은 듯하다.

20. 앤드류 사피로, 『테크놀로지와 통제혁명』, 김명준 옮김, 커뮤니케이션북스, 2001, 158쪽.

21. "남비콰라족은 …… 대단히 빈약한 환경 속에서 유랑생활을 해야 하므로, 원주민들은 몹시 신중해야만 한다. 그래서 필요한 경우 여자들은 유산을 위하여 어떤 물리적 방법이라든가 약용식물의 도움을 비는 것을 서슴지 않는다."(레비스트로스, 『슬픈 열대』, 277쪽).

22. 마빈 해리스, 『문화의 수수께끼』, 박종렬 옮김, 한길사, 2000.

23. 레비스트로스, 『슬픈 열대』, 306~7쪽.

24. 같은 책, 309~10쪽.

25. 피에르 클라스트르, 『폭력의 고고학』, 변지현·이종영 옮김, 울력, 2002. 이외에도 그들은 자연과의 오랜 교호과정을 통해 그들의 삶 속에 암묵적인 지식으로 내재하고 있는 환경에 대한 생태학적 지식도 풍부하게 공유하고 있었다. 땅을 심하게 착취하지 않기 위해 땅에 휴지기를 둔다든지, 부족 간의 전쟁을 막기 위해 서로 혼인으로 결속을 제도화

(지역 외혼제)한다든지(피에르 클라스트르, 『국가에 대항하는 사회』, 85쪽), 잉여농산물의 발생이 계급지배로 발전하지 않게 하기 위해 노동 자체를 천시한다든지 혹은 노동생산성을 향상시키는 새로운 기술을 의도적으로 거부한다든지(마빈 해리스, 『문화의 수수께끼』, 127쪽), 심지어는 계급 발생을 억제하기 위해 잉여농산물을 불태워버리는 포틀라치 풍습(마르셀 모스, 『증여론』, 이상률 옮김, 한길사, 2002) 등등 …… 그들은 의도적으로 작은 공동체를 유지하면서 서로 갈등이 격화되거나 착취구조가 생겨나지 않도록, 그리고 자연과의 관계에서 자연을 파괴하지 않음으로써 공동체의 삶을 영속시킬 수 있도록 하는, '공동체 전체를 조망'할 수 있는 광범위한 지식을 가지고 있었던 것이다. 특히 다른 무엇보다 공동체 내부에 한 사람 혹은 한 집단에게 집중되는 지배권력이 만들어지지 않도록 사회를 관리하는 기술은 탁월했다. 그들은 공동체 내부에서 인구수에 대한 조절의 필요성에 대한 인식과 더불어 소규모 집단이 분화되지 않고 유지될 수 있는 특정한 유형의 지식과 제도를 가지고 있었던 것이다.

26. R. I. M. Dunbar, "Neocortex size as a constraint on group size in primates", *Journal of Human Evolution* (1992), vol. 20, pp. 469~93. '던바의 수'에 대해서는 말콤 글래드웰의 『티핑포인트』(임옥희 옮김, 21세기북스, 2004), 175~89쪽을 참조하라.

27. 말콤 글래드웰의 『티핑포인트』, 178쪽에서 재인용.

28. R. I. M. Dunbar, "Coevolution of neocortical size, group size and language in humans", *Behavioral and Brain Sciences* 16 (4), 1993, pp. 681~735.

29. 만약 구성원이 많아지는 데 따른 비효율 혹은 조직의 파벌화, 위계화를 피하고자 한다면 공동체를 일정 규모 이하의 작은 공동체로 분화시키는 것도 하나의 방법일 것이다. 던바는 아예 이런 사회적 특성을 경영에 적용한 사례도 언급한다. 하이테크 회사인 Gore Associates는 조직 규모에 있어서 '150' 법칙을 응용하였다. 이 회사는 구성원이 150명이 되면 조직을 나누는데, 그 이상을 넘어가면 비효율적인 일들이 발생하기 때문이다. 150명이 넘지 않을 때 사람들은 사원 상호간에 상대방이 좋아하는 것, 하고 싶은 것, 능숙하게 잘하는 것을 개개인들이 기억할 수 있는데. 이런 기억 시스템 때문에 동료 상호간의 협동이 쉽게 이루어진다. 동료 상호간의 원활한 협동은 함께 일 할 수 있는 팀을 조직하고 문제에 대한 해답을 찾는 데 훨씬 빨리 대처 할 수 있게 되는 것이다. 또한 인간은 다른 사람이 자기에게 기대하는 바대로 살고 싶어 하는 경향이 있고, 동료 상호간에 서로를 잘 알고 있기 때문에 동료들이 '나'에 대해 어떻게 생각할 지를 고려하여 행동하게 됨으로써, 자연스럽게 협력하는 분위기가 만들어지게 된다. 그리고 이러한 문화는 회사가 이윤을 창출하는 데 큰 보탬이 된다. 명령에 따라 움직이는 공식적인 관계보다 서로간의 조율·일상적인 커뮤니케이션·소통으로 이루어지는 비공식적인 인간적인 관계가 더 효율적이었기 때문에, 작은 공장에서는 공식적인 경영 구조, 즉 중간 관리층과 상층 관리 계층과 같은 통상적인 겹겹의 층위를 필요로 하지 않는다. 이에 대해서는 말콤 글래드웰의 『티핑포인트』, 180~2쪽을 참조하라.

30. R. I. M. Dunbar, *Grooming, Gossip and the Evolution of Language*, Harvard Press, 1997.

31. 물론 전화, 핸드폰 같은 전기전자 기술에 기반을 둔 원거리 대화 통신이 도입되면서부터 우리는 면대면 커뮤니케이션을 벗어나 '공간적 제약'이 없어지는 사회에 살고 있다. 이에 대해 월터 J. 옹은 마을과 같은 공간에서의 입말 문화를 "제 1차 구술성"으로 전화, 핸드폰이 도입된 시기의 입말 문화를 "제 2차 구술성"으로 구분한다. 여기서는 일단 마을이라는 좁은 공간과 연관하여 "제 1차 구술성"만을 염두에 두자. 제 2차 구술성, 필자의 표현으로는 '문자화된 구술성'에 대해서는 뒤에 더 논의하게 될 것이다.

32. 고대 그리스의 도시국가들은 입말언어를 주된 미디어로 사용하고 문자를 보조적인 미디어로 사용했다. : "그리스의 도시국가들은 문자를 권력의 도구로 사용하지 않았다. 국가에 의한 문자사용은 사람들에게 정보를 알리고, 도시국가의 가치관을 확립하기 위한 것이었다. …… 이 도시국가라는 공동체가 모든 단계의 말들 — 수다, 뜬소문, 문화의 보급이나 대담 등 — 로 커뮤니케이션을 할 수 있는 가능성을 제공하는 열린 장소였다는 것을 알 수 있었다. 문자가 제법 중요하게 여겨졌고, 시민 대다수가 읽을 줄 알았었지만 문자가 커뮤니케이션의 중심이 되지는 않았다."(코린 콜레,『고대 그리스의 의사소통』, 영림 카디널, 1997, 131쪽). 그런데 고대 그리스는 어떻게 입말언어를 중추적인 미디어로 사용하면서도 몇 십 킬로미터 범위의 공동체가 가능했는지 궁금해 하는 분들이 있을 것 같다. 대표적인 도시국가인 아테네는 지금의 서울과 비슷한 크기였는데, 아테네 사람들 중 도심으로부터 가장 멀리 있는 사람이 직접민주제의 최고 권력기구인 민회에 참석하기 위해 한나절을 걸어 회의에 참석하고 또 한나절을 걸어 집으로 돌아갔다고 한다. 민회는 일 년에 약 40회 정도 개최되었다고 한다. 이 말을 다시 해석하면 고대 그리스 도시국가의 정보처리시스템의 일상적인 속도는 약 일주일이고, 어떤 사안에 대한 의사결정이 이루어지는 속도는 약 하루 정도였다는 것을 의미한다. 바로 이 일주일 그리고 '하루'라는 속도가 고대 그리스의 도시국가에서 직접민주제가 가능했던 이유 중 하나이다. 또한 이것은 사회를 어떻게 제도화하느냐에 따라 기존 미디어의 통상적인 한계를 극복할 수도 있다는 것을 보여주는 사례이기도 하다.

33. 미첼 스티븐슨,『뉴스의 역사』, 이인희·이광재 옮김, 황금가지, 2002, 66~8쪽.

34. 폴라 언더우드,『몽골리안 1만년의 지혜』, 김성기 옮김, 그물코, 2002.

35. 물론 구약 같은 경우도 그것이 원본이라고 말하기는 어려운데, 구술 이야기를 문자로 기록하는 과정이 여러 곳에서 진행되면서 같은 이야기라도 조금씩 변형되어 기록되는 경우가 많다. 또한 후대의 사람들이 그것을 필사하는 과정에서 이야기가 변형되거나 첨삭되는 경우도 많다. 그래서 고대 문서들은 여러 가지 판본들이 존재하는 것이 일반적이다. 그렇지만 문자는 한번 기록되면 그 기록이 소실되지 않는 한 원형 그대로 남는 반면, 입말언어는 발화되는 바로 그 순간부터 변형과 첨삭이 일어난다는 측면에서 입말언어

와 문자는 엄청난 차이를 가지고 있다.

36. 미첼 스티븐슨, 『뉴스의 역사』, 68쪽.

37. 월터 J. 옹, 『구술문화와 문자문화』, 임명진·이기우 옮김, 문예출판사, 1995, 20쪽.

38. 가와다 준조, 『무문자 사회의 역사』, 임경택 옮김, 논형, 2004, 8쪽.

39. 같은 책, 8쪽.

40. 잭 구디, 『야생정신 길들이기』, 김성균 옮김, 푸른역사, 2009, 49쪽.

41. 레비스트로스, 『슬픈 열대』, 294~9쪽.

42. 레비스트로스는 인류학의 거장답게, 글쓰기(문자)가 사회구조에 엄청난 변화를 가져 온다는 것을 파악하고 있었다. 그는 글쓰기(문자)가 가지는 묘한 특성에 대해 잠정적인 가설이라는 것을 전제로 다음과 같이 기술한다. "글쓰기란 이상스런 것이다. 글쓰기의 출현은 인간들의 생활조건에 심오한 변화를 초래할 수 있었고, 또 이러한 변형들은 특히 그 성격이 지적인 것처럼 여겨지는 것 같다. 일단 사람들이 글 쓰는 방법을 알게 되면, 그들은 하나의 커다란 지식체계를 굉장히 축적할 수 있는 것이다. 말하자면 글쓰기란 일종의 인위적인 기억형태로서 간주될 수 있다. 그리고 이 인위적인 기억의 발달과 함께 현재와 미래를 조직하는 보다 큰 능력이 생기게 되는 것이다. 사람들이 문명과 야만을 흔히 구별하는 모든 기준들 가운데서 글쓰기라는 척도가 가장 보존할 만한 가치가 있는 것이다. 즉 어떤 사람들은 글을 쓰고, 어떤 사람들은 글을 쓰지 않는 것이다. 글을 쓰는 집단은 하나의 지식체계를 구축하고, 그 지식체계는 그 집단으로 하여금 그 자체에 부여된 목적을 향하여 훨씬 빨리 움직여 나가도록 도와준다. 글을 쓰지 않는 집단은 개인들의 기억이 결코 확대될 수 없는 한계 속에 구속되어, 그 집단의 기원에 대하여 명확한 지식도 지니지 못하고, 또 그 집단의 미래상에 대한 논리적인 관념도 갖지 못한 채, 매일매일 움직이고 있는 어떤 역사의 죄수로서 남게 되는 것이다. …… 만약 우리가 글씨기의 출현과 문명의 어떤 다른 특징들을 연관시키고자 한다면, 우리는 다른 곳에서 그 관련성을 찾아야만 한다. 여기서 항상 수반되는 한 가지 현상은 도시와 제국의 형성이다. 즉 이 형성에 의해서 상당한 수의 개인들이 하나의 정체체계 속에 통합되고, 이 개인들이 계급과 위계 가운데로 배분되었던 것이다. 어쨌든 이 같은 현상이 글쓰기가 처음으로 등장되었을 순간에 이집트로부터 중국에 걸쳐서까지 발견되는 발달인 것이다. 이 현상은 인간을 계몽시키기보다는 오히려 인간에 대한 약탈을 조장하는 듯하다. 이 약탈은 노동자를 수천 명씩이나 모아서, 그들의 체력이 닿는 데까지 강제로 일을 시킬 수 있었다. 이 점에 관련되어, 우리가 알고 있는 건축의 시작이 이 같은 약탈에 의존해 있었음을 인식해야만 한다. 만약 나의 가설이 정확하다면, 커뮤니케이션의 한 수단으로서 글쓰기의 원초적 기능은 다른 인간들을 용이하게 예속화시키는 것이다. 과학이나 예술의 분야에 있어서 정신의 만족이라는 관점과 함께, 공정한 목적에 글쓰기를 사용하는 것은 글쓰기의 발명의 이차적인 결과이며, 단지 그것은 원초적 기능을 강화하고 정당화하며 또는 은폐시키키

는 방식에 불과할 수도 있다. …… 글쓰기는 인간지식을 공고하게 만들지는 않았고, 하나의 영속적인 지배체제의 확립에 불가결한 존재가 되어 왔던 것이다."(레비스트로스, 『슬픈 열대』, 297~8쪽).

43. 같은 책, 212쪽.

44. 〈말벌의 전사 카야포〉, EBS 다큐멘터리, 2012년 3월 1일 방송 참조.

45. 레비스트로스, 『슬픈 열대』, 212~3쪽.

46. 맥루한, 『미디어의 이해』, 김성기·이한우 옮김, 민음사, 2002, 139쪽.

47. 에드워드 홀은 이러한 사회를 '고맥락 사회'라고 정의한 바 있다. : "사람들이 서로 깊이 개입되어 있는 문화, 예컨대 아메리칸 원주민의 문화에서는 정보를 광범위하게 공유하고 있어서 ― 그러한 문화를 '고맥락 문화'(high-context culture : 맥락화된 정도가 높은 문화)라고 지칭하겠다 ― 간단한 메시지라도 깊은 의미를 담고 원활하게 흘러나간다."(에드워드 홀, 『문화를 넘어서』, 최효선 옮김, 한길사, 2000, 72쪽).

48. 피그미족과 더불어 생활하며 피그미족에 대한 기록을 남긴 콜린 M. 턴볼은 피그미족들이 공동체 내부의 분란을 해결하는 방식이 비공식적이라는 것을 책의 곳곳에서 보여준다(콜린 M. 턴볼, 『숲 사람들』, 이상원 옮김, 황소자리, 2007, 153쪽).

49. 에드워드 홀, 『침묵의 언어』, 최효선 옮김, 한길사, 2000, 64~5쪽.

50. 다니엘 솔로브, 『인터넷 세상과 평판의 미래』, 이승훈 옮김, 비즈니스맵, 2008, 60쪽.

51. 미첼 스티븐슨, 『뉴스의 역사』, 42쪽.

52. 루이스 헨리 모건, 『고대 사회』, 87쪽.

53. 같은 책, 105쪽. 대부분의 원시공동체가 현대적인 용어로 민주주의에 가까웠다는 사실은 모건만이 아니라 원시부족 사회를 연구한 많은 인류학자들로부터 확인되었다.

54. 같은 책, 168쪽.

55. 같은 책, 93, 237쪽.

56. 같은 책, 105쪽.

57. 여기서도 역시 '규모의 문제'가 작동한다. 위에서 확인할 수 있듯이 직접민주제가 실행되었던 사례들을 보면 그 구성원의 숫자가 많지 않은 경우가 대부분이다. 그리고 이런 작은 공간에서 작동했던 의사결정 형식은 (라다크의 경우처럼) 정치적 제도라기보다는 대단히 일상적인 의사결정행위여서 '직접민주제'라는 제도적 용어를 사용하는 것이 적절한지도 의문이다. 왜냐하면 이런 작은 커뮤니티에서는 거의 대부분의 의사결정이 아주 일상적인 대화 속에 녹아들어 있거나 혹은 관습/관례에 의해 결정되며, 공식적이고 형식적인 '의사결정 과정'이 생략되는 경우가 많기 때문이다. 공동체의 개체수가 적은 경우 공동체 구성원들의 의사를 대부분의 일상생활 속에서 아주 적은 단계와 노력으로도 확인할 수 있기 때문에, 또한 일상적인 행위 속에서 자신들의 의사를 수시로 표출하고 그에 따라 공동체 전체의 의사를 판단하고 조율할 수 있기 때문에 굳이 '직접민주제'

라는 제도적 틀거리를 도입할 필요가 없었을 것이다. 하지만, 마을 단위를 넘어서 규모가 조금 더 큰 공동체에서는 사회적으로 공식적인 커뮤니케이션을 제도화해야 하거나 혹은 공동체 내부에 커뮤니케이션이 원활하게 진행되도록 도와주는 사회적 장치를 만들어야 할 필요성이 등장하게 된다. 왜냐하면 공동체의 규모가 더 커질 경우엔, 개인들 사이의 커뮤니케이션 밀도와 빈도가 떨어지고, 모든 사람들이 한자리에 모이는 것 자체가 쉽지 않게 되어 공동체의 구성원들의 의견을 확인하는 것이 어렵고 따라서 공동체 전체의 의견을 취합해서 결정하는 것 자체가 어려워지기 때문이다.

58. 최정규, 『이타적 인간의 출현』, 뿌리와 이파리, 2004, 30~45쪽.

59. 랜 피셔, 『게임의 심리학 가위 바위 보』, 박인균 옮김, 추수밭, 2009, 33쪽.

60. Robert Axelrod, *The Evolution of Cooperation*, Basic Books, 1984, pp. 7~21.

61. 랜 피셔, 『게임의 심리학 가위 바위 보』, 177쪽.

62. 물론 이 논의가 그렇게 간단하지는 않다. 액슬로드의 책이 출판된 이후로 꽤 많은 학자들이 이 문제를 연구하였고, 또한 컴퓨터를 이용한 시뮬레이션 모델도 다양한 각도로 개발되었다. 여기에는 상당히 많은 논점들이 존재하는데, 그렇더라도 전반적으로 '맞받아치기 전략'(TIT for TAT)이 경쟁력이 있다는 사실이 부정되지는 않았다. 이에 대해서는 최정규의 『이타적 인간의 출현』(뿌리와 이파리, 2004)을 참고하라.

63. 홍세화, 『나는 파리의 택시 운전사』, 창작과 비평사, 2006.

64. 마뉴엘 카스텔은 아이들의 문자메시지 문화에 대해 "그들은 기호와 약어로 구성된 '문자화로 쓴 구두어'라고 정의할 수 있는 새로운 언어를 발달시키고 있다"고 평가한다(마뉴엘 카스텔 외, 『이동통신과 사회』, 김원용 옮김, 커뮤니케이션북스, 2009, 251쪽). '문자화된 구술성'이란 문자의 기록성, 분석 가능한 성질을 그대로 유지하면서 또한 (사람들이 스스로 미디어 역할을 하는 그러한 환경에서) 사람들 개개인의 미디어 행위로 전달되는 구술성의 특성을 가지고 있다. 구술성과 문자성의 결합, 이것이 디지털 기술이 만들어낸 새로운 미디어적 특성이다.

65. 월터 J. 옹, 『구술문화와 문자문화』, 204~7쪽.

66. 사실 이송희일 감독의 블로그 글이 확산된 것은 네티즌들만의 책임이 아니다. 기존의 언론권력이 인터넷에서 작게 화제가 된 그 글을 기사화하여 공론장으로 끄집어냄으로써 큰 논란거리가 된 것이다. 그런데 이런 사건에서 네티즌이라는 익명의 개인들은 스스로 전문가라고 자처하는 기자나 평론가들에게 '집단 광기'니 '파시즘적이니' 하는 욕을 먹는 반면 낚시질에 성공한 매스미디어들은 비판의 사정권에서 벗어난다. 많은 사람들은 네티즌들의 철없음에 대해 비판하지만 그에 못지않게 매스미디어의 선정성도 비판되어야 할 대상이다. 이상하게도 인터넷 문화를 비판하는 학자들, 평론가들은 의외로 매스미디어의 낚시질, 장난질, 왜곡에 대해서는 크게 비판하지 않는다.

67. 콜린 M. 턴볼, 『숲 사람들』, 135~52쪽.

68. 트위터(http://www.twitter.com)는 미국의 잭 도시(Jack Dorsey)·에번 윌리엄스 (Evan Williams)·비즈 스톤(Biz Stone) 등이 2006년에 시작한 서비스로, 블로그와 SNS를 결합한 마이크로 블로그 서비스이다. 트위터는 140자 미만의 아주 짧은 메시지 로 글을 쓸 수 있는데, 최근 몇 년 사이에 전 세계에서 가장 빠르게 성장한 웹서비스 중 하나다. 2012년 9월 현재 한국의 트위터 가입자는 약 6백만 명이 넘을 것으로 추산된다.

69. Rafael, Vincent L, *The Cellphone and the Crowd—Messianic Politics in the Contemporary Philippines*, p.18(하워드 라인골드의 『참여군중』, 310쪽에서 재인용).

70. 김성벽, 「환경으로서 미디어에 대한 연구 — 미디어 생태학의 연구경향과 의의」, 『스 피치와 커뮤니케이션』 제8권 1호, 2004, 218~43쪽.

71. 댄 길모어, 『우리가 미디어다!』, 김승진 옮김, 이후, 2008. 이 책은 미국에서 뉴스 소 비자가 스스로 뉴스를 생산하고 전달하는 미디어 그 자체가 되어가는 과정을 잘 보여 준다.

72. 「경북·강남 등, 이명박 몰표지역 '숭례문 모금운동' 착수」, 『뷰스앤뉴스』, 2008년 2월 12일자, http://www.viewsnnews.com/article/view.jsp? seq=29409.

73. 「"숭례문 소실 MB 책임 …… " 인수위 홈피 '들썩'」, 뉴시스, 2008년 2월 12일자, http://www.newsis.com/article/view.htm?cID=&ar_id=NISX20080212_000629 9569.

74. 「인수위 '숭례문 국민성금' 논란 진화 부심」, 연합뉴스, 2008년 2월 13일자, http:// news.naver.com/main/read.nhn?mode=LS2D&mid=sec&sid1=100&sid2=269& oid=001&aid=0001957479&iid=.

75. 아고라 폐인들 엮음, 『대한민국 상식사전 — 아고라』, 여우와 두루미, 2008, 96쪽.

76. 이런 이야기는 이미 인터넷 초창기부터 제기되었던 주장들이다. 박동진 교수는 다음 과 같이 이야기한다. : "첫째, 대의제 민주주의의 맹점은 유권자들이 몇 년에 한 번씩 치 르는 선거를 통해 대표를 선출하기 때문에 여러 사안에 대한 유권자들의 의사가 충분히 반영되지 못하며, 다음 선거까지 자신들이 뽑은 의원을 통제할 수도 없다는 것이다. 그 런데 정보사회에서는 공중의 데이터베이스를 통해서 언제, 어디서, 원하는 누구나 다양 한 정보를 검색할 수 있다는 점에서, 그리고 과거의 내용도 언제든지 검색할 수 있다는 점에서 유권자들이 모든 사안에 대해 일상적으로 정확히 판단을 할 수 있다. 둘째, 대의 제 민주주의가 도입되었을 때 일반 시민들 사이의 교육 수준에 커다란 차이가 있었다. …… 공론을 구성하는 구성원들 사이에서의 자유로운 커뮤니케이션의 결과가 국가의 역할을 대신하기도 한다. …… 국민의 대표로 정치 영역에서 공적인 사항에 대해 결정 을 내리고 있는 국회의원들이 일반 시민들보다 더 교양을 갖추고 있다고 주장할 근거는 어디에서도 찾아볼 수 없다. 셋째, …… 정보사회에서 생산되고 유통되는 정보량은 이 제 과거 산업사회와는 비교할 수 없을 정도로 증가했으며, 그 정보는 언제 어느 때나 필

요한 사람들이 쉽게 접할 수 있기 때문에 시민들이 주체적으로 정치에 대해 비판과 저항
을 수행하고 판단할 수 있는 상황이 확보되고 있는 것이다.”(박동진, 『전자민주주의가
오고 있다』, 책세상, 2000, 89~92쪽).

77. 맥루한, 『미디어의 이해』, 288쪽.

78. 로버트 달, 『민주주의와 그 비판자들』, 조기제 옮김, 문학과 지성사, 1999, 409~12쪽.

79. 2012년 통합진보당에서 발생한 전자투표 조작 및 정보 누출 사건은 몇 마디로 정리될
간단한 사건은 아니다. 그러나 이 문제 발생의 원인이 투표시스템 자체에 내재한 것이라
기보다는 투표시스템을 운영했던 주체들이 의도적으로 이 시스템을 악용했다는 점, 또
한 각 투표 현장에서도 마찬가지로 이 시스템을 의도적으로 혹은 비의도적으로 잘못 이
용했다는 점이 훨씬 더 크게 작용했다는 점을 잊어서는 안 된다. 또한 이들이 투표의 신
뢰성을 확보할 수 있는 보안장치를 제대로 하지 않았다는 점도 이 시스템을 쉽게 악용할
수 있도록 만든 원인이다. 이런 측면에서 필자는 통합진보당에서 발생한 투표조작 사건
은 투표시스템 자체의 문제가 아니라 투표시스템을 의도적으로 악용했던 세력의 문제
라고 판단한다.

80. 하워드 라인골드, 『참여군중』, 25~6쪽.

81. 맥루한, 『미디어의 이해』, 31~2쪽.

82. 같은 책, 220쪽.

4장 정보, 속도 그리고 미디어

1. 3·1운동의 자세한 전개과정에 대해서는 위키피디아에 기록된 내용을 참조하라.
http://ko.wikipedia.org/wiki/31%EC%9A%B4%EB%8F%99.

2. 한국역사연구회 엮음, 『3·1 민족해방운동 연구』, 청년사, 1989, 229~57쪽.

3. 천정환, 『대중지성의 시대』, 푸른역사, 2008, 197쪽.

4. 이에 대한 분석은 「광화문의 두 흐름」(당시 인터넷의 이곳저곳에 올렸던 이 글은 『자율
평론』 3호에 실려 있다. 『자율평론』 3호는 http://waam.net/xe/autonomous_re
view /91249에서 다운로드할 수 있다)과 「네티즌의 정치학」(『딴지일보』, 2003년
1~2월) 1부와 2부를 참고하라. 「네티즌의 정치학」은 필자가 촛불집회 현상과 네티즌
들의 새로운 정보유통 양식을 분석하여 『딴지일보』에 ‘울카맨’이란 아이디로 기고했
던 글이다.

5. 윤수종, 『욕망과 혁명』, 서강대학교 출판부, 2009.

6. 윤수종, 『욕망과 혁명』, 서강대학교 출판부, 2009, 98쪽. 6. “살을 에는 듯한 겨울 어느
날, 일단의 고슴도치들이 서로 몸을 껴안아 따뜻하게 함으로써 추위를 견디고자 서로 무
리를 이루었다. 그러나 자신들의 가시가 너무 아프게 서로를 찔러서 그들은 곧 다시 흩
어졌다. 그러나 추위는 계속되었기 때문에 그들은 다시 한번 가까이 모여들었고 또다시

찔려서 아프다는 것을 알았다. 그들이 두 악(흩어지는 것과 모이는 것)으로부터 자신을 보호하기 위해서 아주 적당한 거리를 발견하기까지 이렇게 모이고 흩어지는 일이 계속되었다."

7. 2008년 광우병 쇠고기 반대 운동을 최초로 시작한 〈안티 이명박 카페〉와 〈미친소닷넷〉은 기존의 시민운동 못지않은 집회에 대한 기획력과 집행력을 보여주었다. 2008년 5월 2일 금요일 〈안티 이명박 카페〉가 주도한 첫 번째 광우병 소고기 수입 반대 집회에는 수만 명의 시민들이 모였고 다음날인 토요일에는 〈미친소닷넷〉이 중심이 된 '광우병 소고기 반대 모임'이 집회를 주도하여 거의 10만 명에 가까운 시민들이 모여 들었다. 이후 근 4개월간 지속된 반대운동에 뒤늦게 참여한 시민운동 조직들 역시 예전 같이 주도권을 강하게 주장하지 않았고, 또 어떤 측면에서는 시민운동 조직들이 조직화되지 않은 네티즌들이 하기 힘든 부분 ─ 집회 신고, 질서 유지, 마이크와 앰프 등 집회를 위한 장비 준비, 집회 진행 등 ─ 의 조력자 역할을 함으로써 개인들의 자발성을 크게 침해하지 않았다. 각 커뮤니티 혹은 단체들끼리 자신들만의 기획으로 광장에 참여한 경우도 많았고, 각자의 기획들이 전체의 목적을 훼손시키지 않는 한 용인되었다. 예컨대 2008년 6월 10일 '명박산성'을 뛰어넘을 수 있다는 것을 보여주었던 스티로폼 퍼포먼스는 한 의료시민운동 단체가 준비한 것이었는데, 이것은 그 현장에 있던 사람들 사이의 치열한 논쟁을 통해 수용되었고 전체의 퍼포먼스로 인정받았다. 이런 이유 때문에 2008년의 촛불집회는 2002년과 다르게 내부적으로 동력이 소진되지 않았으며, 따라서 4개월이라는 기간 동안 지속할 수 있었다. 어떤 사람들은 시민운동단체들이 결성한 〈광우병 대책위〉가 당시 촛불집회의 지도부 역할을 했다고 말할지도 모른다. 그런데 거리에 나온 시민들 대다수는 '지도부'가 누구인지 알지도 못했고 관심도 없었다. 그들은 누군가 대규모 집회를 만들어내면 거기 그냥 참여했던 것이다. 거기서 지도부는 〈안티 이명박 카페〉 같은 인터넷 커뮤니티이기도 했고, 시민운동단체들이 모인 〈광우병 대책위〉이기도 했으며 〈천주교 정의구현 사제단〉이기도 했다. 왜냐하면 그들은 지도부의 말을 따르는 사람들이 아니라, 자신들이 하고 싶은 이야기를 하고 싶어 나온 사람들이기 때문이다. 2002년부터 2008년에 걸쳐 조직화되지 않고도 엄청난 위력을 형성했던 네티즌들의 참여문화, 이들과 크고 작은 충돌을 거치며 조금씩 변화했던 각종 사회운동 조직들 내부의 동학과 역할에 대해서는 보다 깊은 연구작업이 필요하다.

8. 필자가 촛불집회 현장에서 확인한 바, 사람들은 밧줄을 묶어 도로를 가로막은 전경차를 끌어내고 전경들과 몸싸움을 하기도 했지만, 전체적으로 무서우리만치 냉정함을 유지하고 있었다. 시위 도중 우발적인 폭력이 발생하고, 그것이 보수언론에 의해 확대 재생산될 경우 어떤 상황이 벌어질 것인지를 참여자들 대부분이 미리 예측하고 있었기에 다수의 참여자들이 돌발 행동을 하는 개인들을 제지하는 데 동참했다. 또한 불행하게도 전경 대열에서 떨어져 시위대에 잡혀온 전경들은 때리지 않고 그대로 전경 대열로 들여보냈다. 우리가 진짜 싸우는 사람은 그 젊은이가 아니라는 것을 대다수가 인식하고 있었기

때문이다. 집회에 참여한 사람들의 전체적인 분위기가 이러했기 때문에 사람들의 제지에도 불구하고 과도하게 폭력을 행사하려는 사람은 시위대 내부에서 폭력을 유도하여 이슈화하려는 불순한 의도를 가진 '프락치'라는 의심을 받을 수밖에 없었다.

9. 존 아미티지, 「서문 : 폴 비릴리오의 정치 이론」, 『속도와 정치』(폴 비릴리오), 이재원 옮김, 그린비, 2004, 10쪽.

10. "한(漢)나라 문제(文帝) 시대의 가산(賈山)이란 사람의 글에 의하면 치도는 폭이 약 67m 정도 되는 엄청난 크기의 길이었다. 그리고 6m마다 큰 가로수가 심어져 있었을 뿐만 아니라 북쪽으로는 구원(九原), 만리장성 근처에서부터, 동쪽으로는 황해 연안까지, 남쪽은 양자강(揚子江)에 이르기까지 길이 뚫려 있었다고 한다. 이 치도는 왕족과 귀족들만 사용할 수 있었다. 이 도로를 통해 중국 전역 각지에 행정구역의 상황들이 수시로 보고되었으며, 유사시에는 황제의 군대가 이 도로를 이용해 순식간에 진압을 하곤 했다. 이 치도는 주변의 어떤 세력들보다 더 빠른 속도를 확보했다는 측면에서 진시황의 지배를 가능케 하는 여러 가지 장치들 가운데 가장 중요한 요소 중 하나였다."(윤내현 편저, 『중국사 I』, 민음사, 1991, 148쪽).

11. 폴 비릴리오, 『정보과학의 폭탄』, 배영달 옮김, 울력, 2002. 그는 이 책 전체에서 인터넷의 실시간성을 분석하며 정보과학의 위험성을 강조하고 있다.

12. 3·1운동 이후 국내의 독립운동은 수많은 조직운동들이 활성화되었는데, 이것은 고립되고 산발적으로 벌어졌던, 당시의 미디어 환경을 한 치도 벗어나지 못했던 3·1운동의 한계를 '조직'이라는 사회적인 장치를 통해 극복하기 위한 노력이었다. 사실 '조직'이란 일상적이고 지속적인 커뮤니케이션을 확보하기 위해 즉 일상적인 커뮤니케이션의 속도를 확보하기 위해 의도적으로 만들어진 사회적 연결망일 뿐이다.

13. 헬레나 노르베리-호지, 『오래된 미래 — 라다크로부터 배운다』, 98쪽. 그녀는 이 책에서 도시문화의 침투에 따라 오랫동안 형성되어 왔던 마을문화가 어떻게 무너지는지를 개략적으로 기술하고 있다. 그녀는 라다크 사람들이 "자신들의 삶을 변화시키고 있는 힘에 대하여 얼마나 무지한지"를 깨닫게 되었는데 그것은 그들의 "지적 능력의 부족" 때문이 아니라 "산업문화에 대한 정보부족의 결과" 때문이라고 분석한다. 그녀는 다음과 같이 말한다. "가장 중요한 요소는 사람들이 개발과정의 한가운데 서 있을 때 그들은 자신들에게 무슨 일이 일어났는지 **전체적인 조망을 하지 못한다**는 사실에 관계되어 있다. …… 라다크 사람들은 개발이 세계의 다른 곳에 미친 영향에 관한 정보를 거의 전혀 가지고 있지 않다."(같은 책, 145쪽, 강조는 필자).

14. 들뢰즈·가타리, 『천개의 고원』, 김재인 옮김, 새물결, 2001, 745쪽. 들뢰즈·가따리는 비릴리오가 "1) 유목적 또는 혁명적 경향을 갖는 속도(폭동, 게릴라전), 2) 국가장치에 의해 규제, 변환, 전유되는 속도('도로'), 3) 총력전의 전 세계적 조직 또는 전 지구적 과잉군비에 의해 재조직된 속도"를 동일시하고 있다는 것이다. 물론 그들은 그럼에도 불

구하고 '속도'를 발견하게 된 것은 비릴리오의 공이라고 덧붙인다.

15. 윤병철,『조선 말이 통하다 ― 민중과 사대부, 그들의 이데올로기와 커뮤니케이션 전략』, 커뮤니케이션북스, 2006, 26쪽.

16. Michael E. Hobart and Zachary S. Schiffman, *Information Ages : Literacy, Numeracy, and the Computer Revolution*, The Johns Hopkins University Press, 2000.

17. 잭 구디,『야생정신 길들이기』, 167~76쪽.

18. 같은 책, 48쪽.

19. 같은 책, 91쪽.

20. 윌리엄 미첼,『비트의 도시』, 이희재 옮김, 김영사, 1999, 26쪽.

21. 맥루한,『미디어의 이해』, 135쪽.

22. 맥루한의 스승이었던 해럴드 이니스는 고대 이집트 왕국, 페르시아 제국, 로마 제국 등이 글쓰기에 기반을 두었다고 말한다(해럴드 A. 이니스,『제국과 커뮤니케이션』, 김문정 옮김, 커뮤니케이션북스, 2007, 11쪽). 역사적으로 잉카제국 같이 입말언어에 기반을 둔 채 수백만 명의 신민을 거느린 거대제국이 성장했던 사례들도 있는데, 이에 대해 레비스트로스는 이러한 "대규모 정치집단들이 몇 십 년의 기간 안에 나타났다가 사라져 버린 것 같다."고 추측한다(레비스트로스,『슬픈 열대』, 298쪽). 즉 어떤 계기로 입말문화에 기반을 둔 대규모 지배집단이 성립되지만 이들의 지속성은 그리 길지 않았다는 것이다. 이것은 문자 같은 원거리 커뮤니케이션 수단이 없을 경우 광범위한 영역에 대한 영속적인 지배체제가 성립되기 어렵다는 의미로 해석할 수도 있다.

23. 뒤에서 살펴볼 홀롭티시즘의 입장에서 살펴보면, 관료제란 단순한 지배체제가 아니라 지식의 유통 속도가 제한된 환경 속에서 공동체 혹은 커뮤니티 전체를 조망하기 위해 만들어낸 정보처리시스템의 한 부속장치라고 볼 수 있다.

24. 해럴드 이니스는 문자문화에 대해 아주 재미있는 이야기를 한다. 그것은 정보를 저장하는 미디어의 특성이 사회구조에 영향을 미쳤다는 분석인데, 점토나 돌 같은 재료에 쓰인 문자는 권력을 강화하고, 파피루스와 같이 이동하기 쉽고 전파되기 쉽고 복제되기 쉬운 미디어에 쓰인 문자는 정보의 유통을 강화하여 민주주의를 강화시켰다는 것이다. 그는 로마가 부흥하게 된 이유는 이집트로부터 대량으로 들어온 파피루스 덕분이라고 주장한다. 대량의 파피루스가 로마 내부의 정보소통을 원활하게 함으로써 민주주의를 가능하게 하고 이로써 로마가 부흥했는데, 이집트로부터 수입되는 파피루스의 양이 줄어들자 로마가 쇠락하기 시작했다는 것이다. 이와 반대로 점토나 돌에 쓰여진 문자는 비록 문자이긴 하지만 이동성이 굉장히 떨어지고, 정보를 기록하는 것 자체도 상당한 인력이 필요했다. 그래서 정보의 교환보다는 정보를 저장하는 용도로 많이 사용되었다. 즉 점토나 돌은 확대된 도시에서 왕이나 지배계급이 피지배계급 개개인에게 부과하는 세금 (혹은 부채) 액수를 잊지 않기 위해 점토에 기록을 하고 그것을 자기만이 볼 수 있도록

보관했는데, 이런 방식의 문자사용은 독점적 권력을 강화하는 역할을 했다는 것이다(해
럴드 A. 이니스, 『제국과 커뮤니케이션』 참조).

25. 윤병철, 『조선 말이 통하다』, 31~2쪽.

26. 윤병철, 「맑스 커뮤니케이션론의 재구성과 그 한계」, 『한국언론학보』 제39호(1996,
겨울), 79쪽.

27. 동양대학교 사회학과의 이철 교수는 지금까지의 역사는 조직화된 소수가 조직화되지
않은 다수를 지배하는 역사였다고 말한다.

28. 같은 책, 48쪽.

29. 같은 책, 274쪽.

30. 베르너 파울슈티히, 『근대 초기 매체의 역사』, 황대현 옮김, 지식의 풍경, 2007, 389
쪽.

31. 엘리자베스 L. 아이젠슈타인, 『근대 유럽의 인쇄 미디어 혁명』, 커뮤니케이션북스, 14
쪽에서 재인용.

32. 베르너 파울슈티히, 『근대 초기 매체의 역사』, 179쪽. 파울슈히티는 농촌에서는 책보
다는 전단지나 소책자, 달력, 신문 등이 문자의 대중적인 보급에 훨씬 더 강한 영향력을
행사했다고 말한다.

33. 어빙 팽, 『매스커뮤니케이션의 역사』, 심길중 옮김, 한울, 2002, 63쪽. "문자의 등장은
구전문화에서 기록문화로, 입에서 입으로 전해지는 신화의 세계에서 저장된 텍스트에
기반한 철학의 세계로 바꾸었다. 이때까지도 문자는 권력층에만 속해 있었다. 수대에
걸쳐 누적된 경험과 분석을 담아놓은 지식의 저장과 보급은 제한적이었다. 제한된 성서
는 필사로만 보전되었고, 물리적으로 책의 수량은 늘어날 수 없었다. 인쇄의 도입은 사
태를 바꾸어놓는다. 책의 수가 늘어나고 저작이 확대되었다. '수세기에 걸친 출판물은
봉건 왕들과 호족들의 체제를 무너뜨렸다. 사제들은 성경을 해석하는 배타적인 특권을
잃어버렸다.' 뉴스 인쇄의 의도하지 않은 결과는 권위를 갉아먹는 것이었다."

34. "기독교는 루터의 종교개혁과 함께 시작했다는 것은 널리 알려진 사실이다. 루터는 '성
서로 돌아가자.'는 슬로건으로써 종교개혁의 필요성을 역설했는데 당시 성서는 주로 필
사본으로 이루어졌기에 제한된 사람, 즉 성직자, 그 중에서도 고위 성직자만이 가질 수
있었다. 이 때문에 영국의 위클리프, 체코슬로바키아의 후스 등과 같은 교회개혁의 선
구자들은 교회 상층부가 성서 지식을 독점함으로써 자신들의 타락과 면죄부 판매와 같
은 세속적 행위에 대해 스스로 정당성을 부여해 왔다면서 성서를 제대로 읽자는 운동을
펼쳤다. 이런 상황에서 인쇄술은 당시 종교 개혁주의자들에게 단비와 같은 존재였다고
본다. 누구든지 인쇄기를 통해 찍혀서 나온 성서를 소유할 수 있게 되었고, 그 결과 '성서
로 돌아가자'는 구호로 시작된 루터의 종교개혁도 박차를 가할 수 있었기 때문이다."(김
정탁, 『노장, 공맹, 그리고 맥루한까지 의사소통사상』, 월간넥스트, 2004).

35. 김정탁, 『노장, 공맹, 그리고 맥루한까지 의사소통사상』, 75~6쪽.

36. 맥루한은 이에 대해 다음과 같이 언급한다. : "활자 인쇄가 초래한 예상치 못한 수많은 결과들 중에서 내셔널리즘의 등장은 아마도 가장 잘 알려져 있을 것이다. 방언이나 언어 집단들에 의한 주민들의 정치적 통일은, 인쇄를 통해 각각의 방언이 거대한 매스 미디어로 바뀌기 전까지는 생각도 할 수 없는 것이었다. 확대된 형태의 혈족인 부족은 인쇄로 인해 외파를 일으키고 동질적인 개인화 훈련을 받은 사람들의 결사체로 대체된다. 내셔널리즘 자체는 집단 운명과 지위에 관한 강렬하고도 새로운 시각적 이미지로서 출현했고, 인쇄가 등장하기 전까지 전혀 몰랐던 정보 이동의 속도라는 것에 바탕을 두고 있다."(맥루한, 『미디어의 이해』, 252쪽).

37. 인쇄기술이 중세 공동체의 경계선을 허물고 민족국가의 경계선을 새롭게 구축하는 과정은 하나의 공동체의 경계선이 새롭게 구획되면서 그 내부에 새로운 정보유통시스템이 구축되는 과정과 동일하다고 볼 수 있다.

38. 미첼 스티븐슨, 『뉴스의 역사』, 이인희·이광재 옮김, 황금가지, 2002, 42쪽.

39. 같은 책, 50쪽.

40. 같은 책, 35쪽.

41. 같은 책, 246~51쪽.

42. 베르너 파울슈티히, 『근대 초기 매체의 역사』, 105쪽.

43. 강길호·김현주, 『커뮤니케이션과 인간』, 한나래, 1995, 231쪽.

44. 가브리엘 와인만, 『매체의 현실 구성론』, 김용호 옮김, 커뮤니케이션북스, 2003, 12쪽.

45. 프랜시스 케언크로스, 『거리의 소멸, 디지털 혁명』, 홍석기 옮김, 세종서적, 1999.

46. 하워드 라인골드, 『참여군중』, 310~4쪽.

47. 마뉴엘 카스텔 외, 『이동통신과 사회』, 260~71쪽. 필리핀의 한 통신사는 하루 평균 2,740개의 문자를 발송하다가 제 2차 피플 파워가 벌어진 주에는 매일 4,500만 건의 문자를 처리했다고 한다.

48. 「미얀마 군부, 한국대사관 인터넷도 차단」, 『한겨레신문』, 2007년 9월 30일자, http://www.hani.co.kr/arti/international/asiapacific/239493.html.

49. 「이란 현지 언론인 "경찰이 시위대 쓸어버릴 것 같다"」, 『한겨레신문』, 2009년 6월 24일자, http://www.hani.co.kr/arti/international/arab africa/362209.html.

50. 「대규모 유혈사태 …… 팽팽한 긴장감 감도는 中우루무치」, 『노컷뉴스』, 2009년 7월 7일자, http://www.cbs.co.kr/Nocut/Show.asp?IDX= 1196070.

51. 돈 탭스코드·앤서니 윌리엄스, 『매크로 위키노믹스』, 김현정 옮김, 21세기북스, 2011, 7쪽.

5장 홀롭티시즘 : 개인이 전체를 보다

1. 「경찰 농락하는 '도심 시위 게릴라'」, 『조선일보』, 2009년 3월 10일자, http://news. chosun.com/site/data/html_dir/2009/03/10/2009031000001.html?srchCol=new s&srchUrl=news1.

2. 「정찰-잠복조까지 배치… '게릴라형 시위대'」, 『동아일보』, 2009년 3월10일자, http:// news.donga.com/3//20090310/8705674/1.

3. 마뉘엘 카스텔 외, 『이동통신과 사회』, 345쪽.

4. 혹시나 이러한 현상들이 자발적으로 벌어지는 것이 이상하다고 생각되는 사람들은 '개미'조차도 이러한 창발적인 현상을 만들어낼 수 있다는 것을 염두에 두어야 한다. 개미는 개체의 지능은 보잘 것 없지만 개미들의 집단은 거대한 지하도시를 만들고 그 속에서 버섯이나 애벌레를 키울 정도로 지능적이기 때문에, 비슷한 수준의 개체들이 서로 연결되었을 때 개체의 지능 수준을 뛰어넘는 새로운 지능이 창발(emergence)하는 집합지능의 대표적인 사례로 손꼽힌다. 이에 대해서는 『이머전스』(스티브 존슨, 김영사, 2004)나 복잡계 네트워크 관련 책들을 참고하라.

5. 클레이 셔키는 TED 강연에서 인터넷 시대 커뮤니케이션의 특징으로 개인들이 서로 소통하게 되었다는 사실을 강조한다(Clay Shirky, "How social media can make history", http://www.ted.com/talks/clay_shirky_how_cellphones_twitter_facebook_c an_make_history.html).

6. 헨리 젠킨스는 다양한 저작에서 TV를 중심으로 한 매스미디어들이 평범한 개인들의 집합적인 활동 속에서 어떻게 재해석되고 전유되는지를 잘 보여준다. 그는 대단히 위압적이고 일방적으로 보이는 매스미디어 시대에조차 수용자들은 매스미디어를 재료로 자기들만의 독특한 문화를 만들어내고 그것을 향유하고 있었다는 것을 보여준다(헨리 젠킨스, 『컨버전스 컬처』, 김정희원·김동신 옮김, 비즈앤비즈, 2008 참조). 그런데 이런 현상들은 마치 입말언어가 사회 커뮤니케이션의 저변에서 작동하고 있었지만 잘 보이지 않았던 것처럼 매스미디어에 길들여진 사람들에게는 잘 보이지 않는 현상이었다.

7. 앤드류 사피로, 『테크놀로지와 통제혁명』, 20쪽.

8. 이미 상당수의 기자들이 발로 뛰는 취재가 아니라 인터넷에서 이슈를 찾고 기사거리를 만들어낸다. 이것은 상당수의 사회적 이슈와 아젠다가 바로 언론에 의해서가 아니라 인터넷에서 만들어지고 있음을 보여주는 증거다.

9. 홀롭티시즘(Holopticism 혹은 Holoptism)은 장 프랑스와 누벨이 만든 개념으로, 아직 한국에는 구체적으로 소개되지 않았다. 개인이 전체를 볼 수 있고, 모두가 모두를 볼 수 있다는 측면에서 '전체를 본다'는 뜻의 한자어 '전관'(全觀)으로 번역할 수 있지 않을까 싶지만, 여기서는 그냥 홀롭티시즘으로 사용하기로 한다.

10. 홀롭티시즘에 대해서는 http://wiki.thetransitioner.org/index.php?title=English/

Holopticism&highlight=holopticism을 참조하라(2012년 8월 15일 확인). 홀롭티시즘에 대해 보다 쉽게 이해하고자 한다면 http://www.slideshare.net/AlanRosenblith/holopticism을 참고하라.

11. 홀롭티시즘의 정의에 대한 해석은 불어 원문을 참조하여 'The Transitioner'의 글을 영문으로 번역한 프랭크 스펜서의 글을 토대로 번역한 것이다. http://spacecollective.org/FrankSpencer/5450/Holoptic-Foresight-Dynamics-Part-1-A-New-Model-for-Creating-the-Future (2012년 8월 15일 확인).

12. 홀롭티시즘에 대한 이해가 어렵다면 요즘 게임에서 흔히 제공되는 지도(맵) 기능을 연상해보라. 스타크래프트와 같은 게임에 제공되는 맵 — 종종 해킹되어 상대방의 플레이까지도 보여주는 맵 — 은 바로 내가 현재 움직이는 공간의 현황을 실시간으로 파악할 수 있도록 해준다. 또는 선수들의 경기를 위에서 내려다보는 축구장을 연상해도 된다. 관중석에서 경기를 바라보는 관중은 게임의 전체 흐름을 실시간으로 파악할 수 있다. 홀롭티시즘이란 바로 이런 게임의 맵 혹은 축구장의 객석과 같이 어떤 공간, 공동체 전체를 조망할 수 있는 그런 구조를 의미한다. 『축구장 객석』 비유에 대해서는 알프레드 박의 『오메가 포인트 경제학』(팜파스, 2009) 7장을 참조하라.

13. 필자는 계간지 『문화과학』 2010년 여름호에 실린 「홀롭티시즘 세대가 온다」라는 글에서 촛불집회 당시 갑자기 우리 사회에 등장한 중고등학생들의 배경이 무엇인지에 대해 기술한 바 있다. 이 글의 논지는 이미 중고등학생들은 어른과 비슷한 수준으로 사회에 대한 정보를 공유하고 있기 때문에 더 이상 이전의 학생들과 같은 학생이 아니며, 어른과 비슷한 정보량을 가지고 사회를 바라보고 있는 홀롭티시즘 세대라는 것이다. 홀롭티시즘적인 환경이 어릴 때부터 그 환경 속에서 자라난 아이들을 어떻게 바꾸고 있는지를 확인하고자 하는 분들은 부족하나마 이 글을 참조하기 바란다.

6장 집합지능과 사회적 정보

1. 로버트 라이트, 『넌제로』, 임지원 옮김 , 말글빛냄, 2009.

2. 'Zero sum'은 우리말로 합해서 '0'이 된다는 의미에서 '영합'으로, 'Non zero'는 비영합으로 번역되기도 한다. 적절한 번역이긴 하나 아직 우리에게 익숙한 단어는 아니어서 여기서는 이 번역어를 사용하지 않고 가급적 풀어서 썼다. 또한 협력을 통해 기존에 없던 가치, 능력, 힘을 만들어낸다는 측면에서 'Non zero'를 '잉여'로 의역해서 사용한 부분도 있다.

3. 같은 책, 37쪽.

4. 하워드 라인골드, 『참여군중』, 231쪽.

5. 돈 탭스코드 · 앤서니 윌리암스, 『매크로 위키노믹스』, 51쪽.

6. http://mediamob.co.kr.

7. 〈미디어몹〉 서비스의 컨셉과 방향 그리고 편집 시스템에 대해서는 필자의 블로그 (http://www.blocho.org)에서 '미디어몹'이란 태그를 검색하면 볼 수 있다.

8. Collective Intelligence(집합지능)은 혼자서는 만들기 힘든 어떤 지식 혹은 정보를 다수가 네트워크로 연결되어 만들어 내거나 혹은 다수가 네트워크로 연결되어 혼자서 결정하는 것보다 훨씬 뛰어난 판단들을 만들어낼 수 있는 어떤 집합적 능력을 의미한다. 한국에서는 흔히 '집단지성'으로 번역하는데, 집단이라는 의미는 다소 폐쇄적인 공동체를 의미하는 데 반해 인터넷은 참여하는 바로 그 순간 모인 개인들의 '집합'이 산출하는 지식이기 때문에 '집합'이라는 번역이 더 타당한 것으로 보이며, 또한 Intelligence란 '지혜'가 포함된 '지성'이라는 단어보다는 말 그대로 똑똑하다는 의미에서 '지능'으로 번역하는 것이 더 타당하다고 판단되어 이 책에서는 다소 일반화된 '집단지성'이란 번역어 대신 '집합지능'으로 번역어를 사용하였다.

9. 딜리셔스(http://del.icio.us)에 대해서는 송인혁·이유진,『모두가 광장에 모이다』, 아이앤유, 2010, 168~70쪽에 쉽게 설명되어 있다.

10. Yochai Benkler, *The Wealth of Network—How Social Production Transforms Markets and Freedom, Yale University Press*, 2006 pp.70~3.

11. 같은 책, p. 76.

12. 웹 2.0의 기원 및 의미에 대해서는 송인혁·이유진,『모두가 광장에 모이다』, 109~16쪽을 참조하라.

13. 이런 종류의 지식을 잘 보여주는 것이 바로 자연발생적으로 만들어진 '오솔길'이다. 애초에 길이 없었던 산에 길이 만들어지는 과정을 생각해보자. 길은 누군가가 처음 밟고, 또 다른 사람들이 그 길을 반복해서 밟으면서 만들어지는 것이다. 그것은 아무렇게나 만들어진 것 같지만 사실은 고도의 판단과 선택들이 중첩되어 만들어진 것이다. 처음 길을 밟는 사람은 왜 그 많은 땅을 두고 하필 그 공간을 선택했을까를 생각해보면 그것은 돌과 나무, 언덕과 바위 등의 수많은 장애물을 피해서 사람이 걸을 수 있는 공간을 확보하면서 목적지까지 도달하는 가급적 짧은 영역을 선택하는 과정이었을 것이다. 그리고 그 길을 따라서 밟는 사람들에 의해 반복적으로 자국이 만들어지면서 또 한편으로 수정되기도 하면서 비로소 누구나 알아볼 수 있는 '길'이 만들어지는 것이다. 그것은 자발적으로 만들어지는 개인들의 필터링이 집적되어 가시적으로 만들어진 결과이다. 웹 2.0도 이와 같다.

14. 물론 이 시대에도 사회적 정보가 없었던 것은 아니다. (조금 거친 도식화를 무릅쓰고 말하자면) 인터넷 시대 이전에 사회적 정보와 비슷한 성격을 가진 정보를 생산하는 대표적인 방법은 크게 세 가지로 볼 수 있는데, 첫 번째는 정치/사회/경제 등 사회의 전 영역에 걸쳐 국가가 일상적으로 수집하는 통계 정보이고, 두 번째는 국가기관 혹은 언론이 일상적으로 시행하는 여론조사, 그리고 세 번째는 근대 민주주의 국가에서 정기적으로

시행되는 선거다. 그런데 이 세 가지는 모두 현재 우리 사회의 현황 대비 시간차를 가지는 과거의 데이터다. 근대 국가에서 국가가 주도적으로 생산하는 통계는 아무리 빨라야 1년 단위로 생산되기 때문에 사회의 현황 대비 최소 1년이라는 시간차를 가지고 있어 통계는 항상 지난 사회에 대한 정보만으로 존재할 뿐이다. 두 번째 여론조사는 강제성이 없고 단지 참고자료만 사용될 뿐이며, 게다가 이 정보조차 조사방법에 따라 그리고 여론조사를 의도적으로 조작하여 자신들에게 유리하게 사용하려는 세력들에 의해 왜곡될 수 있기 때문에, 여론조사는 공동체 전체의 의사에 대해 단지 개연적이거나 혹은 왜곡된 정보만을 산출한다. 마지막으로 근대 민주주의 국가를 유지하는 가장 중요한 장치인 선거는 그야말로 공동체 구성원 전체의 의사를 확인하여 정보를 추출하는 사회적 정보 생산 시스템이라고 말할 수 있다. 그런데 근대국가에서 선거란 4년 혹은 5년 단위로 기한이 정해져 있기 때문에 민심은 항상 지연되어 반영될 수밖에 없으며, 최악의 경우에는 4년 혹은 5년 내내 국가 운영과 민심이 동떨어지는 사태가 발생한다.

15. 바네사 R. 슈와르츠, 『구경꾼의 탄생』, 노명우·박성일 옮김, 마티, 2006.

16. 돈 탭스코드·앤서니 윌리암스, 『매크로 위키노믹스』.

17. 「소 1마리 팔면 100만원씩 손해 …… 다 죽을판」, 『매일경제신문』, 2012년 9월 21일자, http://news.mk.co.kr/newsRead.php?year=2012 &no=610847.

18. 팀 오라일리, 「플랫폼으로서 정부」, 『열린정부 만들기』, CC KOREA 자원활동가 옮김, 에이콘, 2012.

19. 이와 관련하여 최근 미국, 호주 등 여러 국가에서 추진되고 있는 Government 2.0은 충분히 주목할 여지가 있다. (뒤에서 보겠지만) Government 2.0은 인터넷에 기반한 개인들의 자발적인 참여를 정부의 행정 영역까지 확대시켜 행정 시스템 자체의 성격을 변화시키려는 방향을 가지고 있기 때문이다.

20. 「매일경제신문, 조두순 사건 관련 오보 공식 사과」, 『그리스천투데이』, 2009년 10월 10일자, http://www.christiantoday.co.kr/view.htm?id= 204691.

21. 「이동관·안병만, 네티즌 '무더기' 고소」, 『노컷뉴스』, 2009년 11월 16일자, http://www.cbs.co.kr/nocut/show.asp?idx=1315353. 아마도 고소를 당한 이들 중 어떤 이들은 잘못된 병역사항인지 모르고, 그것을 확산시키는 것이 사회적인 공익에 합당하다는 판단 하에 정보를 확산하는 행위에 동참했을 것이다. 하지만 법리상으로 그것이 허위사실인 것은 어찌할 방법이 없다.

22. 「밀양 집단성폭행 사건의 오해와 진실」, 『한겨레신문』, 2004년 12월 12일자, http://www.hani.co.kr/section-005000000/2004/12/005000000200412120954001.html.

23. 이것은 이들이 네티즌 수사대나 혹은 기자와 같은 전문가들에 비해 더 능력이 뛰어나서가 아니다. 이것은 단지 경찰과 검찰에게 증거를 압수수색하거나 계좌를 추적하거나 증인을 불러 심문할 수 있는 공권력이 주어져 있기 때문이다.

24. 사실 요즘 언론들은 이러한 기초적인 정보를 검증해주는 역할조차 하지 않는다. 안타 깝게도 언론 스스로 자신들의 역할을 포기하고 있는 것이다.

25. 「허핑턴 포스트가 NYT 누른 비결은 독자 참여」, 『노컷뉴스』, 2011년 7월 5일자, http://www.nocutnews.co.kr/show.asp?idx=1850540.

26. 돈 탭스코드 · 앤서니 윌리암스, 『매크로 위키노믹스』, 362~4쪽.

27. 「동화 '아기돼지 삼형제'의 진짜 범인은?」, 『한겨레신문』, 2012년 6월 6일자, http:// www.hani.co.kr/arti/society/society_general/536393.html.

28. 하워드 라인골드, 『참여군중』, 28쪽.

29. 「오바마 정부의 거번먼트 2.0」, 『전자신문』, 2009년 6월 8일자, http://www.etnews. com/news/special/2130501_1525.html.

30. 팀 오라일리 외, 『열린정부 만들기』, 2012.

31. 호주 정부 2.0 태스크포스, 『참여와 소통의 정부 2.0 — 호주 정부 2.0 태스크포스 보고 서』, Gov2.0.kr 옮김, 아이앤유, 2011. 이 책은 호주의 정부2.0 태스크포스가 6개월간 작업한 결과물을 정리한 보고서로 Gov2.0에 동의하는 사람들의 자발적인 참여로 번역, 출판되었다.

32. 이 행사를 전 한나라당 의원 나경원 씨가 주최했다는 사실은 상당히 아이러니하다. 이 것은 Government 2.0이라는 주제가 꽤나 섹시한 주제라는 사실을 보여주는 것과 더불 어, 정부가 독점해 왔던 정보를 적극적으로 공개함으로써 사회를 더 민주적으로 만들려 는 이러한 트렌드에 오히려 더 적극적이어야 할 야당이나 진보진영의 정치인들이 이 분 야에 대해서 대단히 무지하다는 사실을 보여준다.

33. 〈코드나무〉는 Government 2.0의 관점에서 정부가 적극적으로 정보를 공개하도록 유도하고, 공개된 정보를 적극적으로 활용할 수 있는 방안을 모색하기 위해 2012년에 만들어진 민간단체로, 전세계적으로 진행되는 Government 2.0 트렌드를 소개하고, 공무원들과 직접 연락해서 공공정보 개방과 관련된 협력을 이끌어내기도 하며, 공공정 보 사용의 구체적인 사례들을 만들기 위한 여러 가지 작업들을 진행하고 있다. 〈코드나 무〉는 공공정보 활용과 관련해 국내에서 가장 활발하게 활동하는 단체로, 〈코드나무〉 의 홈페이지는 http://www.codenamu.org다.

34. 「서울시 "국 · 과장 결재문서도 인터넷 공개"」, 『한겨레신문』, 2012년 8월 22일자, http://www.hani.co.kr/arti/society/area/548341.html.

35. 팀 오라일리, 「플랫폼으로서 정부」, 『열린정부 만들기』, 2012, 51쪽.

36. 피에르 레비, 『집단지성』, 권수경 옮김, 문학과지성사, 2002, 70쪽.

:: 참고문헌

단행본 및 논문

Dunbar, R. I. M., "Coevolution of neocortical size, group size and language in humans", *Behavioral and Brain Sciences* 16 (4), 1993.

————, "Neocortex size as a constraint on group size in primates", *Journal of Human Evolution*, vol. 20, 1992.

————, *Grooming, Gossip and the Evolution of Language*, Harvard Press, 1997.

Michael E. Hobart and Zachary S. Schiffman, *Information Ages : Literacy, Numeracy, and the Computer Revolution*, The Johns Hopkins University Press, 2000.

Axelrod, Robert, *The evolution of cooperation*, Basic Books, 1984.

Benkler, Yochai, *The Wealth of Network — How Social Production Transforms Markets and Freedom*, Yale University Press, 2006.

Rafael, Vincent L, "The cellphone and the crowd — Messianic Politics in the Contemporary Philippines", *Public Culture*, Volume 15, Number 3, Fall 2003.

가브리엘 와인만, 『매체의 현실 구성론』, 김용호 옮김, 커뮤니케이션북스, 2003.

가와다 준조, 『무문자 사회의 역사』, 임경택 옮김, 논형, 2004.

강길호 · 김현주, 『커뮤니케이션과 인간』, 한나래, 1995.

김대중, 『마지막 일기 : 인생은 아름답고 역사는 발전한다 』, 2010.

김성벽, 「환경으로서 미디어에 대한 연구 — 미디어 생태학의 연구경향과 의의」, 『스피치와 커뮤니케이션』 제 8권 1호, 2004.

김용학, 『사회 연결망 이론』, 박영사, 2010.

김유식, 『인터넷스타 개죽아, 대한민국을 지켜라』, 랜덤하우스코리아, 2004.

김정탁, 『노장, 공맹, 그리고 맥루한까지 의사소통사상』, 월간넥스트, 2004.

노자, 『노자』, 김용옥 옮김, 통나무, 2000.

프리드리히 니체, 『도덕의 계보』, 김태현 옮김, 청하, 1999.

다니엘 솔로브, 『인터넷 세상과 평판의 미래』, 이승훈 옮김, 비즈니스맵, 2008.

댄 길모어, 『우리가 미디어다!』, 김승진 옮김, 이후, 2008.

던컨 와츠, 『Small World』, 강수정 옮김, 세종연구원, 2004.

데릭 젠슨 · 조지 트래편, 『웰컴 투 머신』, 신현승 옮김, 한겨레출판사, 2006.

데이비드 라이언, 『전자감시사회』, 한국전자통신연구소, 1994.

돈 탭스코드 · 앤서니 윌리암스, 『매크로 위키노믹스』, 김현정 옮김, 21세기북스, 2011.

질 들뢰즈 · 펠릭스 가타리, 『천 개의 고원』, 김재인 옮김, 새물결, 2001.

랜 피셔, 『게임의 심리학 가위 바위 보』, 박인균 옮김, 추수밭, 2009.

로버트 달, 『민주주의와 그 비판자들』, 조기제 옮김, 문학과 지성사, 1999.

로버트 라이트, 『넌제로』, 임지원 옮김 , 말글빛냄, 2009.

로베르 에스카르피, 『정보와 커뮤니케이션』, 김광현 옮김, 민음사, 1996.

루이스 헨리 모건, 『고대 사회』, 정동호 · 최달곤 옮김, 문화문고, 2000.

리처드 헌터, 『유비쿼터스』, 윤정로 · 최장욱 옮김, 21세기북스, 2003.

마뉴엘 카스텔 외, 『이동통신과 사회』, 김원용 옮김, 커뮤니케이션북스, 2009.

마르셀 모스, 『증여론』, 이상률 옮김, 한길사, 2002.

마빈 해리스, 『문화의 수수께끼』, 박종렬 옮김, 한길사, 2000.

말콤 글래드웰, 『티핑포인트』, 임옥희 옮김, 21세기북스, 2004.

마셜 맥루한, 『미디어의 이해』, 김성기 · 이한우 옮김, 민음사, 2002.

미첼 스티븐슨, 『뉴스의 역사』, 이인희 · 이광재 옮김, 황금가지, 2002.

바네사 R. 슈와르츠, 『구경꾼의 탄생』, 노명우 · 박성일 옮김, 마티, 2006.

박동진, 『전자민주주의가 오고 있다』, 책세상, 2000.

베르너 파울슈티히, 『근대 초기 매체의 역사』, 황대현 옮김, 지식의 풍경, 2007.

송인혁 · 이유진 공저, 『모두가 광장에 모이다』, 아이앤유, 2010.

스티브 존슨, 『이머전스』, 김한영 옮김, 김영사, 2004.

아고라 페인들 엮음, 『대한민국 상식사전 — 아고라』, 여우와 두루미, 2008.

알프레드 박(박제홍), 『오메가 포인트 경제학』, 팜파스, 2009.

앤드류 사피로, 『테크놀로지와 통제혁명』, 김명준 옮김, 커뮤니케이션북스, 2001.

어빙 팽, 『매스커뮤니케이션의 역사』, 심길중 옮김, 한울, 2002.

에드워드 홀, 『문화를 넘어서』, 최효선 옮김, 한길사, 2000.

________, 『침묵의 언어』, 최효선 옮김, 한길사, 2000.

엘리자베스 L. 아이젠슈타인, 『근대 유럽의 인쇄 미디어 혁명』, 전영표 옮김, 커뮤니케이션북스, 2008.

월터 J. 옹, 『구술문화와 문자문화』, 임명진 · 이기우 옮김, 문예출판사, 1995.

윌리엄 미첼, 『비트의 도시』, 이희재 옮김, 김영사, 1999.

윤내현 편저, 『중국사 Ⅰ』, 민음사, 1991.

윤병철, 「맑스 커뮤니케이션론의 재구성과 그 한계」, 『한국언론학보』 제 39호, 1996 겨울호.

________, 『조선 말이 통하다 — 민중과 사대부, 그들의 이데올로기와 커뮤니케이션 전략』, 커뮤니케이션북
    스, 2006.

윤수종, 『욕망과 혁명』, 서강대학교 출판부, 2009.

잭 구디, 『야생정신 길들이기』, 김성균 옮김, 푸른역사, 2009.

전명산, 「홀롭티시즘 세대가 온다」, 『문화과학』 62호, 문화과학사, 2010년 여름.

존 아미티지, 「서문 : 폴 비릴리오의 정치 이론」, 『속도와 정치』(폴 비릴리오), 이재원 옮김, 그린비, 2004.

천정환, 『대중지성의 시대』, 푸른역사, 2008.

최정규, 『이타적 인간의 출현』, 뿌리와 이파리, 2004.

코린 콜레, 『고대 그리스의 의사소통』, 이선화 옮김, 영림 카디널, 1997.

콜린 M. 턴볼, 『숲 사람들』, 이상원 옮김, 황소자리, 2007.

클레이 셔키, 『끌리고 쏠리고 들끓다』, 송연석 옮김, 갤리온, 2008.

팀 오라일리 외, 『열린정부 만들기』, CC KOREA 자원활동가 옮김, 에이콘, 2012.

폴 비릴리오, 『정보과학의 폭탄』, 배영달 옮김, 울력, 2002.

폴라 언더우드, 『몽골리안 1만년의 지혜』, 김성기 옮김, 그물코, 2002.

미셸 푸코, 『감시와 처벌』, 박홍규 옮김, 강원대학교 출판부, 1996.

프랜시스 케언크로스, 『거리의 소멸, 디지털 혁명』, 홍석기 옮김, 세종서적, 1999.

피에르 레비, 『집단지성』, 권수경 옮김, 문학과지성사, 2002.

피에르 클라스트르, 『국가에 대항하는 사회』, 홍성흡 옮김, 이학사, 2005.

________, 『폭력의 고고학』, 변지현 · 이종영 옮김, 울력, 2002.

피터 홀 · 울리히 파이퍼, 『미래의 도시』, 임창호 옮김, 한울 아카데미 2005.

하워드 라인골드, 『참여군중』, 이운경 옮김, 황금가지, 2003.

하트 필링, 『티위사람들 — 북호주 원주민의 문화』, 왕한석 옮김, 교문사, 1988.

한국역사연구회 엮음, 『3 · 1 민족해방운동 연구』, 청년사, 1989.

해럴드 A. 이니스, 『제국과 커뮤니케이션』, 김문정 옮김, 커뮤니케이션북스, 2007.

헨리 젠킨스, 『컨버전스 컬처』, 김정희원 · 김동신 옮김, 비즈앤비즈, 2008.

헬레나 노르베리-호지, 『오래된 미래 — 라다크로부터 배운다』, 김종철 · 김태언 옮김, 녹색평론사, 1996.

호주 정부 2.0 태스크포스, 『참여와 소통의 정부 2.0 — 호주 정부 2.0 태스크포스 보고서 』, Gov2.0.kr 옮김, 아이앤유, 2011.

홍성욱, 「벤담의 파놉티콘(Panopticon)에서 전자 시놉티콘(Synopticon)까지 : 감시와 역감시, 그 열림과 닫힘의 변증법」, 『한국과학사학회지』 제23권 제1호, 2001년 6월.

홍세화, 『나는 파리의 택시 운전사』, 창작과 비평사, 2006.

황순원, 『소나기』, 일신서적, 1999.

영화 및 다큐멘터리

미야자키 하야오, 〈하울의 움직이는 성〉, 2004.

스티븐 스필버그, 〈AI(Artificial Intelligence)〉, 2001.

심형래, 〈디 워〉, 2007.

EBS 다큐멘터리, 〈말벌의 전사 카야포〉, 2012년 3월 1일.

피터 잭슨, 〈반지의 제왕〉, 2001.

신문기사

「중 '안하무인 관료' 파면, 영 '양심불량 대기업' 폭로」, 『한겨레신문』, 2009년 10월 15일자 보도 (http://www.hani.co.kr/arti/international/international_general/382067.html).

「밀양 집단 성폭행' 옹호자 女警 근무 논란」, 『서울신문』, 2012년 4월 11일자 보도 (http://www.seoul.co.kr/news/newsView.php?id=20120411010016).

「인터넷실명제 강화로 악플 비중 늘어」, 『경향신문』, 2009년 10월 7일자 보도 (http://news.khan.co.kr/kh_new s/khan_art_view.html?artid=200910070301525&code=940100).

「인터넷실명제' 위헌, 업계 "만세 부르고 싶은 심정」, 『한겨레신문』, 2012년 8월 23일자 보도 (http://www.hani.co.kr/arti/economy/it/548436.html).

「구글CEO "정치인 거짓말 찾아내는 SW 곧 등장"」, 『한겨레신문』, 2006년 10월 4일자 보도 (http://www.hani.co.kr/arti/international/international_general/162143.html).

「감시와 통제가 쌓은 인터넷 강국. 중국은 '거대한 방화벽'(Great Firewall)」, 『전자신문』, 2011년 9월 20일자 보도 (http://www.etnews.com/news/international/2512561_1496.html).

「2007년 맹활약 '네티즌 수사대' 명과 암」, 『스타뉴스』, 2007년 12월 14일자 보도 (http://star.moneytoday.
　　co.kr/view/stview.php?type=1&no=2007121415392649140).

「심재철 의원실 이어 한나라당 간부도 댓글 알바?」, 『오마이뉴스』, 2008년 6월 2일자 보도 (http://media.
　　daum.net/politics/others/newsview?newsid=20080602181108813).

「네티즌 수사대, 다리서 강아지 던진 범인 잡아」, 『나우뉴스』, 2009년 11월 19일자 보도 (http://nownews.
　　seoul.co.kr/news/newsView.php?id=20091119601005).

「경북·강남 등, 이명박 몰표지역 '숭례문 모금운동' 착수」, 『뷰스앤뉴스』, 2008년 2월 12일자 보도 (http://
　　www.viewsnnews.com/article/view.jsp?seq=29409).

「"숭례문 소실 MB 책임……" 인수위 홈피 '들썩'」, 『뉴시스』, 2008년 2월 12일자 보도 (http://www.newsis.
　　com/article/view.htm?cID=&ar_id=NISX20080212_0006299569).

「인수위 '숭례문 국민성금' 논란 진화 부심」, 『연합뉴스』, 2008년 2월 13일자 보도 (http://news.naver.com/
　　main/read.nhn?mode=LS2D&mid=sec&sid1=100&sid2=269&oid=001&aid=0001957479&iid=).

「미얀마 군부, 한국대사관 인터넷도 차단」, 『한겨레신문』, 2007년 9월 30일자 (http://www.hani.co.kr/arti/
　　international/asiapacific/239493.html).

「이란 현지 언론인 "경찰이 시위대 쓸어버릴 것 같다"」, 『한겨레신문』, 2009년 6월 24일자 (http://www.
　　hani.co.kr/arti/international/arabafrica/362209.html).

「대규모 유혈사태…… 팽팽한 긴장감 감도는 中우루무치」, 『노컷뉴스』, 2009년 7월 7일자 (http://www.cbs.
　　co.kr/Nocut/Show.asp?IDX=1196070).

「경찰 농락하는 '도심 시위 게릴라'」, 『조선일보』, 2009년 3월 10일자 보도 (http://news.chosun.com/site/
　　data/html_dir/2009/03/10/2009031000001.html?srchCol=news&srchUrl=news1).

「정찰-잠복조까지 배치…… '게릴라형 시위대'」, 『동아일보』, 2009년 3월10일자 보도 (http://news.donga.
　　com/3/20090310/8705674/1).

「소 1마리 팔면 100만원씩 손해…다 죽을판」, 『매일경제신문』, 2012년 9월 21일자 보도 (http://news.mk.
　　co.kr/newsRead.php?year=2012&no=610847).

「매일경제신문, 조두순 사건 관련 오보 공식 사과」, 『그리스천투데이』, 2009년 10월 10일자 보도 (http://
　　www.christiantoday.co.kr/view.htm?id=204691).

「이동관·안병만, 네티즌 '무더기' 고소」, 『노컷뉴스』, 2009년 11월 16일자 보도 (http://www.cbs.co.kr/no
　　cut/show.asp?idx=1315353).

「밀양 집단성폭행 사건의 오해와 진실」, 『한겨레신문』, 2004년 12월 12일자 보도 (http://www.hani.co.kr/
　　section-005000000/2004/12/005000000200412120954001.html).

「허핑턴 포스트가 NYT 누른 비결은 독자 참여」, 『노컷뉴스』, 2011년 7월 5일자 보도 (http://www.nocutne
　　ws.co.kr/show.asp?idx=1850540).

「동화 '아기돼지 삼형제'의 진짜 범인은?」, 『한겨레신문』 2012년 6월 6일자 보도 (http://www.hani.co.kr/
　　arti/society/society_general/536393.html).

「오바마 정부의 거버먼트 2.0」, 『전자신문』, 2009년 6월 8일자 보도 (http://www.etnews.com/news/special/
　　2130501_1525.html).

「서울시 "국·과장 결재문서도 인터넷 공개"」, 『한겨레신문』, 2012년 8월 22일자 보도 (http://www.hani.co.
　　kr/arti/society/area/548341.html).

웹사이트

Alan Rosenblith, "What is Holopticism?", http://www.slideshare.net/AlanRosenblith/holopticism

BBC News Website, "Interactive Map : Urban Growth", http://news.bbc.co.uk/2/shared/spl/hi/world/06/urbanisation/html/urbanisation.stm.

Clay Shirky, "How social media can make history", http://www.ted.com/talks/clay_shirky_how_cellphones_twitter_facebook_can_make_history.html

Frank Spencer personal cargo, http://spacecollective.org/FrankSpencer/5450/Holoptic-Foresight-Dynamics-Part-1-A-New-Model-for-Creating-the-Future

The Transitioner, "Holopticism", http://wiki.thetransitioner.org/index.php?title=English/Holopticism&highlight=holopticism.

구글, http://www.google.com

네이버, http://www.naver.com

디그닷컴, http://digg.com

디씨인사이드, http://www.dcinside.com

딜리셔스, http://del.icio.us

〈미디어몹〉, http://mediamob.co.kr

블로초 (저자의 블로그), http://www.blocho.com

슬래시닷, http://www.slashdot.com

아마존, http://www.amazon.com

아프리카, http://www.afreeca.com

알라딘, http://www.aladdin.co.kr

예스24, http://www.yes24.com

올카맨, 「광화문의 두 흐름」, 『자율평론』 3호, 2002년 12월 28일 (http://waam.net/xe/autonomous_review/91249).

__________, 「광화문의 두 흐름」, 『오마이뉴스 독자게시판』, 2002년 12월 10일 (http://www.ohmynews.com/NWS_Web/Event/10th_lst02.aspx?cntn_cd=A0000097516&page_no=6&add_cd=RA000837973).

__________, 「네티즌의 정치학, 그 새로운 패러다임(1) 펌질의 정치학」, 『딴지일보』, 2003년 1월 12일 (http://ww w.ddanzi.com/blog/archives/3975).

__________, 「네티즌의 정치학, 그 새로운 패러다임 (2) 선전선동론의 유효기간은 끝났다」, 『딴지일보』, 2003년 1월 18일 (http://www.ddanzi.com/blog/archives/3990).

위키피디아, http://www.wikipedia.org

위키피디아, '3 · 1 운동', http://ko.wikipedia.org/wiki/31%EC%9A%B4%EB%8F%99

〈코드나무〉, http://www.codenamu.org

테크노라티, http://www.technorati.com

트위터, http://www.twitter.com

ㄱ

가따리, 펠릭스(Guattari, Félix) 130, 137, 228

가와다 준조(川田順造) 80, 221

구디, 잭(Goody, Jack) 81, 221, 228

구텐베르크, 요하네스(Gutenberg, Johannes) 146

글래드웰, 말콤(Gladwell, Malcolm) 220

김대중 22, 215

김유식 29, 216

ㄴ

노르베리-호지, 헬레나(Norberg-Hodge, Helena) 51, 52, 57, 60, 69, 218, 228

노무현 131, 205

누벨, 장 프랑스와(Nouvelle, Jean-Francois) 176

니체, 프리드리히(Nietzsche, Friedrich) 125

ㄷ, ㄹ

달, 로버트(Dahl, Robert) 225

던바, 로빈 I. M.(Dunbar, Robin I. M.) 65~68, 83, 97, 220

들뢰즈, 질(Deleuze, Gilles) 137, 228

라이트, 로버트(Wright, Robert) 180, 181, 188

라인골드, 하워드(Rheingold, Howard) 13, 29, 35, 45, 182, 203, 217, 224, 226, 231, 233, 235

라파엘, 빈센트 L.(Rafael, Vincent L.) 111

레비, 피에르(Lévy, Pierre) 13

레비-스트로스, 클로드(Lévi-Strauss, Claude) 65, 81, 86~88, 218, 219, 221, 222, 229

루터, 마르틴(Luther, Martin) 148, 230

ㅁ

맑스, 칼(Marx, Karl) 7, 8, 134, 229

맥루한, 마샬(McLuhan, Marshall) 13, 81, 89, 116, 121, 122, 142, 143, 180, 222, 225, 226, 229~231

모건, 루이스 핸리(Morgan, Lewis Henry) 55, 58, 94, 218, 223

모스, 마르셀(Mauss, Marcel) 219

미야자키 하야오(宮崎駿) 21

ㅂ

박원순 206

벤담, 제레미(Bentham, Jeremy) 38, 217

비릴리오, 폴(Virilio, Paul) 133, 135~137, 227

ㅅ

사피로, 앤드류(Shapiro, Andrew) 61, 173,

175, 219, 232

셔키, 클레이(Shirky, Clay) 20, 31, 32, 215,
    232

슈미트, 에릭(Schmidt, Eric) 204

스티븐슨, 미첼(Stephens, Mitchell) 151,
    221, 223

스필버그, 스티븐(Spielberg, Steven) 68

심형래 22

ㅇ

알튀세르, 루이(Althusser, Louis) 219

앙마 22, 129, 130

액슬로드, 로버트(Axelrod, Robert) 100, 224

언더우드, 폴라(Underwood, Paula) 73

에스카르피, 로베르(Escarpit, Robert) 60,
    62, 219

에스트라다, 조지프(Estrada, Joseph) 110

오라일리, 팀(O'Reilly, Tim) 209, 212, 235,
    236

옹, 월터 J.(Ong, Walter J.) 77, 79, 83, 84,
    105, 220, 221, 224

와츠, 던컨(Watts, Duncan) 163

워쇼스키 형제 40

윌리암스, 앤서니(Williams, Anthony) 189,
    231, 233, 235

유시민 119

윤병철 138, 145, 228, 229

이경숙 114, 115

이니스, 해럴드(Innis, Harold) 215, 229

이명박 114, 118, 163, 207, 225, 226

이송희일 107, 224

ㅈ, ㅊ

존슨, 스티븐(Johnson, Steven) 13, 232

진시황(秦始皇) 134, 135, 137

징기스칸(Genghis Khan) 136

천정환 215, 226

카스텔, 마뉴엘(Castells, Manuel) 166, 224,
    231

캑스턴, 윌리엄(Caxton, William) 149

클라스트르, 피에르(Clastres, Pierre) 58, 65,
    218, 219

ㅌ, ㅍ

탁시스, 프란츠 폰(Taxis, Franz von) 152

탭스코트, 돈(Tapscott, Don) 189

푸코, 미셸(Foucault, Michel) 94, 175, 217,
    219

프리드만, 요나(Friedman, Yona) 60, 219

ㅎ

한명숙 119

해리스, 마빈(Harris, Marvin) 219

홀, 에드워드(Hall, Edward) 91, 218, 223

황순원 92, 93

ㄱ

『가디언』 202

가십 43

간접민주주의 155

개똥녀 22, 42, 108

검증인 196, 200, 201, 208

게릴라 시위 164, 167, 169

게시판 29, 30, 32, 33, 36, 37, 41, 43, 103~
107, 120, 167, 168, 199, 200, 212, 216

게임이론 97, 100, 102

관료제 143, 229

광화문 22, 129, 131, 168

구경꾼 188, 213

구글 37, 184, 186, 204, 217

구술문화 74, 76~79, 83, 105, 106, 121, 221,
224

구술사회 76, 79, 83

구술성 70, 76, 77, 80, 83, 103~107, 215,
220, 221, 224

구어 9, 77, 79, 105, 215

구전 커뮤니케이션 127

『고대 사회』(모건) 55, 58, 94, 95, 218, 223

근대 민족국가 10, 117, 148, 150

근대 민족주의 149

글쓰기 76, 222, 229

ㄴ

나꼼수 23

ㄴ

남비콰라족 65, 82, 219

『넌제로』(라이트) 180, 233

네이버 186

네트워크화된 개인 163, 168, 170, 201, 209,
210, 213, 214

네티즌 수사대 42, 43, 200, 235

노마드 65, 218

노사모 129

농작물 파동 192

눈덩이 효과 130

뉴스 36, 97, 114, 150~152, 174, 186, 206,
230

ㄷ

대의제 민주주의 116~118, 155, 225

대중사회 15, 146, 153

대한민국실록 16, 205, 206, 208

댓글문화 24, 103

던바의 수 48, 65, 67, 68, 83, 220

도시국가 8, 72, 221

독자 편집 시스템 183, 184

뒷담화 67, 68, 83

디그닷컴 183

〈디씨인사이드〉 29, 41, 43, 200

〈디 워〉 22, 107

〈디 워〉 논쟁 107

딜리셔스 183, 234

딴지일보 13, 16

ㄹ

라다크 50, 51, 54, 56~58, 85, 137
런던영어 149
로마 10, 143, 152, 229
루저의 난 108

ㅁ

마녀사냥 104, 108, 136
막고굴 32, 200
만리장성 136, 227
맞받아치기 전략(TIT for TAT) 101, 102
매스미디어 11, 57, 83, 110~114, 121, 145,
    151, 153~155, 157, 159, 168, 171, 174,
    202, 204, 206, 207, 224
면대면 커뮤니케이션 71, 83, 113, 127, 220
모바일 투표 119
문자 언어 70, 74, 139, 140
문자 없는 사회 80, 81
문자성 79, 80, 141, 153, 154, 224
문자중심주의 80
문자화된 구술성 103, 105, 107, 221, 224
미니홈피 23, 25, 30, 34, 45, 120
미디어 생태학 111, 225
〈미디어몹〉 16, 182~4, 233
미선이 · 효순이 115, 129
미얀마 160
민족국가 10, 75, 117, 148, 150, 152, 231
민주노동당 119
민주노총 158
민주통합당 119
밀양 성폭행 사건 42, 43, 108

ㅂ

반세계화 운동 159
보로로족 86, 87, 89
블로그 16, 30, 33, 37, 45, 107, 109~111,
    114, 120, 174, 183, 198, 199, 212, 213,
    217, 233
빅 브라더 38, 40, 41, 44, 45
빅 에브리바디 38, 46
빅데이터 39
빛의 속도 136, 156

ㅅ

사생활 노출 14, 24, 38, 47
사생활 침해 33, 35, 41, 44
사생활의 부재 55, 76, 91, 109
사제 권력 148
사회연결망 127, 219
사회적 정보 186, 187, 189, 208, 213, 234
사회적 지식 186, 189
상부상조 102
세계무역기구(WTO) 159
속도 차이 138
속도의 정치성 137
숭례문 방화사건 114
『스마트몹』 13
슬래시닷 183
시놉티콘 45, 176, 217
시민운동 41, 130, 131, 154, 159, 171, 226,
    227
신문 10, 35, 36, 54, 57, 83, 112, 150~153,
    171, 172, 183, 206
실시간 민주주의 114

실시간 여론 수렴 119
쌍용차 강제진압 사건 204

ㅇ

아랍의 봄(Arab Spring) 160
아마존 184, 186, 240
악플 34, 43, 104, 239
알바 197
알파벳 63, 142
양반계급 138, 144
엄지 혁명 159
여론 84, 104, 115, 118, 119, 174, 197, 215,
　　234
역판옵티콘 45, 176, 217
오래된 미래 50
『오래된 미래』 51, 52, 218, 228
『오마이뉴스』 129, 202
용산참사 204
우즈베키스탄 160
우편망 152
우편제도 151, 152
원시부족 8, 9, 12, 26, 56, 65, 73, 76~78, 90,
　　223
원시사회 58, 59, 64, 76, 81, 94, 144
원형 마을 88
웹 2.0 125, 179, 182, 183, 185, 188, 189,
　　212, 234
위키피디아 183, 184, 186, 207, 226
유목민 65, 137, 168
유비쿼터스 39
의료시민운동 227
이란 160

이로쿼이 73, 74, 95
이바나 31, 32, 200
익명성 14, 15, 24, 26, 28, 33~35, 41, 43~
　　45, 55, 76, 91, 123, 175
인구수 57, 59, 62~64, 66, 67, 69, 220
인쇄기계 146
인쇄기술(인쇄술) 10, 74, 124, 145~151,
　　153, 155, 230
인터넷 실명제 14, 34, 35, 216, 217
입말언어 9, 10, 48, 54, 67~76, 80, 82~84,
　　95, 96, 104, 105, 107, 113, 124, 138~
　　145, 154~156, 171, 172, 196, 215, 221,
　　229, 232

ㅈ

자기조직화 157, 160, 181
장계 11
전령 152
전자감시사회 38
절대속도 124, 136, 155, 156
정보유통시스템 8~13, 75, 151, 153, 231
정보처리시스템 8~13, 26, 221, 229
제 2차 구술성 105, 220
제 2차 피플 혁명 110, 111
제국 68, 75, 143, 172, 222
제로섬 게임 180
조선왕조 8, 10, 127, 206
『조선왕조실록』 205
조선총독부 128
조직화된 소수 144, 155, 229
종교개혁 147, 148, 230
죄수의 딜레마 97~100, 102

줄루족 150

지도부 130, 131, 166, 170

지방어 148, 149

지식권력 94, 215

지식의 축적 141

지하철 게릴라 시위 164~167, 169, 177

직접민주제 22, 55, 76, 94, 95, 116~119,
182, 190, 211, 221, 223

직접민주주의 55, 118

진실 검증자 204

진실 예언자 37

집단지성 233

집합지능 16, 17, 179, 180, 183~185, 188,
189, 196, 200, 202, 213, 232~234

ㅊ

창조한국당 119

천사녀 32

촛불집회 22, 129~132, 158, 163, 164, 168,
170, 173, 206, 226, 227, 233

추장 64, 65, 95

치도 96, 134, 135

ㅋ

카카오톡 107

커뮤니케이션 속도 26, 55, 76, 93, 114, 117,
118, 123, 132, 134, 136, 155~157, 159,
161, 171, 172, 211

커뮤니케이션 속도의 변화 26, 123, 161

〈코드나무〉 16, 209, 236

ㅌ

테크노라티 183

통제혁명 173

통합진보당 119, 225

트위터 33, 38, 45, 107, 109~111, 167, 198,
199, 213

ㅍ

판옵티시즘 177

판옵티콘 38~40, 45, 175, 177

페르시아 143, 229

페이스북 25, 30, 38, 43, 45, 107, 109, 110,
199

페이지랭크 184

평판시스템 37, 191, 202~205, 217

평판체계 55, 76, 95~97, 103, 120~122

표준어 148, 149

플랫폼으로서의 정부 194, 235

피그미족 108, 223

필경사 147

필사 146, 147, 221, 230

ㅎ

〈하울의 움직이는 성〉 19~22, 27, 136, 212,
215

『허핑턴 포스트』 201, 202

협업 필터링 184

호혜성 102

홀롭티시즘 17, 162, 163, 175~177, 179,
189~191, 196, 211, 217, 229, 232, 233

기타

3 · 1운동 125~132, 136, 228

Government 2.0   16, 208, 209, 212, 235, 236

infodemics 24, 216

SNS 38, 103, 107, 109, 110, 174, 199

:: 본문 내에 사용된 이미지의 출처

2장 표지 : Collection of Dr. Pablo Clemente-Colon, Chief Scientist National Ice Center.(http://www.fotopedia.com/items/ flickr-5041458841)

3장 표지 : http://de.fotopedia.com/items/flickr-1265300422

5장 표지 : http://www.flickr.com/photos/webtreatsetc/6852609826/sizes/o/in/photostream

6장 표지 : http://www.flickr.com/photos/55943778@N00